Das Buch
Älter werden mit Gelassenheit

Das Älterwerden kann doch kein Problem sein, wenn man sein ganzes Leben gesund, ganzheitlich und bewusst gestaltet hat. Von wegen! Um die Fünfzig stellt sich plötzlich doch so etwas wie Ziellosigkeit und Umorientierung ein. Was früher Sinn machte und Sicherheit gab, fühlt sich heute eher schal an, und alle Weisheit spiritueller Lehren haben nichts mehr mit der inneren Wirklichkeit zu tun.

Selbstkritisch erzählt Sabrina Fox auf die ihr typische humorvolle Art von den Jahren des Wechsels. Amüsant nimmt sie ihre eigene Krise aufs Korn und zeigt Wege zu einem neuen Ich.

Das Buch macht Mut, schafft Ausblick und ist Anleitung für jede Frau, die selbstbestimmt und bewusst die Jahre der Veränderung leben will.

Die Autorin

Sabrina Fox ist Autorin, Rednerin, Coach, Bildhauerin und Sängerin. In den letzten zwanzig Jahren hat sie über ein Dutzend Bücher zu ganzheitlichen Themen geschrieben. Davor arbeitete sie als Moderatorin für das deutsche Fernsehen. Sie absolvierte Ausbildungen als klinische Hypnosetherapeutin, Mediatorin, Konflikt-Coach und studierte Bildhauerei und Gesang. Die gebürtige Münchnerin lebte von 1988 bis 2005 in Los Angeles und begann dort ein intensives spirituelles Training. Sie ist Mutter einer erwachsenen Tochter. Ihre Bücher haben eine Gesamtauflage von einer Mio. Exemplaren.

Von der Autorin bei uns im Hause erschienen:

Auf freiem Fuß
Body Blessing

Sabrina Fox

Kein fliegender Wechsel

Jede Frau wird älter,
fragt sich nur wie

Besuchen Sie uns im Internet:
www.ullstein-taschenbuch.de

Neuausgabe im Ullstein Taschenbuch
Ullstein Taschenbuch ist ein Verlag der Ullstein Buchverlage GmbH,
Berlin.
1. Auflage Februar 2016
© by Ullstein Buchverlage GmbH, Berlin 2014
Umschlaggestaltung: X-Design, München
Titelfoto © Allegria Verlag (Fotograf: Christian M. Weiß)
Satz: Keller & Keller GbR
Gesetzt aus der Minion
Druck und Bindearbeiten: CPI books GmbH, Leck
Printed in Germany
ISBN 978-3-548-74632-6

Dieses Buch ist uns Frauen gewidmet
und in Dankbarkeit unseren Freundinnen.

Inhalt

Sie schreiben ein neues Buch. Ist es ein Ratgeber?

»Eher ein Reisebericht.«

Von einer Wellness-Reise?

»Wellness würde ich sie nicht nennen.«

War sie interessant?

»Interessant trifft es eher.«

War es eine Bildungsreise?

»Ja, auf jeden Fall.«

Einweichen

Mit 53 Jahren

Ich sitze in einem Zug, der nicht abfährt. Wenn ich durch das Fenster auf den Bahnhof schaue, dann sehe ich, wie jeder weiß, wo er hinwill, zielbewusst, mit Gepäck, mit einem Plan und mit einer Fahrkarte an mir vorbeiläuft. Doch ich, ich sitze im Zug. In einem Zug, der sich immer noch nicht bewegt. Der immer noch kein Ziel hat. Ein paarmal bin ich ausgestiegen, um zu sehen, ob ich denn überhaupt im richtigen Zug sitze. Doch da steht eindeutig: »Fahrplan: Sabrina Fox. Zeit: jetzt.«

Dann gehe ich zurück in meinen Zug. Manchmal zähneknirschend, manchmal lachend, manchmal genervt. Aber immer ein wenig neidisch, wenn ich die anderen anschaue, die weiterhin an mir vorbeiziehen. Sie wissen, wo sie hinfahren. Sie kennen ihr Ziel. Sie sind auf dem Weg. Ich dagegen kenne mein Ziel nicht, und so betrachte ich ungeduldig die Züge, die neben mir ankommen und wieder abfahren. Nur meiner, so scheint es, bewegt sich nicht.

Ein-, zweimal bin ich in den letzten Monaten kurz ausgestiegen, und mir ging es sofort besser. Ich wusste genau, was zu tun war: irgendein Projekt nehmen, eines, das ein Ziel hat, oder einfach da weitermachen, wo ich vor ein paar Monaten aufgehört hatte. Einfach weiterhin Vorträge halten. Einfach wieder Ja zu Angeboten sagen. Doch dieser verdammte Zug will kein Ja mehr hören. Meine Seele wollte, dass er steht, und weil ich mich vor Jahren meinem inneren Wachstum verpflichtet hatte, musste ich ihn anhalten. Und da steht er nun, mit dreiundfünfzig Jahren, und bewegt sich nicht. Schieben hilft nichts, das habe ich probiert. Weglaufen bringt auch nichts, dazu weiß ich zu viel.

Ich kenne sämtliche Erklärungen auswendig. Schließlich habe ich sie oft genug gelehrt. Oft genug erklärt. Oft genug mir selbst vorgebetet. Das ist auch nicht meine erste Erfahrung darin. Aber die intensivste. Ich hatte mich bisher nicht so komplett darauf eingelassen, im Jetzt zu sein. Was aber, wenn das Jetzt mich eines Zieles beraubt? Was, wenn nie wieder eines kommt? Was, wenn ich meine Begeisterung für das Leben völlig und unwiederbringlich verloren habe? Sehnsüchte waren mein inneres Feuer, und sie sorgten dafür, dass ich mich bewegte. Die Sehnsucht, mich weiterzuentwickeln. Die Sehnsucht nach einem sinnvolleren Leben. Die Sehnsucht nach innigeren Partnerschaften. Die Sehnsucht nach einem friedlichen Miteinander. Jetzt, da das Sehnsuchtsfeuer nicht mal mehr eine Glut ist, geht sie mir ab. Ich suche nach meinen Sehnsüchten wie nach verlorenen Autoschlüsseln.

Wenn ich mich auf die Stille in meinem Zug einlasse, dann spüre ich die beiden Frauen, die mit mir reisen. Zwei Frauen, die ich erst vor ein paar Monaten in einer Meditation wahrgenommen habe. Eine ist meine Vorfahrin. Meine Ahnin. Sie zeigt sich mir nur mit ihrem Kind unter dem Arm, das sie nach vorn schleudert, weil das Kind es besser haben soll. Sie war damals, als Erste, als Ursprung meiner menschlichen DNA, aus einer Höhle gekrochen und wollte raus. Sie hat mir ihren Vorwärtsdrang vermacht. Sie ist es, die mich schubst, die keine Ruhe gibt, bis ich weitermache.

Ich bin ihr dankbar, denn ohne sie wäre ich nicht aus der Enge meines Elternhauses gekommen. Ohne sie hätte ich es nicht geschafft, weiter vorauszugehen und die von mir in der Kindheit gesteckten Grenzen zu überwinden; und doch ist es auch mühsam mit ihr. Sie drängt eben nicht manchmal – nur dann, wenn es notwendig und wichtig ist –, sondern sie drängt *immer*. Sie will, dass ich weiter vorwärts gehe. Sie kennt keine Pausen. Sie kennt kein Innehalten. Innehalten ist für sie das Ende. Ich erspüre sie als jemanden, der nie mit dem jetzigen Moment zufrieden sein kann. Sie denkt immer an morgen. Immer an das Nächste. Weiter! Komm! Beweg dich! Ihre Forderungen kommen mit Ausrufezeichen, und in diesem Zug, der nicht abfährt, wird sie verrückt.

Gott sei Dank sitzt noch jemand anders in diesem Zug: eine alte, weise Frau. Sie sieht mir ähnlich, denn sie ist – wie meine Vorfahrin – ich.

Sie ist ich am Ende dieses Lebens. Sie hat die Erfahrungen schon gemacht, die mir noch bevorstehen. Sie hat liebste Mitmenschen verabschiedet. Manche hat sie auf dem Weg nach Hause betreut, manche sind in ihren Armen gestorben, und damit starb auch immer eine Erinnerung an sie selbst. Sie hat das Abschiednehmen gelernt, und sie hat gelernt, entspannt im Jetzt zu leben.

Sie schmunzelt, wenn sie sieht, wie ich darauf warte, dass wir abfahren. Sie hat es nicht eilig. Sie weiß, wo wir landen werden. Hier bei ihr. In dieser wunderbaren Innigkeit. Und ich weiß es auch. Und doch, ich – in meinem Jetzt – habe so meine Schwierigkeiten damit, mich auf ihre Ruhe in meinem Zug einzulassen. Sie sitzt, mit einem Bein angewinkelt, mir gegenüber.

Manchmal sitze ich auch in ihr. Dann spüre ich sie. Spüre ihre Leichtigkeit. Ihre Weisheit. Und wenn ich mich mit ihr ganz verbunden habe – wir uns ineinander auflösen, wenn Zeit und Raum nicht mehr existieren –, wenn alles in mir langsamer wird, dann empfinde ich ihre Glückseligkeit. Und dann wundere ich mich, warum ich mich denn in diesem heutigen Moment so verwirren lasse. Immerhin sitze ich in einem Zug. Es regnet nicht herein. Mir ist nicht kalt. Er ist bequem. Ich bin in Gesellschaft und fühle mich mit beiden Frauen so inniglich vertraut: der einen, die drängt, und der anderen, die entspannt lebt. Und beide gilt es zu verbinden: die Weisheit der einen mit der Kraft der anderen.

Ich habe mir eine Kette machen lassen: auf der einen Seite ein Bild von mir als Vorfahrin, auf der anderen eines als alte, weise Frau. Das trage ich um den Hals, um mich daran zu erinnern, beides zu verbinden.

Es gelingt mir nicht wirklich.

~

Ich war bei einem Abendessen eingeladen, und das Gespräch kam auf Auszeiten. Drei der Gäste träumten beim Nachtisch davon, wie es wohl wäre, sich einmal eine richtige Auszeit zu gönnen. »Die Leichtigkeit des Seins zu erleben«, wie einer es poetisch formulierte, »ohne Termine und ohne Druck.« Der Gesichtsausdruck aller drei schwankte zwischen Sehnsucht, Glückseligkeit und schwärmerischer Vorfreude.

Ich dagegen war mir meiner Stirnfalten bewusst. »Es hört sich … hm … leichter an, als es ist.« Die drei schauten mich an, als hätte ich ihnen den Nachtisch weggelöffelt. Ja, wie erkläre ich das? Ich hätte es damals auch nicht verstanden. Meine Vorstellungen waren deckungsgleich mit denen der anderen Gäste: So eine Auszeit wird – *muss!* – großartig sein.

Oft hatte ich darüber nachgedacht, wie es wohl wäre, einen leeren Kalender zu haben. Einmal im Leben wirklich im Moment leben zu können. Morgens aufzustehen und sich zu entscheiden: Wozu habe ich denn heute Lust? Würde ich in diesen glückseligen Zustand fallen, in dem angeblich Mönche sind, die in Schweige- oder Zen-Klöstern leben? Würde es mir endlich, endlich wirklich gelingen, in jeder Sekunde meines Lebens im Moment zu leben? Würde ich mich dabei für ein völlig neues Leben entscheiden? Ich will mit offenen Augen in die Welt sehen und Ja sagen können, wenn mir danach ist, und nicht: »In zwei Jahren hätte ich da zwischen dem 15. und 21. Februar noch eine Terminlücke.«

Einige meiner Freunde sehnten sich ebenfalls nach Auszeiten. Manche waren so erschöpft, dass sie einfach nur ein Jahr lang ausschlafen wollten. Einige unglücklich mit dem, was sie sich erschaffen hatten. Beides war bei mir nicht der Fall. Ich war weder knapp vorm Burn-out noch unzufrieden mit meinen Lebensumständen. Und doch spürte ich, dass meine Seele diese Pause von mir verlangte.

Eine Pause ist auch immer mit der Frage verbunden, wie ich denn weitermachen will. Will ich nur eine Auszeit oder brauche ich eine Veränderung?

Ich habe fast zwanzig Jahre lang Vorträge und Workshops über spirituelles und persönliches Wachstum gehalten und war mir nicht sicher, ob es nicht Zeit war, damit aufzuhören. Es gibt so viele neue Autoren und Autorinnen, die mit einer Begeisterung auf Reisen gehen – was vortragen auch bedeutet –, und vielleicht sollte ich Platz machen? Ich bin das, was man einen »Einzelkämpfer« nennt. Ich hatte ab und zu eine Assistentin, aber das meiste organisiere und mache ich alleine. Ich sehne mich nach einem Team. Nach einer Zugehörigkeit. Ich habe Freunde, klar, aber seit meiner Journalisten- und auch Fernsehzeit habe ich mein Büro zu Hause. Vielleicht bietet sich mir ein völlig neues Leben an, wenn ich endlich mal Platz dafür lasse? Und um Platz zu lassen, muss ich mein berufliches Leben reduzieren.

Vorträge in der Schweiz? »Wirklich sehr weit weg.«

Termine für den Herbst? »Den Herbst möchte ich mir freihalten.«

»Die nächste Zeit klappt es nicht, aber probieren Sie es doch in einem Jahr noch mal.«

Ich wollte nicht, dass es klappt.

Meine Antworten auf Anfragen waren ausweichend. Ich fand mich für Wochen unhöflich und unpräzise. Ich musste eine Entscheidung für einen komplett leeren Kalender treffen. Als mir das klar wurde, zwang ich mich, Nein zu sagen.

Nein zu allen Anfragen.

Nein zu allen Angeboten.

Nein zu meinem beruflichen Leben.

Wochenlang nein.

Bis er leer war. Wirklich leer war.

Mein letzter öffentlicher Termin war ein großer Kongress in Hamburg. Ich verabschiedete mich. War sicher, dass ich mich für eine lange Zeit – wenn nicht für immer – zurückziehe. Es wird etwas gänzlich Neues kommen. Dafür wollte ich Platz lassen.

~

»Weißt du da, was du tust?« Die Stimme in mir war laut und eindringlich. »Du schmeißt alles weg, was du dir in den letzten zwanzig Jahren aufgebaut hast.«

»Nein, ich schmeiße es nicht weg. Ich lege es nur weg.«

»Blödsinn! Du weißt, dass du eine Aufgabe hast.«

»Was ich kann, können viele. So wichtig bin ich nicht.«

»Ah! Mal wieder auf Rückzug.«

»Ja, mal wieder auf Rückzug. Du weißt, dass ich kein Guru sein will.«

»Keine Sorge, so wie du mit deinen Lesern umgehst, wird das auch nicht passieren.«

»Na also, dann sind wir uns ja einig.«

»Sind wir nicht.«

»Was willst du denn von mir?«

»Du bist noch nicht fertig.«

»Es fühlt sich aber so an.«

»Das mag sein. Aber du bist trotzdem noch nicht fertig.«

»Wir werden sehen.«

»Ja, das werden wir. Vergiss nur nicht, dass ich dir das schon immer gesagt habe.«

Vielleicht hat die Stimme in mir recht? Vielleicht ziehe ich mich aus Feigheit zurück? Es gibt einen Aspekt aus meiner Vergangenheit in mir, der fürchtet sich vor zu viel Popularität; vor zu viel Öffentlichkeit. Als ich noch Fernsehmoderatorin war, litt ich häufig darunter. Ein gehässiger Brief konnte mich für Wochen aus dem Gleichgewicht werfen. Eine schlechte Kritik sorgte dafür, dass ich mich nicht mehr aus dem Haus traute. Öffentliches Lob und öffentliche Häme. Die Achterbahnfahrt kenne ich. Doch damals war ich dreißig Jahre jünger. Unsicher in dem, was ich war. Viel zu sehr bemüht, zu gefallen, und leicht zu verwirren.

Mit Facebook- und YouTube-Kommentaren ist es noch mehr geworden. Es hat Jahre gedauert, bis ich mir erlaubt habe, gelegentliche unhöfliche Kommentare von meinen YouTube-Videos zu löschen. Ich war uneinig in mir, da ich jede Meinung anerkenne, bis mir klar wurde, dass ich Unhöflichkeiten nicht anerkennen muss.

Als ich anfing zu schreiben, kam eine andere Art der Popularität. Sie war ruhiger und unter dem Radar der Tageszeitungen. Ich lebte damals in Los Angeles und bekam vieles nicht wirklich mit. Dort war ich völlig unbekannt und wusste, dass ich beim Aufschlagen meiner Zeitung niemals etwas Überraschendes oder Schmerzhaftes über mich lesen würde.

In mir gibt es diese verletzte Sabrina von früher – ein Waisenkind von mir –, der ein völliger öffentlicher Rückzug lieber wäre. Die es mag, ein überschaubares, ein unauffälliges Leben zu führen. Sie zerrt mich gelegentlich aus der Öffentlichkeit zurück.

Zerrt sie jetzt wieder? Ist es nur mein verletzter Aspekt, der sich den Rückzug wünscht, oder folge ich einem gesunden und notwendigen Wunsch?

In mir gibt es nicht nur diese Stimme. Da gibt es die Stimme, die an mir herumnörgelt. Die war früher dauernd da, die ist jetzt relativ ruhig. Ich habe ihr mal einen Namen gegeben: Hans. Das war der Name meines Vaters.

»Ach, Hans, welchem Anspruch von dir genüge ich heute denn schon wieder nicht?« Mit jeder direkten Ansprache wurde die Stimme stiller. Einen Namen hat sie jetzt nicht mehr. Ich höre zu, was sie zu sagen hat, und schaue nach, ob es stimmt.

Manchmal hat sie recht. Dann ändere ich es.

Dann gibt es die Stimme, die mir Mut zuspricht.

Auch diese Stimme war früher oft da. Mut bedeutet nicht, dass man ohne Angst ist. Mut bedeutet, dass man es trotz der Angst macht. Diese Stimme war mein Gegenpol zu Hans. Jetzt meldet sie sich nur, wenn ich sie rufe. Da ich mutig bin, rufe ich sie selten.

Dann gibt es die Stimme, die dafür sorgt, dass ich nicht arrogant werde. Ich mag es, wenn sie immer mal wieder nachschaut, ob ich größenwahnsinnig geworden bin. In meinem Beruf passiert das relativ oft. Wenn man viel um Rat gefragt wird, dann glaubt man gerne, man weiß alles. Das kann man bei Ärzten erleben. Oder manchen Experten. Oder bei engstirnigen Wissenschaftlern – was mir, ehrlich gesagt, ein Rätsel ist. Wissenschaftler müssen ja berufsbedingt offen für überraschende Ergebnisse sein, aber einige scheinen das vergessen zu haben.

Und dann gibt es die Stimme, die alle anderen zum Schweigen bringt.

Das ist die Stimme, die mich daran erinnert, dass ich als Seele für immer bin, hier nur eine zeitlich begrenzte menschliche Erfahrung mache und mich nicht verwirren lassen muss von den Einflüssen von außen.

Die höre ich am liebsten.

»Wir machen jetzt einfach mal eine Pause, verstehst du mich? Schließlich sind wir für immer, und in dem ›Für immer‹ werde ich ja wohl Platz für eine Auszeit haben.«
»Mach nur. Aber beschwer dich später nicht.«

Beschweren? Ich? Das gehört nicht wirklich zu meinen Gewohnheiten. Es hat Jahre gedauert, bis ich mir das abgewöhnt hatte, und ich habe nicht vor, mir das wieder anzugewöhnen.

~

Ich schrieb an meinem ersten Roman über eine Frau, die durch den Tango ihre Weiblichkeit entdeckt, und konnte mir zum ersten Mal richtig Zeit lassen. Es gab keinen Abgabetermin und nicht einmal einen Verlag. Da es kein Sachbuch ist, war er nicht passend für die Verlage, mit denen ich normalerweise zusammenarbeite. Ich wollte ihn komplett fertig haben und erst dann anbieten. Einfach mal schauen, was sich mit mehr Zeit ergeben kann.

Ohne Zeitdruck hatte ich auch mehr Gelegenheit, länger in meinem Bildhaueratelier zu bleiben. Normalerweise hatte ich nicht mehr als drei, vier, fünf zusammenhängende Tage. Jetzt konnte ich mich wochenlang im Atelier aufhalten und an meinen Köpfen arbeiten. Nichts musste unterbrochen werden. Ich spielte immer mal wieder mit der Idee, mich ganz meiner Bildhauerei zu widmen. Das war eine gute Gelegenheit, es auszuprobieren.

Meine Tochter rief an und fragte mich, ob ich sie nicht in Boston, wo sie im letzten Semester studierte, besuchen könnte. Ich flog ein paar Tage später. Es war ganz einfach. Ich blieb länger als sonst. Wieder ganz einfach.

Mir fiel auf, wie oft die Leute annehmen, dass man im Stress ist. Ich war es auf gar keinen Fall und sagte das auch.

»Ich weiß, Sie haben viel zu tun, aber ich hätte da …«

»Ich habe alle Zeit der Welt.«

Die Überraschung auf diese Antwort war immer wieder köstlich. Ich fühlte mich frei. Gut.

Eigentlich gut.

Oder?

Nach ein paar Monaten merkte ich, dass die Freude weniger wurde. Ich bemerkte in mir eine Unruhe, die ich nicht richtig deuten konnte. Meine Meditationen fingen an, flacher zu werden. Ich erspürte eine leichte Gereiztheit.

Schreiben, das mir normalerweise große Freude bringt, wurde mühsam. Natürlich hat ein Roman einen völlig anderen Aufbau, und normalerweise freut es mich, etwas dazuzulernen – das war auch das Spannendste für mich an meinem Romanprojekt –, hier jedoch fand ich mich in eigenartigen Gewässern wieder.

Wenn ich etwas Neues lerne, empfinde ich eine Freude und Kraft, und diese Kraft trägt mich eine lange, lange Zeit – eben bis zum Ziel dieses Lernens. Ich weiß um das Auf und Ab beim Lernen, um die gelegentlichen Rückfälle, das Üben und das Ausprobieren. Das finde ich alles spannend. Ich erfreue mich an dem, was ich dann verstanden und auch umgesetzt habe. Ich habe einige Schreibkurse für Romane besucht, viel gelesen, viel erklärt bekommen; und doch fühlte ich mich, als ob ich beim Vorwärtsgehen einen schweren Rucksack tragen würde. Einen Rucksack, bei dem ich nicht wirklich wusste, wozu er gut war. Warum fühlte ich mich neuerdings so angestrengt?

Vielleicht ist zu viel unstrukturierte Zeit schwierig für mich? Ich bin das nicht gewohnt. Wie machen andere das denn? Ich fühlte mich unproduktiv. Unausgelastet.

Obwohl ich was machte, machte ich nichts wirklich fertig. Der Roman zog sich wie Kaugummi. Version über Version über Version. Dazwischen arbeitete ich an zwei Theaterstücken. Eines, das ich fertig machen wollte, und ein anderes, das auch nicht richtig vorankam. Selbst an meinen Skulpturen fummelte ich eine Ewigkeit hin.

Ich kam mir vor, als wäre ich schon in Rente.

Ich darf meine E-Mails nicht morgens lesen, weil ich sonst zu nichts anderem mehr komme. Meine E-Mails haben lange Krakenfinger, die sich in mein Gehirn bohren, in meine Zeit bohren und sie nicht mehr loslassen. Facebook-Nachrichten kommen in meine E-Mails, und dann muss ich auf Facebook, um sie dort zu beantworten, und dann kommen die Facebook-Kraken. Die sind kürzer. Lassen sich leichter abschütteln. Doch wenn ich wieder zurück zu meinen E-Mails gehe, wartet der Krake schon auf mich.

Ich kann Stunden damit verbringen, E-Mails zu beantworten, Tage, Monate, Jahre, wenn es sein muss, und habe immer das Gefühl, nichts gemacht zu haben. Nichts Wertvolles. Nichts Produktives. In meinen Meditationen heißt es immer wieder: E-Mails nur einmal am Tag anschauen und erst nachdem deine kreative Arbeit erledigt ist.

Ich komme mir vor wie ein Alkoholiker, der an der Flasche hängt. Ich sitze morgens am Schreibtisch und fühle mich leer. Ein paarmal stöhne ich – auch das nur innerlich, damit ich damit nicht meinem Umfeld auf die Nerven gehe, obwohl ich hier alleine sitze. Ich will nicht einmal, dass meine Möbel etwas von meinem Frust mitbekommen. Mein Tango-Roman. Himmel, was mache ich nur mit dir? Was ist mit dieser Leidenschaft passiert, mit der ich angefangen habe? Jetzt liegst du rum wie ein syphiliskranker Casanova und drehst dich nur noch hin und her, statt aufzustehen und dich charmant der Welt zu zeigen.

Auf meinem Schreibtisch liegen bunte Fotografien von dem Kopf, den ich gestaltet habe und der als Helmhalter gedacht ist. Neuerdings habe ich in meinem Gang zwei Helme für meinen elektrischen Roller liegen und keinen Platz, sie unterzubringen. Ich hatte die Idee, einen Männerkopf zu modellieren, um ihn zu vervielfältigen und zwei davon zur Dekoration an die Wand zu hängen.

Ich liebte diese Idee. Das würde bestimmt auch andere Leute interessieren: Leute mit Fahrradhelmen. Skihelmen. Motorradhelmen. Rollerhelmen. Ein glatzköpfiger Mann mit geschlossenen Augen, der in einer Farbe ihrer Wahl an der Wand hängt und auf dessen Kopf der Helm abgelegt wird. Ich habe sogar schon eine Firma, die die Produktion dafür übernehmen will, und dann verliere ich Saft wie mein Elektroroller, wenn er leer wird. Es ist nur ein blöder Anruf! Ich muss der Firma nur sagen, dass ich eine Kopie des Kopfes (das ist wenigstens schon erledigt!) vom Atelier zu ihnen fahre und … das schaffe ich nicht.

Mein Scheidungsbuch. Das war mal eine Herzensangelegenheit von mir. Ehrenhafte Scheidungen, den Kindern zuliebe. Sich selbst zuliebe. Davon habe ich immer mit Begeisterung erzählt. Jetzt erzähle ich nicht einmal mehr davon. Ich habe auch noch nicht damit angefangen. Beim Verlag habe ich den Erscheinungstermin schon einmal verschoben. Das hatte ich noch nie getan.

Die englische Ausgabe von *BodyBlessing – Der liebevolle Weg zum eigenen Körper* hat einen Übersetzer gefunden. Wenigstens das habe ich auf den Weg gebracht. Natürlich hätte ich es auch selbst übersetzen können, aber das habe ich einmal gemacht, und das will ich mir nicht noch mal antun. In drei Monaten soll es fertig sein. Ich will es dann als E-Book herausgeben. Selber.

Ach Gott, E-Book. Da liegt noch mal eine volle Kiste von Recherchen. Lulu. Thalia. Amazon. Epubli. Mobi. Epub. Jutoh. Anbieter, Programme, Möglichkeiten. Das Cover der deutschen Ausgabe kann ich mit Erlaubnis des Verlags benutzen.

Ach, Cover … das Tango-Cover fehlt mir … der Titel fehlt mir auch … die Leseraktion habe ich noch nicht gemacht, die ich vor dem Tango-Buch noch machen möchte. Auch diese Idee hat mir gefallen: Die Leser haben die Möglichkeit, ihr eigenes

Ende, ihr »Ein Jahr später«, in meinem Roman mit meinem Ende zu veröffentlichen. Dazu muss ich auf meiner Facebook-Fan-Seite noch die Anfrage stellen, wer mitmachen möchte, die Listen erstellen, wer mitgemacht hat, das Manuskript rausschicken und …

Ich stehe auf und schaue aus dem Fenster.

Mein Verstand weiß genau, was zu tun ist, und mein Körper sagt: »Kannst du das auch allein? Muss ich denn dafür anwesend sein?«

»Ja! Das ging doch früher auch. Reiß dich zusammen.«

Da ist es wieder: »Reiß dich zusammen.« Das Motto meiner Kindheit. Mühsam therapiert, verstanden, verweint, erlöst … und jetzt taucht es wieder auf. Ich lache laut aus dem offenen Fenster. Wie eine halb Irrsinnige. Und weine gleich dazu. Nein, wir reißen uns nicht mehr zusammen. Das haben wir uns abgewöhnt (ich habe gelegentlich die Angewohnheit, von mir im Plural zu sprechen). Wir akzeptieren, was ist, und erlauben uns auch Schwäche. Hast du verstanden? (Hier wechsle ich wieder ins Du.)

Ich nicke. Schließe das Fenster. Setze mich an den Schreibtisch.

Ach, ich hole mir erst einen Tee. Ich gehe runter in die Küche und mache das Wasser heiß. Dann mache ich den kleinen Fernseher in der Küche an. Ich habe früher selten ferngesehen. Jetzt mache ich es an, um Leuten beim Leben zuzusehen. Leuten, die begeistert sind – oder verrückt. Leuten, die was erzählen oder erleben.

Ich fülle den Tee in meine Thermoskanne. Dann setze ich mich an den Küchentisch und schaue noch ein paar Minuten fern. Ich drehe mich zur Uhr. Ich mache zögerlich den Fernseher aus und schleppe mich nach oben in mein Büro. Mein Blick fällt auf meine Hängeordner. Wahrscheinlich sollte ich die erst einmal sortieren. So kann ja kein Mensch arbeiten.

»Die hast du erst letzte Woche sortiert.«
»Wirklich?«
»Ja.«

Ich setze mich auf den Boden und ziehe den Rollwagen mit den Hängeordnern zu mir. Erster Ordner: Rechnungen. Er ist leer. Ich habe alle bezahlt. Vorgestern. Das war mein produktivster Tag in der letzten Woche. Zweiter Ordner: Tango-Buch. Ein paar Cover-Ideen liegen drin. Gesammeltes Infomaterial. Absagen von Verlagen.

Das war ich nicht gewohnt. Ich habe sieben Absagen bekommen. Passt nicht ins Programm. Tanzen interessiert die Leser nicht et cetera, et cetera. Vielleicht sollte ich ihn einfach lassen? Ich schreibe erfolgreich Sachbücher, wenn man da ins Romanfach wechselt, wird man trotzdem wie ein Autoren-Anfänger behandelt. Und man ist auch einer.

In dem Ordner gibt es nichts zum Wegschmeißen oder Ablegen. Hier steckt Arbeit drin. Ich lege ihn zurück, wie man schmutzige Sportwäsche in die Waschmaschine legt.

～

Ich bin selbst wie ein Buch, das nicht mit Leidenschaft gelesen wird, sondern das auf einem Gartentisch halb geöffnet herumliegt, während der Leser weggegangen ist, um sich einen Eistee zu holen oder sich mit dem Postboten zu unterhalten.

Ich bin halb gelesen. Mein Leben ist halb vorbei. Das heißt, falls ich nicht in nächster Zeit von einem Bus überfahren werde.

Da ist eine Leere entstanden, und ich weiß nicht, womit ich sie füllen soll. Ich zögere. Ich warte. Warte auf Unbestimmtes. Beschäftige mich ohne die Kraft, die mir so vertraut war. Bisher war mein Leben spannend und aufregend.

War es das jetzt?

Vorwaschen

Vier Jahre vorher

Ich bin immer gern älter geworden. Ich erinnere mich an eine Freundin, die schon an ihrem dreißigsten Geburtstag in Tränen ausbrach. Andere haderten mit ihrem vierzigsten. Ich war jedes Jahr glücklicher. Jedes Jahr wurde es besser. Was ist mit diesem neunundvierzigsten Jahr, dass ich mich neuerdings in Teilen betrachte? Ich sehe nicht mehr den Gesamteindruck von mir, sondern nur noch Puzzleteile: die Falten da, die Schlaffheit dort. Als wenn ich mich mit einer Lupe sezierte.

Wie auf Kommando wird Älterwerden bei meinen Freundinnen ein Gesprächsthema.

Wieso kommen diese Gedanken übers Älterwerden dauernd hoch? Ich will nicht, dass mein Aussehen so wichtig ist. Ich will, dass meine Falten mir egal sind. Warum ausgerechnet jetzt? Falten habe ich doch schon seit einer Weile.

Ich bin mit einer Bekannten beim Essen und beobachte, wie sie beim Tischaussuchen an die Decke starrt und ein paar Tische im Restaurant ablehnt. Ich kenne das von mir selber. Nicht an jedem Tisch möchte ich sitzen, aber ich starre dafür nicht an die Decke, sondern erspüre eher die Umgebung. Als ich nachfrage, erklärt sie mir, dass sie nie an einem Tisch sitzt, wo das Licht von oben kommt, weil sie dann älter aussieht.

Am Abend schaue ich mir meine Lichter im Bad genauer an. Vielleicht ist die Grundidee gar nicht so schlecht? Vielleicht sollte ich meine Glühbirnen austauschen? Weniger Volt, um den Gedanken wenigstens nicht mehr Futter zu geben.

Ich bemerke zu meinem Schrecken, dass ich anfange, mich mit anderen Frauen zu vergleichen. Sieht sie jünger aus, älter? Hat sie was gemacht? Wenn ja, was? Sieht man es? Ich habe mich bisher noch nie in Konkurrenz zu anderen Frauen gesehen. Ich bewundere andere Frauen und sage ihnen das auch, und plötzlich vergleiche ich mich mit ihnen. Was regt sich da nur in mir?

Die ersten Monate tue ich das, was normalerweise gut funktioniert: Wenn ich Gedanken bemerke, die mich nicht unterstützen, akzeptiere ich sie, und dann denke ich bewusst an etwas anderes. Doch diese kommen immer wieder wie ein nerviger Juckreiz. Dann endlich ist mir klar, dass ich darüber meditieren muss. Ich muss vor irgendetwas Angst haben.

Ich setze mich zur Meditation hin, und mit ein paar tiefen Atemzügen gehe ich in die mir vertraute und geliebte Stille. Dort, tief in mir angekommen, frage ich mich: Wer in mir hat Angst vor dem Alter? Eine Weile ist es ruhig, und dann zeigt sich aus der Tiefe meiner erlebten Vergangenheit meine Teenager-Sabrina. Sie ist sechzehn. Unattraktiv. Übergewichtig. Bebrillt. Ich spüre die Unsicherheit von damals in meinem Herzen. Es klopft wild und ängstlich. Meinen ersten Freund habe ich aus Verzweiflung erfunden, und der erste wirkliche Freund ließ mich nach einem Monat und meiner Entjungferung sitzen. Wir hatten zu Hause kein Geld und ich keinen Geschmack. Ich fühlte mich damals unbeachtet, ungeliebt, uninteressant.

»Erinnerst du dich«, fragt mich die Teenager-Sabrina, »wie wir uns gefühlt haben? Erinnerst du dich, wie einsam wir waren? Wie oft wir geflüchtet sind in Tagträume und Liebesromane? Erinnerst du dich, wie wir uns um jede Freundschaft bemühen mussten? Erinnerst du dich, wie alle Jungs immer nur nach deiner schönen Freundin Uschi gefragt haben? Erinnerst du dich an all die Lügen, die wir erfunden haben, um wenigstens ein bisschen Aufmerksamkeit zu bekommen? Erinnerst du dich? Das passiert jetzt wieder. Wir werden wieder hässlich, und dann passiert das alles noch mal. Ich muss uns davor bewahren!«

Ich bin gerührt von meiner Teenager-Sabrina, die all die Jahre stillgehalten hat. Ich weiß, was sie braucht. Sie braucht Trost. Ich erkläre ihr, dass wir niemals wieder wie in unserer Teenagerzeit aussehen und fühlen werden. Wir haben in uns selbst Ruhe gefunden. Wir kümmern uns um uns. Wir haben wunderbare Freunde, und wir haben uns ein ausbalanciertes Leben geschaffen. Ich erinnere sie daran, dass wir – als Seele – für immer sind.

»Bist du sicher, ja? Wirklich sicher?«
»Ja. Ich bin sicher. Außerdem bin ich immer für dich da, und ich verlasse dich nicht.«

Mein Herz beruhigt sich.

Ich öffne die Augen und muss lächeln. Wer in der Pubertät so aussah wie ich, muss wirklich keine Angst vor dem Älterwerden haben. Schlimmer als damals kann es nicht werden.

Die Teenager-Sabrina hatte Angst, wieder hässlich zu werden. Und doch war meine Unattraktivität ein Glück. Männerblicke fallen mir dadurch selten auf, denn ich war sie während meiner prägenden Teenagerphase nicht gewohnt. Für manche Frauen, die ihr ganzes Leben lang die aufmerksamen Blicke der Männer auf sich zogen, mag der Verlust ein herber Schlag sein.

Ich saß bei einem Abendessen einer wunderschönen Frau gegenüber. Sie muss wohl Mitte sechzig, vielleicht siebzig Jahre alt gewesen sein, und sie war eine außergewöhnliche Schönheit. Als Bildhauerin konnte ich meine Augen nicht von ihr abwenden. Ihr fiel das natürlich auf, und so entschuldigte ich mich: »Es tut mir leid, aber ich muss Sie die ganze Zeit anschauen. Sie sind so schön.«

Sie warf mir einen traurigen Blick zu: »Ich war schön. Doch seitdem ich fünfzig bin, ist mein Leben vorbei.«

Sie sagte es mit solch einer herzzerreißenden Bitterkeit, dass ich spontan nachfragte: »Was ist passiert?«

»Von da an schaute mir kein Mann mehr nach, wenn ich in den Raum trat.«

Ich wusste nicht, was ich darauf sagen sollte. Stammelte vor mich hin, dass das nicht stimmen kann, sie ist so wunderschön.

Doch es spielte keine Rolle mehr. Sie hörte mich nicht.

Ich war kein Mann.

Ich werde bald eine Frau mit fünfzig Jahren.

Fünfzig.

Klingt nach meiner Mutter, nicht nach mir. Meine Mutter hat sich nicht viel verändert. Sie war mal mehr, mal weniger rundlich. In ihrer Jugend waren kurze Haarschnitte modern, und die Frisur trägt sie immer noch. Sie hatte nie eine andere Haarfarbe – außer jetzt, da sie grauer ist.

Ich war mal blond, mal dunkel, sogar mal rothaarig. Meine Haare waren lang und auch schon mal raspelkurz. Als ich geboren wurde, waren beide Großmütter Ende vierzig. Sie wirkten uralt. Auch sie hatten immer die gleiche Frisur. In meiner Erinnerung haben sie sich nicht verändert. Eine trug schon seit dem Tod ihres Mannes – über zwanzig Jahre vorher – immer noch Schwarz. Lange, fast knöchellange Kleider mit dunkel gemusterten Kittelschürzen drüber. Die leicht ergrauten Haare waren zu einem strengen Dutt gebunden. Lippenstift hatten beide ihr ganzes Leben lang nie benutzt. Meine andere Oma war kleiner und lebenslustiger. Aber auch sie wie eine Bilderbuch-Oma eben: rundlich. Kochend. Kittelschürze. Beide starben, als sie in den Siebzigern waren.

In den Generationen danach hat sich viel verändert. Die 68er sind gekommen und haben rebelliert. Die Frauen vor mir haben für die Gleichberechtigung gekämpft, die für meine achtzehnjährige Tochter eine Selbstverständlichkeit ist. Als ich ihr vor ein paar Jahren erzählte, dass es früher kein Frauenwahlrecht gab, dachte sie, ich nehme sie auf den Arm. Wir Babyboomer haben uns im Berufsleben noch in schwarze Hosenanzüge geschmissen, um ernst genommen zu werden. Die Generation meiner Tochter zweifelt nicht daran, ernst genommen zu werden. Ihre männlichen Counterparts werden sich eher davor fürchten müssen, nicht von ihren zehn Zentimeter hohen Hacken auf dem Weg nach oben zertrampelt zu werden. Gleichzeitig schätzen sie Kerle mit guten Manieren.

In meiner Generation gab es viele Gegenpole zum Leben unserer Mütter. Wir sahen deren Abhängigkeit und entschieden uns oft dagegen.

Ich bin aufgewachsen mit der Einstellung, dass jeder für sich selbst zahlt. Dass ich mir die Türen selbst aufmache und überhaupt mein Leben – Beruf und Privatleben inklusive Finanzen – selbst erschaffe und organisiere.

Meine Mutter führte keine glückliche Ehe, und sich zu trennen war ihr aus zwei Gründen nicht möglich: Einmal war sie katholisch, und sie fühlte sich dem Eheversprechen »… bis dass der Tod euch scheide« verpflichtet; zweitens war ihr nicht klar, wie sie ihre drei Töchter alleine ernähren sollte. Während meiner Kindheit war sie eine typische Hausfrau. Erst später unterstützte sie meinen Vater in seinem Raumausstattergeschäft. Mein Vater gab ihr das Haushaltsgeld – fünfzig Mark jede Woche – wie einem Kind das Taschengeld. Zu einem Urlaub hat es nie gereicht. Wir Töchter schliefen in der Küche.

So wie meine Mutter wollte ich nicht leben. Ich wollte mich nie von einem Mann abhängig machen. Es schien mir als junges Mädchen zu gefährlich.

～

Ich trage keine tiefen Ausschnitte. Ich konnte es nie leiden, wenn mir jemand in den Ausschnitt starrte; doch plötzlich fällt mir auf, dass dies so oder so bald zu Ende geht. Als ich fünfzehn Jahre alt war, fingen meine Brüste zu explodieren an, und die Aufmerksamkeit der Jungs kam wie ein Gewitter über mich. Da ich das nicht vertragen habe, entschloss ich mich für unförmige Oberteile.

Anfang zwanzig fand ich, dass ich mich mit mir anfreunden muss, und das schloss mein Gewicht und meinen Busen mit ein. Zweimal wagte ich kurz danach einen Versuch. Einmal trug ich einen tieferen Ausschnitt und ein zweites Mal eine Korsage. Die Wirkung auf die Männer war für mich erschreckend. Mein Busen wurde zu einer eigenständigen Persona, und ich war nur interessant, weil ich dranhing. Gott sei Dank waren in den Achtzigerjahren überdimensionale Schulterpolster in Mode, und ich versteckte meinen Oberkörper darunter. Jahre später ließ ich mir meinen Busen verkleinern. Für mich ein befreiender Entschluss.

Jetzt, dreißig Jahre später, mache ich mir erstaunlicherweise darüber Gedanken, wie lange ich überhaupt noch tiefe Ausschnitte tragen könnte. Werde ich das irgendwann einmal bedauern?

Ich mache seit fast fünfundzwanzig Jahren Yoga. Meine Übungsrunde dauert so dreißig bis fünfundvierzig Minuten. Manchmal sogar eineinhalb Stunden. Wenn ich wenig Zeit habe, mache ich immerhin noch einen Yoga-Quickie.

Beim *Nach unten schauenden Hund* ist es mir zum ersten Mal aufgefallen. Meine Haut an den Oberschenkeln kommt mir entgegen. Hunderte von kleinen Falten mit Dellen drin. Zuerst schaue ich verschreckt weg. Wann ist denn das passiert? Meistens mache ich Yoga in langen Leggings. Wie lange sieht das denn in dieser Position schon so aus?

Erdanziehung, nehme ich an.

Alter natürlich auch.

Macht sich mein Verstand jetzt – zusätzlich zu den Falten im Gesicht – auch noch Gedanken um die Falten an den Oberschenkeln?

Ich schaue auf meine Unterschenkel. Die schauen noch so aus, wie ich sie kenne. Ich gehe in die Stellung der *Kobra*.

Der Blick nach oben beruhigt.

Dann wieder in den *Nach unten schauenden Hund*, und ich betrachte den Faltenwurf genauer. Wenn ich den in Ton nachmachen wollte, würde es Wochen dauern. Das musste ich während meiner Bildhauerausbildung tun. Den Faltenwurf eines Vorhangs. Nicht halb so detailliert wie das, was ich jetzt an meinen Oberschenkeln sehe. Es sieht aus, als ob ich mehr Haut bekommen hätte, die nicht weiß, wo sie hinsoll. Wie bei diesen lustigen Faltenhunden Shar-Pei. Oder wie die Bilderserie mit den faszinierenden Gesichtern von Hundertjährigen, die mich begeistert hat.

Der Anblick auf meine Oberschenkel belustigt mich weder, noch begeistert er mich.

Es ist erstaunlich, dass dieser Faltenwurf nicht zum Rest meines Körpers passt. Wird so irgendwann einmal mein Gesicht aussehen?

Nach unten schauender Hund.

Vielleicht sollte es lieber *Nach unten Augen zumachender Hund* heißen.

Oder *Nach unten schauender Hund in langen Hose*n.

Seit Wochen schon überlege ich, ob ich zu meinem Fünfzigsten ein Fest geben soll. Ich lade gerne ein und genieße es, meine Freunde um mich zu haben, doch an diesem Geburtstag zögere ich. Das ist der erste Geburtstag, der schon seit Monaten anstrengend ist.

Ich habe das Gefühl, ich war im letzten Jahr nur mit meinen Falten beschäftigt, und dieser Zustand verdient kein Fest. Auf der anderen Seite will ich auch nicht den Eindruck erwecken, dass ich mich davor scheue, fünfzig Jahre alt zu werden. Obwohl ich mich natürlich nicht darum kümmern sollte, welchen Eindruck ich hinterlasse.

Wollten wir das nicht schon seit hundert Jahren loswerden?

Ich hab eine Gästeliste gemacht und sie meinem Freund gezeigt. Die Einladungen habe ich auch fertig, aber noch nicht abgeschickt. Ich beruhige mich damit, dass das Gute an meinem Zögern ist, dass sich irgendwann einmal die Party von selbst erledigt. Zu einem Fest ein paar Stunden vorher einladen, das wird nicht gehen. Ich bin überrascht von mir. So habe ich mich als junge Erwachsene verhalten: Wenn ich mich nicht entscheiden konnte, habe ich einfach nicht reagiert und die Entscheidung so lange hinausgezögert, bis sie sich von selbst erledigt hat. Das mache ich schon seit fünfundzwanzig Jahren nicht mehr, und jetzt mache ich das wieder? Ich warte trotzdem noch.

Drei Wochen vor meinem Geburtstag entschließe ich mich nach dem Aufwachen: Ich will kein Fest. Vier Tage vor meinem Geburtstag überlege ich es mir anders. Mein Freund schaut etwas verschreckt. Wirklich? Jetzt? So kurzfristig? Eine andere Freundin rät mir ab. Sie kann jetzt nicht mehr und zwei andere Freundinnen auch nicht. Also gut, dann eben nicht. Ich spüre in mich hinein. Eine winzige Enttäuschung, die sich aber sofort auflöst. Wahrscheinlich ist es besser so.

Zum Reinfeiern habe ich meine Tochter und ein paar Freunde zum Karaoke-Singen überredet. Sie kennen mich lange genug. Als ich in Los Angeles lebte, wurde ich verrückt mit der üblichen Abendunterhaltung, die aus einem Film im Kino und einem Restaurantbesuch danach bestand. Das war's. Es dauerte eine Weile, bis ich dort die kulturelle Untergrundszene fand. Ich mag das. Kleine Theater. Witzige Ideen. Ungewöhnliche Veranstaltungen. Low-Budget-Produktionen. Essen im Dunkeln. Theater, bei dem die Besucher mitspielen. Konzerte in Hauseingängen. Karaoke im Thai-Restaurant.

Auf dem Weg zu unserem Karaoke-Singen kommen wir an einem Eckrestaurant vorbei, und ich meine so ganz spontan zu meinem Freund: »Das wäre mal ein ideales Restaurant für ein Fest.«

Am nächsten Morgen wache ich anders auf. Ich bin erleichtert. Ich fühle mich an, als hätte ich irgendetwas hinter mich gebracht. Endlich war ich fünfzig Jahre alt.

Fünfzig ist eine stabile Zahl. Das gefällt mir.

Neunundvierzig klang irgendwie unentschlossen.

Am Abend meines fünfzigsten Geburtstags begleitete ich meinen Freund zu einem wichtigen Businessdinner, worum er mich schon vor Wochen gebeten hatte. Es stellte sich heraus, dass er eine Überraschungsparty für mich organisiert hatte, und zwar genau in dem Restaurant, an dem wir zum Karaoke-Singen vorbeigegangen waren.

~

Sie war eine schöne Frau. Wenig geschminkt. Guter Geschmack. Eine Lederjacke lässig um ihre Schultern geschmissen. Sehr kluge Augen. In die konnte ich ihr nicht schauen, denn ich blieb an ihrer aufgespritzten Oberlippe hängen.

Automatisch presse ich meine Lippen zusammen. Damit mir nichts herausrutschte. Kein »O Gott, was ist das denn?« oder »Warum um Himmels willen machst du das?« oder »Glaubst du wirklich, dass das niemand sieht?« oder »Das macht dich älter, nicht jünger« oder einfach nur ein Flehen von mir: »Bitte, bitte, mach das nie wieder!«

Alles an ihr war jung. Bis auf die Oberlippe. Ohne sie hätte ich die Besitzerin auf Anfang dreißig geschätzt. Mit der Oberlippe auf Anfang vierzig. Sie war zweiunddreißig Jahre alt.

Ich finde Frauen faszinierend – Männer natürlich auch, aber die Nähe zu Frauen wärmt mich. Wenn eine Frau vor mir steht und sie hat Lippenstift auf den Zähnen, dann zeige ich ihr das diskret. Hat sie einen Fussel auf dem Mantel, nehme ich ihn weg. Ich will, dass sie toll aussieht. Ich finde es wunderbar, wenn Frauen schön sind. Schönheit ist in meinen Augen alterslos. Jedes Alter hat Schönheit. Das ist kein Attribut der Jugend. Ich mache oft Komplimente.

Nur hier, bei diesen aufgespritzten Lippen, bin ich sprachlos. Meine Augen wandern wie magnetisiert immer wieder zu dieser Oberlippe. Ich muss mich zwingen, ihr in die Augen zu schauen, und dann ertappe ich mich dennoch wieder dabei, dass ich ihre Oberlippe anstarre. Das muss der Besitzerin doch auffallen. Ich weiß, dass sie klug und witzig und gescheit ist. Ich weiß, dass sie belesen, erfolgreich und charmant ist. Doch es fällt mir schwer, es wahrzunehmen. Ich bin abgelenkt. Von so einer blöden Oberlippe!

Ich weiß immer noch nicht, wie man damit umgehen soll. Bei meinen engsten Freundinnen – ein paar haben das auch mal ausprobiert – habe ich es einfach gesagt: »Du hast dir die Lippen aufgespritzt. Du siehst besser ohne aus.«

»Das sieht man nicht«, meinte eine.

»Doch, ich sehe das; und wenn ich es sehe, sehen es die anderen auch; und du siehst von der Seite aus wie Donald Duck.«

Ich weiß, dass jeder mit sich machen kann, was er will. Und doch tut es mir im Herzen weh, wenn »meine« tollen Frauen sich so etwas antun. Bitte, bitte, hört auf damit. Ich will euch wieder in die Augen schauen können, ohne abgelenkt zu werden.

Fünfzig fühlt sich wie ein bequemes Wohnzimmer an. Meine Teenager-Sabrina ist seit unserem letzten Gespräch still. Ich sehe mich wieder im Ganzen. Um mich herum wird immer noch viel über das Älterwerden geredet, und ich merke, wie oft ich mich ausklinke. Ich bin froh, dass ich das jetzt hinter mir habe. Ich will da nicht wieder hineinrutschen.

Ich glaube auch, dass meine Falten wieder weniger geworden sind. Wahrscheinlich haben meine sauberen Gedanken dafür gesorgt. Vielleicht liegt das aber auch an den Lichtern im Bad, die ich gegen schwächere Glühbirnen ausgetauscht habe. Es ist jetzt wirklich sehr viel angenehmer.

Wechsel.

Ein eigenartiges, eigentlich unpassendes Wort. Denn alles wechselt ständig. Unsere Zellen sterben und wachsen, sodass wir alle paar Jahre praktisch völlig neu sind – mit Ausnahme zum Beispiel der Herzmuskulatur und des zentralen Nervensystems, da sich diese Zellen nicht teilen. Doch jetzt – mit dem Ende unserer reproduzierbaren Jahre – wird es plötzlich *der* Wechsel.

Wir wechseln also. Von was zu was?

Von junger Frau zu alter Frau?

Von sexy zu unsexy?

Von interessant zu langweilig?

Von wichtig zu unwichtig?

Von dumm zu weise?

Wir werden reifer. Reif! Vielleicht für einen Käse passend. Das letzte Mal, als ich reif werden wollte, da war ich vierzehn.

Wechsel.

Interessantes Thema.

Ich dachte, er ist kürzer. Es fing alles so gut an.

Pflegeleicht

Ich war dreiundvierzig Jahre, als ich zum ersten Mal dachte, ich sei im Wechsel. Da ich immer gerne vorbereitet bin, hatte ich mir ein interessantes Buch von Dr. Christiane Northrup besorgt: *The Wisdom of Menopause (Weisheit der Wechseljahre)*. Was mich am meisten berührte, war – in einem Satz zusammengefasst –, dass es darum geht, dass wir Frauen von der Ich-kümmere-mich-um-meine-Familie- zu der Ich-kümmere-mich-jetzt-mal-um-mich-Phase wechseln.

Das geht natürlich selten ohne große Aufregung vonstatten. Besonders für die Partner, Freunde oder Kinder. Die sind ja etwas anderes gewohnt.

Ich stellte meine Ehe infrage. Überhaupt stellte ich mein Leben infrage. Manchmal kam ich mir vor wie eine gut funktionierende Hotellobby. Jeder brauchte etwas, und ich sorgte dafür, dass auch jeder dies sofort bekam.

Mein Arzt meinte damals, es gäbe noch keine Anzeichen.

Schade eigentlich. Ich hatte mich irgendwie schon darauf eingestellt.

~

Fünf Jahre später, mit achtundvierzig Jahren und liebevoll geschieden, zog ich mit meiner Tochter wieder zurück nach Deutschland und suchte mir schon in weiser Voraussicht einen Arzt, der sich mit bioidentischen Hormonen auskennt. Viele meiner älteren Freundinnen benutzten sie, und ich wollte sicher sein, dass mein neuer Arzt sich damit auskennt.

»Die Wechseljahre heißen deswegen Wechseljahre, weil sie Jahre dauern. Und«, erklärte Dr. Gschwender, »sie wechseln. Mal werden Sie Zeiten mit hohen Hormonwerten haben, dann wieder Zeiten mit niedrigen. Es dauert, bis der Körper mit dieser Phase abgeschlossen hat. Ihr Gynäkologe und ich werden Sie dabei begleiten. Jetzt im Moment fehlt Ihnen nur DHEA.«

DHEA? Ich hatte keine Ahnung, was das war. Ich fühlte mich seit Wochen ohne Schwung und wollte herausfinden, warum. DHEA ist ein sogenanntes Pro-Hormon, das bei Frauen in der Nebenniere und in den Eierstöcken produziert wird. DHEA unterstützt in erster Linie die Produktion von Testosteron, eben dem »männlichen« Hormon, das für Schwung sorgt.

Als ich DHEA täglich zu mir nahm, merkte ich schon nach ein paar Tagen, dass sich etwas in mir veränderte. Ich fühlte mich fitter und wohler. Nach ein paar Monaten wurde mein Blut noch mal untersucht, und mein Arzt riet mir, es wieder abzusetzen, denn die DHEA-Werte waren jetzt normal.

»Ich bin kein großer Fan davon, DHEA langfristig einzunehmen. Wenn es gebraucht wird, benutzt man es. Wenn nicht, lässt man es bleiben. Sie sind eine Frau, und wir wollen die Produktion des Testosterons nicht zu sehr anregen. Bart sieht nicht an jedem gut aus.« Dann strich er schmunzelnd über seinen fast glatt polierten Kopf.

~

Ich liebe meine Hitzewallungen. Eine höhere Körpertemperatur habe ich mir schon in der Schwangerschaft gewünscht, aber da war es nicht eingetreten. Jetzt endlich war mir meistens warm.

Ich habe sogar warme Füße. Die hatte ich noch nie. Mir ist so warm, dass ich keine Kleider mehr anziehen kann, weil sich die nicht schichtweise ablegen lassen. Ich gewöhne mir Feinripp-Unterhemden an. Ich liebe meine Feinripp-Unterhemden! Was für mich bei Männern immer gewöhnungsbedürftig aussieht, finde ich an mir toll. Ich habe zehn davon. Enorm praktisch, weil ich mir alles, was drüber ist (Blusen, Pullover, T-Shirt), einfach vom Leib reißen kann.

Im Bett habe ich mir auch die Lakenversion angewöhnt. Ein dünnes Laken. Zwei Kopfkissen. Ein Federbett. Zwei Extra-T-Shirts neben dem Bett. Platz am offenen Fenster. Zwar muss ich gelegentlich die Zudecken oder das T-Shirt wechseln, aber das alles geht nach ein paar Tagen schon im Halbschlaf – und mit dem Halbschlaf bin ich neuerdings ja auch sehr viel vertrauter. Obwohl ich davon nicht besonders begeistert war, kam ich damit gut zurecht. Ich war tagsüber nicht erschöpft. Ich hörte zum ersten Mal Sätze wie »Du glühst wie ein Ofen«.

Schön. Das erinnert mich an den Film »Bettgeflüster« mit Doris Day und Rock Hudson. Da sagte er als Rex zu ihr: »In Ihrer Nähe fühlt man sich wie an einem bullernden Ofen an einem frostklaren Morgen.«

Bei mir jetzt auch, Rex! Bei mir jetzt auch!

Eigenartig eigentlich, was wir vom Schlaf annehmen. Ideal sind neun zusammenhängende Stunden. Der gesündeste ist der vor Mitternacht, und wenn wir schön sein wollen, müssen wir viel schlafen.

Doof gelaufen für viele von uns.

Neugeborenen ist es nicht möglich durchzuschlafen, und

wenn sie nicht getröstet werden, dann gehen sie in einen Überlebensmodus. Schreien lassen ist ungesund und zu früh aufwecken für Teenager auch. Denn ihr Gehirn wird umgebaut, und das passiert morgens. Das ist mittlerweile wissenschaftlicher Fakt, doch unser Schulsystem schmeißt die Armen immer noch in der Früh aus dem Bett, damit sie sich auf Mathe (!) als erstes Stundenfach konzentrieren. Jahrelang müssen sich nicht nur die Schüler und Schülerinnen, sondern auch die Eltern damit durchquälen, nur weil wir immer noch nach der alten Methode Schulzeiten erschaffen und glauben, dass der »frühe Vogel den Wurm fängt«. Wer will schon einen Wurm zum Frühstück? Als wir eine landwirtschaftliche Gesellschaft waren, war das praktisch, denn dann bekam man auch etwas erledigt, bevor es dunkel wurde.

Vor Kurzem hörte ich von einem Alters- und Pflegeheim, bei dem die Bewohner schon um sechs aus dem Bett müssen. Nicht nur, dass sie ihr ganzes Leben lang schwer gearbeitet haben, jetzt – gegen Ende – darf man nicht einmal ausschlafen?

Schlafen.

Mein Schlaf ist immer schon sehr interessant gewesen. Als Teenager musste ich mit meinen vier und acht Jahre jüngeren Schwestern gleichzeitig um acht Uhr ins Bett. Das empfand ich als eine große Ungerechtigkeit. Ich konnte lange nicht einschlafen, und zwei Stunden auf meinen Schlaf zu warten war normal für mich. Am liebsten las ich heimlich mit einer Taschenlampe unter der Bettdecke, aber Batterien waren teuer, und oft konnte ich mir das nicht leisten. Zusätzlich musste ich immer schon zwei-, dreimal in der Nacht auf die Toilette. Ich trinke das meiste an Flüssigkeit am Abend – etwas, was ich mir immer noch nicht abgewöhnt habe –, und die Liter Wasser wollen irgendwann einmal raus.

Und dazu kommt, dass ich noch einen leichten Schlaf habe. Auch eine Angewohnheit aus meiner Kindheit, in der – wenn unser Vater betrunken nach Hause kam – häufig mit allem zu rechnen war.

Dann hatte ich eine Zeit, in der ich um Punkt drei Uhr morgens aufstand, um das Frühstücksfernsehen zu moderieren. Eine anstrengende Aufsteherfahrung. Immer in Sorge zu verschlafen, trotz drei Wecker und einem Weckruf. Aber sie hatte einen großen Vorteil: Ab dann konnte ich überall schlafen. In Sesseln. Im Auto. In fremden Hotelbetten.

Später stand ich freiwillig so früh auf. Ich wache normalerweise zwischen drei und vier Uhr das erste Mal auf. Häufig hellwach. Statt mich umzudrehen und weiterzuschlafen, bin ich aufgestanden. Einige meiner Bücher sind so entstanden. Ich liebe diese Zeit. Alles ist still. Niemand braucht etwas von mir. Das waren immer sehr produktive Stunden und eine interessante Übung für mich. Ich durfte meinem Körper und meinem Schlafbedürfnis vertrauen. Wenn ich müde wurde, legte ich mich mittags draußen in den Garten. Meistens schlief ich nur eine halbe oder eine Stunde, und das reichte mir völlig. Ich fühlte mich überhaupt nicht erschöpft. Ich zwang mich nicht nachzurechnen, wie lange ich geschlafen hatte. Ich sagte mir immer wieder, dass mein Körper schon müde wird, wenn er Schlaf braucht. Und den gab ich ihm dann.

Jetzt ist es der Wechseljahrschlaf. Über ihn denke ich genauso wenig nach wie über mein früheres Drei-Uhr-morgens-Aufstehen. Was ich denke, hat einen erheblichen Einfluss auf mein Leben, und so beobachte ich meine Denkmuster sehr genau. Ich habe zu viele Menschen gesehen, die täglich mit ihrem Schlaf und dem Nachdenken darüber hadern.

Eine meiner Freundinnen in den USA hat schon seit zwanzig Jahren ein ihr Leben bestimmendes Gesprächsthema: Wie lange hat sie geschlafen? Daran erkennt sie ihr Wohlbefinden. Und selten sind das acht oder neun Stunden. Manchmal eben nur fünf. Manchmal noch weniger. Sie verbringt den Nachmittag schon damit, nachzudenken, ob sie denn einschlafen wird.

Früher sagte ich ihr, dass sie möglicherweise weniger zusammenhängenden Schlaf braucht und es vielleicht einfach mal damit probiert, später ins Bett zu gehen. Oder vielleicht will ihr Körper sich den Schlaf einteilen? Einen Teil in der Nacht. Einen anderen tagsüber. Vielleicht wäre es ja mal ganz interessant, verschiedene Schlafvariationen zu testen?

Aber sie winkte ab: »Ich brauche neun Stunden zusammenhängenden Schlaf, sonst funktioniere ich nicht richtig.«

»Woher weißt du das?«

»Ich fühle mich besser.«

»Vielleicht aber auch, weil du dir dauernd sagst, dass das unbedingt sein muss, und du erst dann zufrieden bist, wenn es eingetreten ist? Doch damit ist deine Unzufriedenheit programmiert.«

Sie schüttelte abwehrend den Kopf, und ab da hielt ich den Mund. Was mir schwerfällt. Wirklich richtig schwerfällt. Ich habe einige liebste Frauen, die das zum Thema haben. Ich merke, wie frustriert ich jedes Mal werde, wenn das Schlafthema kommt und ich dann doch wieder meinen Senf dazugebe. Ich helfe nicht. Es ist bestimmt ähnlich frustrierend für meine Freundinnen, die sich sagen: »Wann hört sie endlich mit der blöden Nachfragerei auf? Ich mache doch, was ich kann!«

Mir ist auch völlig klar, dass ich da von meiner Seite aus noch Lernbedarf habe. Manchmal muss ich aus dem Zimmer gehen oder den Tisch abräumen, um dafür zu sorgen, dass ich den

Mund halte. Ich weiß, ich muss mir diese Ratschläge abgewöhnen. Komischerweise habe ich es bei meiner Tochter gelernt. Bei meinen engsten Freundinnen fällt mir das schwer, und die Erfahrung zeigt, wenn ich über Schlafgedankengänge spreche, beiße ich auf Granit. Ich muss mehr auf meine Zähne achten und in Zukunft sehr viel öfter den Tisch abräumen.

~

Einige meiner gleichaltrigen Freundinnen schüttelt es schon seit Jahren richtig durch: Unruhe. Sturzbäche von Schweiß. Schlaflosigkeit. Unwohlsein. Schwäche. Gereiztheit. Wir kennen uns seit dreißig Jahren, und ich sehe, wie sie sich um Haltung bemühen. Humor hilft – aber eben auch nicht immer. Manchmal ähneln unsere Gespräche denen im Wartezimmer:

»Mit meiner Schilddrüse stimmt was nicht.«

»Mir fallen die Haare aus.«

»Ich habe überhaupt keine Lust mehr.«

»Gestern habe ich meine Assistentin zur Schnecke gemacht! Ich! Stell dir vor! Ich musste zurück in mein Büro gehen und mich erst mal beruhigen, und dann musste ich sie beruhigen. Ich und brüllen – das gibt es doch gar nicht, oder?«

»Ich blute irgendwie dauernd. Ich werde mir Tampons in der Klinikpackung zulegen.«

»Meine Zisten wachsen nach, als ob sie einen Mengenrabatt bekommen würden.«

»Gestern beim Gehen hatte ich das Gefühl, als würde meine Gebärmutter rausfallen. Ich habe so geblutet wie noch nie in meinem Leben.«

»Ich bin so gereizt, dass ich eigentlich eine Gefahr für meine Umgebung bin. Am besten, ihr schaut mich nicht an. Oder noch besser: Ignoriert mich einfach.«

»Ich kann überhaupt nicht mehr schlafen.«

»Mein Arzt meint, ich habe Hoshimoto.« (Ich hatte keine Ahnung, was das war. Es klang nach einem japanischen Kleinwagen.)

Ging es mir besser, weil ich meditierte? Ging es mir besser, weil ich Yoga machte? Ging es mir besser, weil ich mehr Kontakt mit meinem Körper halte? Oder ging es mir einfach nur besser, weil mein genetisches Material ein anderes war? Ich hatte keine Ahnung. Ich wollte nur, dass es meinen Freundinnen auch besser ging. Ich hörte zu und zeigte Mitgefühl. Mehr wird manchmal nicht gebraucht.

～

Ich fühle mich anders. Schlapper. Müder. Die Blutuntersuchung hat die Annahme meines Gynäkologen bestätigt: Mir fehlt Testosteron. Er empfahl ein Testosteronpflaster und bestätigte, dass es sich um ein bioidentisches handelt. Das sollte man irgendwo am Po anbringen und nach drei Tagen wechseln. Es hat eine Klebewirkung, die sogar das Duschen übersteht. Es war erstaunlich, wie dieses Pflaster wirkte. Schon nach zwei Wochen war ich wieder aktiver und hatte mehr Kraft.

Zwei Monate später fiel mir morgens das Pflaster ab. Ich klebte mir ein anderes aus einer neuen Packung auf, und auch das lag ein paar Minuten später auf dem Boden.

Ich hatte das starke Gefühl, dass mein Körper das Pflaster abstoßen wollte. Als ich dies meinem Frauenarzt sagte, nickte er und nahm mir Blut ab. Er hat wohl schon so einiges gehört. Ein paar Tage später bestätigte er meine Ahnung: Mein Testosteronspeicher war voll und die Pflasterkleberei erledigt.

~

»Jetzt ist die ideale Zeit für ein Facelift.«

»Wie bitte?«

»Ja, Sabrina. Jetzt ist die ideale Zeit für ein Facelift. Jetzt merkt es noch keiner. Wenn du es mit sechzig machst, dann fällt das auf.«

Schau ich so schlimm aus, dass eine Freundin mich darauf aufmerksam machen muss? Ich lache. Ein komisches Lachen, das sich nicht entscheiden kann, ob es wirklich amüsiert ist.

»Und ich dachte, ich sehe für mein Alter noch ganz gut aus. So kann man sich täuschen.«

»Nein, nein«, wehrt sie ab. »Du siehst gut aus. Aber jetzt wäre eine gute Zeit dafür.«

Sie geht davon aus, dass es nur eine Frage der Zeit ist, bis man sich ein Facelift macht. Dann doch lieber jetzt als später, nicht wahr? Unter dieser Betrachtungsweise ist das sicher richtig.

Ich bin nicht völlig dagegen. Wenn mir die Haut unter dem Kinn einen halben Meter runterhängt, lasse ich wahrscheinlich auch was machen. Ich hoffe, meine Haut macht das nicht.

Wir können an uns rumbasteln. Uns verändern.

Sport kann das auch.

Innerer Frieden ebenfalls.

Manchmal gibt es bei einem Facelift ein ganz neues Leben gleich dazu. Ich unterstütze seit Jahren Operationen sogenannter Hasenscharten. 240 Dollar kostet solch ein Eingriff für »Operation Smile« weltweit, und sie schenkt einem Kind ein anderes Leben. Nur 240 Dollar. Für viele ein Vermögen und nicht zu bezahlen.

Hier wird etwas Entstelltes heil. Manchmal ist es bei Facelifts umgekehrt.

Ich kenne eine ältere Dame, die ihre Augen in der Nacht nicht mehr schließen kann, weil sie sich einmal zu viel die Oberlider hat straffen lassen. Ich sehe Frauen, die wie glänzende alternde Barbiepuppen aussehen, oder andere, deren Haut unnatürlich dünn und wie Wachspapier aussieht. Und ich kenne eine, die mit sich keine Ähnlichkeit mehr hat und die ich nur noch am Beisein ihres Ehemannes erkenne.

Ich betrachte die glatte glänzende Stirn meiner Freundin. Ich weiß, warum sie so glänzt. Sie spritzt schon seit Jahren Botox. Meine glänzt nicht. Ich will auch nicht, dass sie glänzt. Ich will kein Pflanzengift im Dritten Auge und auch kein taubes Gefühl irgendwo in meinem Gesicht.

Wie wird mit Facelifts geworben? »Drehen Sie die Uhr um mindestens zehn Jahre zurück!« Und was mache ich dann mit den zehn Extrajahren? Natürlich weiß ich, was damit gemeint ist: Ich sehe zehn Jahre jünger aus. Wenn ich also Fotomodell oder Schauspielerin bin oder Fernsehmoderatorin, was ich ja mal war, dann kann ich mich noch unbemerkt in einer Altersgruppe aufhalten, der ich eigentlich entwachsen bin.

Oder ein Mann verliebt sich in mich, und er nimmt an, dass ich zehn Jahre jünger bin. Wie wichtig das ist, hat sich mir bisher noch nicht erschlossen. Also denkt er dann, ich bin nicht sechzig, sondern erst fünfzig. Oder ich bin nicht fünfzig, sondern erst vierzig. Und was soll das bringen? Außer er ist zehn Jahre jünger, dann fällt der Altersunterschied vielleicht nicht so auf.

Ein jüngerer Partner macht nicht jünger. Man sieht daneben immer älter aus. Wenn man sich Partner nach dem Gesichtspunkt »Ich will jünger aussehen« auswählt, dann braucht man auf jeden Fall einen älter aussehenden Partner. Logisch, oder?

Ich will kein Facelift. Ich hoffe, ich bleibe dabei.

Einmal hörte ich ein Gespräch, bei dem eine circa siebzigjährige Dame von einem gerade vorgenommenen Facelift erzählte. Ihr Grund dafür war, dass alle ihre Freundinnen mittlerweile faltenfrei waren und sie nicht die Einzige »mit« sein wollte. Sie hat den Druck einfach nicht mehr länger ausgehalten. Die meisten meiner Freundinnen wollen auch kein Facelift. Vielleicht werden wir ja eine aussterbende Spezies:

»Guck mal die da! Was hat die denn da im Gesicht?«
»Das sind Falten, mein Kind. Die hat heute keiner mehr. Die Arme, wenn sie sich mit fünfzig ein Facelift hätte machen lassen, da hätte es noch keiner gemerkt.«
»Aber warum darf das denn keiner merken?«
»Damit es so aussieht, als ob sie jünger wäre.«
»Aber warum, Mama?«
»Weil jeder jünger aussehen will.«
»Aber warum?«

Erster Schleudergang

Mit 51 Jahren

M ein Arzt und ich, wir duzen uns mittlerweile. Manchmal vergesse ich, dass ich das ja jetzt als Ältere anbieten darf. Bis ich vierzig Jahre alt wurde, war ich meistens die Jüngste in meinem Umfeld. Dass ich nun auf der anderen Seite bin, hat sich bis zu mir noch nicht wirklich herumgesprochen.

Wir reden über bioidentische Hormone. Manche nennen sie auch natur- oder körperidentische Hormone. Mein Arzt behandelt nach der Rimkus-Methode® von Dr. med Volker Rimkus und schlug vor, es jetzt mal auszuprobieren.

Obwohl ich mit meinem oft unterbrochenen Schlaf ganz gut zurechtkomme, war es trotzdem anstrengend, acht-, zehn-, zwölfmal jede Nacht aufzuwachen. Ich fühlte mich erschöpfter als üblich und war auch neugierig, was diese bioidentische Hormonzuführung mit mir machen würde.

»Da du selber noch Hormone hast, ist das nicht ganz einfach. Manchmal produzierst du mehr, manchmal weniger. Wir müssen ausprobieren, wie das bei dir funktioniert. Laut deinem Blutbild habe ich dir jetzt mal ein paar zusammengestellt, und wir werden dann sehen, wie es dir damit geht.«

Er breitete mir meine tägliche Ration auf seinem Schreibtisch aus:

Morgens:	2 Kapseln Ostradiol
	2 Kapseln Progesteron
	1 Tablette Zink
Abends:	2 Kapseln Ostradiol
	2 Kapseln Progesteron
	1 Tablette Kupfer

»Du brauchst auch Kupfer und Zink, damit die Hormone richtig aufgenommen werden können.«

Als mein Arzt mir das Zusammenspiel der einzelnen Hormone mit dem Mineralstoffhaushalt und dem Stress- und Immunsystem erklärt, muss ich mich zwingen, aufmerksam zuzuhören.

Ich habe immer schon Schwierigkeiten gehabt, mir Begriffe und Zahlen zu merken. Fremde Sprachen lerne ich mühsam. Medizinische Ausdrücke sind besonders schwierig. Ich interessiere mich sehr für die Gehirnforschung, und es hat Jahre gedauert, bis ich mir »Frontal Lobe« (Stirnhirnlappen) habe merken können, ohne nur brabbelnd auf die Stelle zu deuten, an der sie sich befindet. Testosteron, Progesteron, Ostradiol, Östrogen, DHEA, Pregnenolon, Androstendion, Aldosteron, Cortisol – muss ich wirklich genau wissen, was das alles ist und was das alles macht? Etwas in mir weigert sich, die neuen Begriffe verstehen zu müssen. Es ist die Faulheit. Ich atme tief durch. Also gut, dann versuche ich das eben. Obwohl mir mein Arzt alle Zusammenhänge verständnisvoll erklärt hat, starre ich immer noch auf die Pillen.

»Müssen es wirklich so viele sein?«

Er nickt.

Ich seufze. Ich mag keine Pillen.

Meine Mutter fühlte sich während ihrer Schwangerschaft nicht wohl. Der Arzt empfahl ihr damals die 1957 entwickelten Contergan-Tabletten. Sie wollte keine Schlaf- und Beruhigungspillen nehmen. Sie fand, dass sie ihre Schwangerschaftsschwierigkeiten aushalten könne. Sie hatte schon ganz anderes ausgehalten.

Ich bin 1958 geboren. Das war das Jahr, in dem die Contergan-Kinder zur Welt kamen. Verkürzte Gliedmaßen mit Händen, die aus den Schultern wuchsen, und Füße, die aus den Hüften kamen. Dazu traten Veränderungen an den inneren Organen und Nervenschäden auf. Das hatte mir meine Mutter erzählt, und diese Information hat mich beeinflusst.

Ich nehme selten etwas ein. Wenn ich ein Schmerzmittel brauche – wie damals bei meiner Mandeloperation mit vierzig Jahren –, dann brauche ich erstaunlicherweise die stärkste Dosierung. Was bei anderen wirkt, macht bei mir gar nichts. Aus einem unerfindlichen Grund habe ich, wie meine Tochter auch, eine hohe Resistenzschwelle für Schmerzmittel.

Nach ein paar Tagen der Einnahme von bioidentischen Hormonen spürte ich ein Würgegefühl, wenn ich sie herunterschlucken sollte. Ich nahm an, das habe etwas zu tun mit meinem Unwillen, Tabletten zu nehmen. Mein Verstand meinte, ich müsste mich einfach nur daran gewöhnen.

Er hatte sich dann durchgesetzt. Ich schlief besser. Ich wachte nur noch drei- oder viermal in der Nacht auf. Das Schwitzen wurde weniger – aber das war ja nicht wirklich ein Problem. Da ich noch eine Periode hatte, sollte ich nach drei Wochen eine

Pause machen, damit die Blutung auch weiterhin einsetzen kann. Am Freitag nahm ich die letzte Hormonpille.

Von Samstag auf Sonntag fühlte ich mich ein wenig erschöpft.

Von Sonntag auf Montag lustlos.

Von Montag auf Dienstag traurig.

Von Dienstag auf Mittwoch einsam.

Von Mittwoch auf Donnerstag völlig uninteressiert am Weiterleben.

Ich beobachtete mich überrascht. Ich schob es auf die Nachrichten. Auf Informationen, die von außen kamen, oder dachte ich an etwas, was dieses Gefühl ausgelöst haben könnte? War ich mit Menschen zusammen, die traurig und einsam waren, und erspürte ich ihre Gefühle? Kommt da etwas in mir hoch, was ich anschauen muss? Ich fand keine Erklärung. Wie Wasser beim Kochen verdampft, so hatte sich auch meine Lebenslust verdampft. Bis ich mich auf dem Grund fand. Ich fühlte mich leer. Schwer. Traurig.

Am Donnerstagnachmittag rief ich meinen Arzt an. Wir stellten schnell fest: Ich vertrug die hormonelle Pause nicht. Jetzt verstand ich auch das Würgegefühl, das mir mein Körper schickte. Ich fragte Dr. Gschwender, was er vorschlägt.

»Den meisten würde ich raten, es noch einen Monat zu probieren. Morgen würdest du wieder mit den Hormonen anfangen. Aber bei dir sind oft Sachen anders …«

»Ich frage mal, was mein Körper will.«

Ich legte den Hörer zur Seite und schloss die Augen. Ich erspürte mich tief in meinem Körper und stellte mir dann vor, wieder Hormone zu nehmen. Sofort würgte es mich. Die Antwort war klar. Ich werde es bleiben lassen müssen.

Mal wieder musste ich von einer Vorstellung Abschied nehmen. Fast alle meine älteren Freundinnen nehmen bioidentische Hormone und sind sehr zufrieden damit. Ich hatte mich weit vor meinen Wechseljahren auch dazu entschlossen, und jetzt merkte ich zu meiner Überraschung, dass mein Körper sie nicht vertrug. Also gut, dann eben nicht. Dann probieren wir es eben ohne alles: keine Globuli, keine Cremes, keine chinesischen Tees. Nichts.

Innerhalb der nächsten Tage pendelte sich mein Wohlgefühl wieder ein. Ich fühlte mich gut dabei, nichts zu nehmen. Mein Schlaf wurde wieder etwas leichter, aber das störte mich nicht.

Ich war wenigstens wieder ich.

Noch mal einweichen

Zwei Jahre später
Mit 53 Jahren

Ich lebe in Zeitlupe. Vielleicht ist es das, was man unter einem Leben im *Jetzt* versteht. Jeder Tag ist ewig lang. In Zeitlupe passiert nichts Aufregendes. Ich frage mich, ob es jemals wieder etwas Spannendes in meinem Leben geben wird. Das hat man nun davon, wenn man keine Pläne und keinen vollen Terminkalender mehr hat. Im Moment zu leben – das soll glücklich machen. Zumindest habe ich das so verstanden.

Ich bin aber nicht glücklich.

Ich bin definitiv nicht glücklich.

Das Jetzt kann man auffüllen mit Begeisterung und Freude und Liebe und Lust und Ideen. Normalerweise mache ich das ja auch; aber *jetzt* ist nicht normalerweise.

Mein Roman ist, glaube ich, doch irgendwie fast fertig. An manchen Tagen bin ich ganz zufrieden damit, an anderen so gar nicht. Soll ich ihn einfach in den Müll schmeißen? Ein, zwei Jahre Arbeit einfach mal wegwerfen. Vielleicht wäre es besser, ich kümmere mich um etwas anderes?

Aber um was?

An Ideen mangelt es nicht. Sie kommen noch regelmäßig, und ich überlege, was daraus zu machen ist – bin für eine Weile interessiert, und dann schaue ich ihnen nach, wie sie wieder verschwinden.

Ich bin nicht in der Lage, ihnen nachzugehen.

Ich rufe nicht, damit sie stehen bleiben.

Ich hebe nicht einmal den Arm, um ihnen zum Abschied zuzuwinken.

Ich überlegte mir ernsthaft, ob ich vielleicht mit diesem Leben fertig bin. Wenn das jetzt alles war, dann kann ich auch gehen.

Das mag vielleicht deprimierend klingen, aber ich war völlig einig mit mir. Es war nur eine Frage, und zwar eine, die nicht aus der Verzweiflung kam.

Es ist der gleiche Grund, warum man aus einer Badewanne steigt, wenn die Haut schrumpelig wird und das Wasser kalt. Die Zeit ist vorbei. War sie es auch für mich? Wenn nur noch das Licht sich auf dem See fängt, ich auf die Enkelkinder warte und noch ein paar Bücher schreibe, dann reicht mir das nicht.

Ich glaube nicht, dass ich Angst vor dem Sterben habe. Ich beschäftige mich schon seit Jahren damit. Natürlich wird es Momente geben, in denen der Überlebenswille hochkommt: ein knapp verpasster Unfall vielleicht. Eine Krankheit.

Wir werden sehen. Man kann dies ja wirklich auch nur annehmen. Aber ich überrasche mich eigentlich selten … Dazu kenne ich mich zu gut.

Normalerweise.

~

Ich meditiere und sehe vor meinem inneren Auge, wie Zarathustra, einer meiner Lehrer, mir gegenübersitzt. Als ich ein kleines Mädchen war, nannte mich mein Onkel immer »Zarathustra, mein Weib«. Ein ungewöhnlicher Kosename von einem Mann aus der Oberpfalz für ein Mädchen aus dem sozialen Wohnungsbau.

Jahre später – ich lebte in Los Angeles – erzählte mir mein Masseur von seiner neuen Freundin, die Zarathustra channelt (also in Trance geht). Ich war elektrisiert. Ich bat ihn, einen Termin für mich zu vereinbaren, und wurde vertröstet. Die Warteliste sei lang, die Chancen seien gering. Doch zu seiner und meiner Überraschung bekam ich am nächsten Tag einen.

Ich saß vor Jacqueline Snyder – die Zarathustra channelte – und war fasziniert. Er schaute mir tief in die Augen und meinte am Ende unserer Session: »Das haben wir doch gut gemacht mit deinem Onkel.« Ich war bis in die Tiefe meines Seins schockiert. Außer meiner Familie wusste niemand davon.

Das war der Beginn meines spirituellen Erwachens. Das Wissen, dass es Dinge gibt, die lange vorbereitet werden und zu meinem Wohle sind, hat mich seither nie mehr verlassen. Meine Freundin Jacqueline Snyder verstarb vor vielen Jahren, doch mein Dialog mit Zarathustra endete damit nicht. Jetzt findet er in mir statt.

Wenn ich ihn »sehen« will, dann frage ich nach ihm. Ich setze mich vor meinen Hausaltar. Zünde eine Kerze und das Ende eines getrockneten Salbeibündels an. Ich nehme meine lange Adlerfeder – ein Geschenk einer Indianerin – und streiche den Rauch über meinen Körper. Ein Ritual der Ureinwohner Amerikas, um sich auf den Austausch mit Spirit und der Stille vorzubereiten. Dann schließe ich die Augen und atme. Ich werde zum Beobachter meiner Gedanken, und dann wird es ruhig in mir. So bleibe ich eine Weile. Wenn ich den Dialog mit Zarathustra suche, dann frage ich nach ihm. Gleichzeitig stelle ich mir ein offenes Feuer vor; und wenn ich dann vor meinem inneren Auge dieses Feuer sehe, erspüre ich Zarathustra mir gegenübersitzen.

Auch heute ist er wieder da. Er steht auf und nimmt meine Hand. Seit zwanzig Jahren sitzen wir uns gegenüber, und noch nie ist er aufgestanden. Wir gehen gemeinsam ein paar Schritte, und dann bemerke ich, dass es keinen Boden mehr unter uns gibt: Wir fliegen.

»Wohin fliegen wir denn?«, frage ich ihn.

»Wir fliegen. Reicht dir das nicht?«, antwortet er.

Ein Ruck geht durch meinen Körper. O mein Gott. Es reicht mir nicht. Ich musste über mich selber lachen. Typisch Sabrina! So auf ein Ziel trainiert, dass sie das Fliegen nicht bemerkt. Ist das Fliegen? Dieses Gefühl des »Nichtwissens, wohin«? Ich dachte, Fliegen ist leichter. Fliegen ist erfüllender. Ich dachte, Fliegen ist das Ziel?

~

Ich habe vier Kilo zugenommen. Wie es scheint, von einem Tag auf den anderen. Ich überlege, ob ich etwas an meinen Essgewohnheiten verändert hatte. Es gab mal eine Zeit, da hatte ich große Lust auf alkoholfreie Radler – und innerhalb von zwei Wochen drei Kilo mehr. Doch jetzt gab es keinerlei Veränderungen.

Und da ich die Kilos nicht behalten wollte, entschied ich mich für eine Veränderung: Ich machte nicht nur mein tägliches Yoga und fuhr Rad, sondern ging ins Fitnessstudio. Außerdem aß ich die Hälfte weniger. Ernährte mich von Gemüse. Suppen. Salaten.

Zwei, drei Kilo wechseln bei mir immer. Siebenundfünfzig, achtundfünfzig, neunundfünfzig Kilo. Irgendwo dazwischen halte ich mich auf. Sechzig ist meine rote Ampel. Da gehe ich nicht drüber. Unter sechsundfünfzig Kilo gehe ich auch nicht.

Manchmal passiert das, und auch in dieser Richtung passe ich auf. Ich merke das sofort im Gesicht. Es wirkt eingefallen.

Ich mag runde Frauen. Meine Tante Erna – klein und mit knappen hundert Kilo gesegnet – hatte bis ins hohe Alter den schönsten Busen der Welt. Beim Modellieren sind mir füllige Modelle viel lieber als dünne. Dünn kann zu hart und zu knochig aussehen.

Ich fühle mich mit meinem Gewicht schon seit Jahren sehr wohl. Ich kenne es auch anders. Ich war von meinem sechzehnten bis zu meinem dreißigsten Lebensjahr konstant auf Diät. Der Jo-Jo-Effekt und ich waren sehr vertraut miteinander. Dieses Zunehmen/Abnehmen wurde erst durch die Schwangerschaft unterbrochen. Da bekam mein Körper zum ersten Mal nach fünfzehn Jahren regelmäßig etwas zu essen. Diese neun Monate reichten, damit mir mein Körper wieder vertraute, und ich verstand, wie ich mit meinem Körper umgehen muss.

Gibt es da so einen Schub, bei dem der Körper probiert, ein paar extra Kilos draufzupacken? Vielleicht gibt es da einen Zeitpunkt, den man verpassen kann? Man merkt zwar, dass man zugenommen hat, aber macht nichts dagegen. Na ja, das geht schon wieder weg. Weil es ja früher auch weggegangen ist.

Irgendwie hatte ich das Gefühl, dass diese Kilos geblieben wären. Sie waren nicht gekommen, weil ich eben zu viel gegessen hatte oder in einer Lebenssituation war, in der ich zum Schutz mehr Pfunde bräuchte –, sie kamen wahrscheinlich aus einem veränderten Stoffwechsel. Es dauerte fast einen Monat, bis ich diese Pfunde wieder loswurde. Ich bin gespannt, ob sie es noch mal versuchen werden. Und wer weiß: Vielleicht brauche ich sie dann auch und werde sie behalten.

Zweiter Schleudergang

Bis jetzt ging es mir jedes Jahr besser. Bin ich gerade am Gipfel vorbeigegangen und habe es nicht gemerkt? Ist das jetzt der Zeitpunkt, wo es kippt?

Ich versuche, den Zug zum Fahren zu bewegen. Ich schreibe eine Liste von allen Dingen, die mich vielleicht interessieren könnten, die ich vielleicht spannend finde, die mir vielleicht Spaß machen. Ein bisschen viel »vielleicht« – aber was soll ich machen? Ich nehme mir vor, die Ideen durchzustreichen, die nicht mehr relevant sind:

Kind adoptieren.
Romane schreiben.
Stücke schreiben.
Spirituelle Bücher schreiben.
Eine Stiftung gründen.
Tango tanzen.
Mit Kindern arbeiten.
Wieder Workshops geben.
Leute interviewen.
Mehr bildhauern.
Singen.
Musik studieren.
Eine Dokumentation drehen.
Ein Haus bauen.
Französisch lernen.

Eine Band gründen.

Ein Bed & Breakfast aufmachen.

Wieder Fernsehen moderieren.

Nach Berlin ziehen.

Nach Hamburg ziehen.

Aufs Land ziehen.

Auf eine Uni gehen.

An einer Uni lehren.

Nach Kalifornien ziehen.

Nach Südfrankreich.

Meine Stücke inszenieren.

Schreibpartner suchen.

Ein Theater aufmachen.

In einem Theater arbeiten.

Einen Garten pflanzen.

Beruflich improvisieren.

Als Komikerin auftreten
  (bei meiner aktuellen Stimmungslage
  wahrscheinlich nicht besonders aussichtsreich).

In die Politik gehen.

Eine Ausstellung mit meinen Skulpturen organisieren.

Mehr YouTube-Videos machen.

Mit meinem Liebsten Kunstprojekte zusammen machen.

Auf einem Hausboot leben.

Als ich nachzudenken anfing, kam als Erstes der Wunsch hoch, ein Kind zu adoptieren. Das war völlig überraschend für mich. Will ich wirklich jetzt ein Kind adoptieren? Wenn ich andere sehe, die in meinem Alter noch Kleinkinder haben, bin ich gottfroh, das nicht mehr zu machen. Ich liebte meine Zeit als aktive

Mutter, aber diese Phase ist vorbei. Noch mal Hausaufgaben? Noch mal durch die Pubertät? Nein danke. Das Adoptieren war ein Wunsch, den ich früher einmal hatte und der nicht erfüllt wurde, weil mein damaliger Partner das nicht wollte. Mein jetziger umarmte mich und meinte, dass ich seine erwachsenen Kinder doch schon adoptiert hätte. Ja, da ist etwas Wahres dran. Sie sind mir ans Herz gewachsen. Auch wenn sie schon »fertig« waren, als sie in mein Leben traten.

Über einigen Ideen auf der Liste kreist der Stift lange. Will ich das noch? Interessiert mich das wirklich? Warum habe ich das noch nicht gemacht?

Manches streiche ich durch. Manches lasse ich zögerlich stehen. Manchmal radiere ich den Strich wieder weg. Neben einige mache ich ein Fragezeichen. Alle meine Ideen oder Wünsche hatten über viele Jahre immer auch eine Gedankenschleife daran hängen:

Fragende: Soll ich? Soll ich nicht? Jetzt? Später? Ich müsste mal … Warum habe ich noch nicht?
Fordernde: Du wolltest doch schon vor ewiger Zeit XYZ machen! Jetzt mach es doch endlich mal fertig!
Schuldbeladene: Jetzt hast du das immer noch nicht gemacht! So wird das natürlich nichts! Dazu ist es irgendwann einmal zu spät!
Resignierende: Jetzt brauchst du es auch nicht mehr zu machen.

Ich mache manchmal Rituale, in denen ich etwas verbrenne. Hier streiche ich durch. Manches hat sich erledigt. Einiges interessiert mich nicht mehr. Kraft wird frei, die diese alten Ideen oder Forderungen besetzt hielten.

Vielleicht ist es die Kraft, die mir jetzt fehlt?

Unter meinen Hängeordnern gibt es einen, der heißt »Ideen«. Dort lege ich schon seit Jahren alles hinein, was mir einfällt und wozu ich gerade nicht komme. Hatte ich auch einen inneren Hängeordner, der immer dicker wurde und immer mehr Platz wegnahm?

Eine Bekannte hat meine Kette um den Hals entdeckt und gefragt, was sie bedeutet. Ich erzähle ihr von mir als Vorfahrin und von mir als alter weiser Frau. Sie reagiert verschreckt.

»Wieso willst du dich denn als alte Frau sehen?«

»Das werde ich mal. Das gehört zum Leben dazu.«

»Aber doch nicht jetzt! Du bist doch noch jung!«

»Jugendlich hoffentlich, aber jung bin ich nicht mehr.«

Sie schüttelt den Kopf: »Damit ziehst du dieses Alter doch an. Es ist wichtig, dass du dich innerlich jung fühlst. Also ich will mit mir als alte Frau überhaupt nichts zu tun haben. Das ist eine schreckliche Vorstellung.«

»Findest du? Ich glaube nicht, dass ich das Altern anziehe. Das Altern kommt von selbst. Wie siehst du dich denn als alte Frau?«, frage ich nach.

»Gar nicht! Ich weigere mich, auch nur eine Sekunde darüber nachzudenken.« Sie wechselt das Thema. Will über ein Buch reden, das sie gerade gelesen hat.

Im Englischen gibt es ein Wort, das als Synonym für »alte weise Frau« steht: *crone*. Manche sagen, es komme von *crown* – also »Krone« – und habe einen germanischen Ursprung. Andere behaupten, es ist einfach nur die Abkürzung von *chronologically*, also »chronologisch«. Ich weiß gar nicht, wann ich zum ersten Mal darüber nachgedacht habe, wie ich als alte Frau sein werde. Es gab wohl überhaupt keine Zeit, in der ich das nicht tat.

Mir ist Beweglichkeit im Alter wichtig. Dafür mache ich schon seit dreißig Jahren Yoga. Ich glaube, dass unsere Stühle und Sessel nicht unbedingt helfen, uns beweglich zu halten. Deshalb sitze ich oft mit angewinkelten Beinen auf dem Boden. Ich habe zwei Schreibtische. Einen niedrigen mit einem Meditationskissen davor und einen höhenverstellbaren, bei dem ich stehen wie auch sitzen kann. Unter diesem habe ich auch ein Büro-Gehband. Das bringt Sauerstoff ins Gehirn, und ich brauche im Moment allen Sauerstoff, den ich kriegen kann.

Ich habe erstaunlicherweise noch kein einziges weißes Haar, aber ich wünsche mir graue oder weiße Haare, wenn ich älter bin. Ich finde, das sieht großartig aus. Ich mache Frauen wegen ihrer grauen oder weißen Haare oft Komplimente. Die Frauen, die ich faszinierend finde, tragen ihre Haarfarbe mit Stolz. Ich werde zu meinen weißen Haaren auch weiterhin Cellulitis haben – wie jede Frau. Ich verstehe nicht, dass Cellulitis so ein Makel sein soll. Wir haben sie alle. Was ist bitte das Problem?

Ich denke, dass ich mein Gesicht mögen werde, wenn es älter ist. Ich bin gespannt, wie ich dann aussehe und wie ich mich fühle, wenn ich älter bin.

Wahrscheinlich besser als jetzt.

Immer wieder lese ich von Leuten, die Alterskommunen oder andere Lebensgemeinschaften gründen. Auch in mir gibt es den Wunsch nach so einer Kommune, die irgendwann einmal gegründet werden will. Ein gemeinsames Dorf, eine Vision, ein Miteinander, in dem auch die Stille, die Individualität, das Wohlfühlen, das Reisen gelebt sein dürfen. In dem die Kunst, der Austausch, der Spaß, die Weite eine Rolle spielen dürfen. Ist das jetzt die Zeit dafür?, frage ich mich in meinem Zug, der sich nicht bewegt.

Heute las ich von aufgegebenen Immobilienprojekten – Ferienhäusern für dreißig, vierzig, fünfzig Familien, die nicht fertig gebaut in Spanien stehen –: Ist das ein Zeichen? Will ich nach Spanien?

»Sabrina, du spinnst.«

～

Ich glaube, ich war arrogant.

Anders kann ich mir das nicht erklären.

Ich habe wirklich gedacht, ich gehe einigermaßen elegant durch die Wechseljahre. Es sah ja am Anfang auch noch alles ganz danach aus. Ich war eigentlich zufrieden mit mir. Meine täglichen Meditationen, meine Liebe zur Stille, meine Kontemplation, mein Aufarbeiten, Aufräumen, Anschauen und Neue-Entscheidungen-Treffen hatten ihre Wirkung in meinem Leben hinterlassen. Es wurde eleganter. Es floss mehr. Weniger Drama. Weniger Unwahrheit. Weniger Anstrengung.

Ich dachte, das geht so weiter.

Natürlich kommen gelegentliche Herausforderungen – das ist ja klar –, aber damit komme ich zurecht, denn ich habe das nötige Handwerkszeug dafür und kann die Gründe verstehen. Gründe, warum sich Dinge verändern. Gründe, warum mein Körper reagiert. Gründe, warum meine Seele mir gerade diese Herausforderungen in den Weg legt. Gründe, warum etwas fließt oder stecken bleibt.

Natürlich verstehe ich den Grund der Wechseljahre, aber das hilft mir hier nicht weiter. Ist es das? Die Erkenntnis, nichts tun zu können, und sich entspannt damit abfinden? Oder sehe ich einfach nicht, was zu tun ist?

Ich lege mich normalerweise nicht mit der Realität an, aber jetzt im Moment schaffe ich das nur in wenigen Momenten. Normalerweise – mir fällt auf, wie oft ich »normalerweise« schreibe –, wenn ich etwas erkenne und dann die dementsprechenden Konsequenzen daraus ziehe, verbessert sich mein Leben, und ein tiefes Wohlgefühl setzt ein. Hier erkenne ich etwas, aber es nützt mir nichts. Es bringt mich nicht wirklich voran.

Ich stolpere eher zurück, hineinkatapultiert in eine komplett fremde Persönlichkeit. Eine Persönlichkeit, die anscheinend das Wort »normalerweise« wie die Erinnerung an eine große Liebe benutzt.

Ich beobachte mich und wundere mich:

Wer bist du?

Warum fühlst du dich so wackelig an?

Warum machst du nicht das, was du gut kannst?

Warum bewegt sich nichts?

Wo ist deine Lebenskraft geblieben?

Irgendwann muss das doch auch wieder aufhören, oder?

Ich meditiere, und ich versuche, mich auf meinen Atem zu konzentrieren. Ich weiß, wie man es macht, wie man den Kopf leer kriegt – verdammt noch mal, das bringe ich seit Jahren anderen Leuten bei –, und jetzt hakt das bei mir.

Ich hänge in meinen Meditationen an der Oberfläche. Bin unruhig. Kriege mich nicht ruhig. Gehe in die Tiefe. Und komme sofort wieder hoch, als ob ich keine Luft kriegen würde. Schicke mich wieder runter. Und wie ein Gummiball springe ich wieder nach oben. Runter mit dir! Rein in die Stille! Aber da ist es nicht still. Da sind meine »Warum bin ich so schlapp?«, »Warum habe ich keine Lust?«, »Wann hört das auf?« …

Tiefer runter. Komm schon. Tiefer runter. Der Grund des Seelensees. Du kennst das doch. Was ist da los?

Ich flüchte zum Yoga-Unterricht. Hier muss ich mich konzentrieren. Da mir das guttut, gehe ich am Nachmittag gleich noch mal hin. Am nächsten Morgen wieder. Und abends auch. Dazwischen nehme ich mir meine Laufschuhe und renne in den Park. Acht Schritte einatmen. Acht Schritte ausatmen. Acht Schritte einatmen. Acht Schritte ausatmen. Ich laufe nicht so gerne, aber wenn es mir hilft, aus meinen Gedankenschlaufen herauszukommen, dann ist es mir egal, ob es Spaß macht.

Dann mache ich meine Steuer. Anschließend räume ich meine Adressenliste im Computer auf. Ich stehe auf, um meinen Körper auszustrecken, und mein Blick fällt auf einen kleinen Beistelltisch Der würde auf der anderen Seite vielleicht auch ganz gut aussehen. Vielleicht die neue Vase dazu, die jetzt unmotiviert in der Küche steht? Das Sideboard gehört auch mal wieder aufgeräumt. Ich schiebe und räume. Am nächsten Tag wieder zweimal zum Yoga. Nach den E-Mails räume ich die Küchenschränke, die Abstellkammer und den Gefrierschrank auf. Der hatte es wirklich nötig. Schaue mir aufmerksam jede Packung an. Dann wieder raus. Laufen. Frische Luft. Bewegen. Langsam werden die Gedankenschlaufen weniger, und mein Hirn wird mürbe. Na also, geht doch.

Sonst braucht es nur ein paar Atemzüge, und ich bin in mir. Jetzt brauche ich drei Tage intensives Training, um wieder in mir einzutauchen.

Dr. Yanqing Wellenhofer-Li mag meine Zunge nicht. Sie mochte sie eigentlich noch nie besonders. Jedes Mal, wenn ich zur Akupunktur gehe, muss ich ihr meine Zunge zeigen. Manchmal schaut sie erschreckt. Manchmal schüttelt sie den Kopf. Selten meint sie: »Schon ein bisschen besser.«

Aber noch nie habe ich von ihr ein »Jetzt bin ich zufrieden« gehört.

Ich habe sie gefragt, ob ihr irgendeine Zunge gefällt. Sie lachte und schüttelte leicht mit ihrem Kopf. Kaum bemerkbar. Das beruhigte mich.

Ich weiß einiges über die Dellen an der Seite meiner Zunge und die Punkte in der Mitte und den Belag und dass ihr das nicht gefällt und jenes auch nicht. Vielleicht wird sie irgendwann einmal begeistert von meiner Zunge sein. Auf diesen Moment warte ich. Vielleicht sollte ich sie mal nach ihrer Zunge fragen?

Jedes Frühjahr gehe ich für drei Monate einmal die Woche zu ihr in die Praxis. Ich reagiere allergisch auf Esche. Akupunktur ist das Einzige, was mir hilft. Auf Antihistamine werde ich depressiv. Auf das andere Zeug müde. Mit ihrer Hilfe hat es mein Körper in den letzten vier Jahren geschafft, dass ich jedes Jahr weniger allergische Reaktionen habe. Dieses Jahr habe ich kaum mehr welche.

Sie fragt mich nach meinem Schlaf und wie ich mich fühle. Ich teile mich nicht wirklich mit. Na ja, der Schlaf, wie er eben so ist. Sie nickt. Und steckt mir ein paar Extranadeln rein. Ich spüre den Energieweg in meinem Körper. Ich reagiere auf die Meridianpunkte. Ob Akupunktur oder Jin Shin Jyutsu. Meiner liebt das. Ich lächle dankbar. Dann macht sie den Heizstrahler über meinem Bauch an, tätschelt meinen Arm, und ich bleibe für eine halbe Stunde liegen. Da ich mich mal über die seltsame Meditationsmusik beschwert und eine eigene mitgebracht habe, höre ich jetzt immer die Musik von Anders Holte. Rührend, dass die Damen von der Rezeption für meine Termine die CD auflegen.

Ich lese immer wieder von Menschen, die in der Hälfte ihres Lebens, ungefähr in meinem Alter, ihr Leben komplett ändern. Es gibt sogar eine Zeitschrift dafür: *Viva*. Ich bin eine begeisterte Leserin und habe sie abonniert.

Die Lehrerin, die Flusskapitän wird. Der Banker, der Gärtner wird. Die Bürokauffrau, die eine Boutique aufmacht. Die Bäckerin, die Model für Übergrößen wird. Der Zahnarzt, der Bildhauer wird.

Und ich? Ich will auch was anderes werden. Hey, da gibt es doch jede Menge Möglichkeiten, die ich noch nicht ausprobiert habe. Die anderen machen das doch auch!

Wo ist mein geheimer Traum?

Wo ist mein ersehntes Ziel?

Wo ist mein neues Leben?

Gestern war eine Freundin zu Besuch. Wir hatten uns lange nicht gesehen. Wir erzählten, was uns berührt. Was passiert war. Was uns freut. Was uns anstrengt. Sie fragte mich zuerst, und ich erzählte ihr von diesem fremden Zustand, in dem ich mich befinde. Dem Gefühl, als hätte jemand den Stecker aus mir herausgezogen, und von meiner Suche nach dem Strom-kasten.

Sie sah erschöpft aus. Ich machte ihr Tee, und wir gingen ins Wohnzimmer. Sie streifte ihre Schuhe ab und fing zu erzählen an. Ihrer Ehe geht es nicht gut. Ob sie halten wird, sie weiß es nicht. Sie war schon lange unglücklich in ihrem Job und hat jetzt ein neues Angebot bekommen, aber dafür müsste sie mit der Familie umziehen. Dann müssten sie das Haus verkaufen, aber vorher sollten sie noch dringend die Badezimmer renovie-ren, sonst senkt das dramatisch den Verkaufspreis. Ihre Teen-agertochter und sie kommen nicht mehr zurecht. Ihre Termin-planung wächst ihr über den Kopf. Sie hat keine Minute Pause. »Ich falle nachts wie tot ins Bett. Ich bin völlig erschöpft. Ich habe mich so auf meine Geschäftsreise nach München gefreut und darauf, eine Nacht bei dir zu verbringen. Einfach nur so sitzen, ich kann dir gar nicht sagen, wie gut mir das tut.«

Sie legte die Beine aufs Sofa und schloss die Augen. Ich schaute sie mitfühlend an. Kein Wunder, dass sie erschöpft war. Es gab so viel zu tun. So viel Dringendes zu erledigen. Ich bemerkte ein ungewöhnliches Gefühl in mir. Das war nicht nur Mitgefühl, das sich da in mir regte, es war ...

»Ich weiß nicht, ob du mich jetzt für verrückt hältst, aber ich merke, wie ich dich beneide. So viele Probleme, die alle drin-gend erledigt werden müssen ...«

Sie hielt die Augen geschlossen. Sie schnaubte. Dann noch mal, und dann lachte sie. Zuerst leise, dann immer lauter. Ich lachte mit. Erleichtert.

»O ja, ich weiß, was du meinst«, sagte sie. »Ich habe wirklich viel zu erledigen.« Sie setzte sich auf und nahm einen Schluck Tee und sah plötzlich – für einen kurzen Moment – ziemlich zufrieden aus.

Die Verbindung zwischen meinem Gehirn und meiner Blase ist nicht mehr so akkurat, wie ich es gewohnt bin.

Meine Blase meldet:	Demnächst möchte ich mich entleeren.
Gehirn an Körper:	Suche das nächste Badezimmer.
Blase an Gehirn:	Ist es schon so weit? Kann ich loslassen?
Gehirn:	Ja, ja.
Blase:	Also, ich lasse jetzt los.
Rest vom Körper:	Spinnst du, wir machen gerade mal die Tür auf.
Blase:	Also, Gehirn hat gesagt, ich kann jetzt.
Gehirn:	Was?
Rest vom Körper:	**Nein!**
Blase:	Entschuldige bitte, aber ich kriege meine Aufträge schon immer von oben und nicht von dir.
Rest vom Körper:	Das mag schon sein. Ich weiß nicht, was da oben los ist, aber wir sind noch nicht so weit. Halte das noch zurück!
Blase:	Mensch, das ist echt schwer, ich habe doch schon die Entspannung einge- leitet – also so ein paar Tropfen …
Rest vom Körper:	Nichts da! Halt dich zurück. Ich sage dir dann schon, wenn wir so weit sind.

Gehirn:	Was ist denn da los?
Blase:	Du hast doch gesagt, ich kann …
Gehirn:	Komisch, ich dachte, wir sitzen schon.
Rest vom Körper:	Gehirn, nicht denken! Nach- schauen! Frag die Augen, die sind in der Nähe.

Es hat gedauert, bis ich verstanden habe, wie ich das vermeide. Wenn der Entleerungsimpuls kommt, dann muss ich sofort an etwas anderes denken und mich quasi heimlich – am Gehirn vorbei – auf den Weg zur Toilette machen. Und erst dann, wenn ich sitze, erlaube ich mir den Gedanken: »Jetzt muss ich auf die Toilette.«

~

Ich habe mir eine neue Videokamera gekauft. Ich versuche, mir anzugewöhnen, nur dann Sachen zu kaufen, wenn ich wirklich sicher bin, dass ich sie auch brauche, und nicht, weil ich gerade mal für ein paar Minuten eine neue Idee habe. Das wird mir mittlerweile zu teuer.

Ich glaube, ich hatte gerade einen Rückfall.

Dieser Laden war einfach da, und die Tür war einfach auf, und der Verkäufer war einfach nett, und die Kreditkarte lag ein- fach so in meiner Tasche, und dann habe ich die Kamera und das Stativ einfach mal gekauft und bin einfach kopfschüttelnd aus dem Laden gegangen und habe mich gefragt, ob ich nicht doch einfach nur spinne.

Dann habe ich mich damit beruhigt, dass ich auf jeden Fall für meine YouTube-Videos doch auch eine neue Kamera brauche. Das erklärte wenigstens das neue Stativ, das man mit einer Fernbedienung benutzen kann.

Ich mag technisches Spielzeug. Die neuen Kameras sind unglaublich. Eine fantastische Qualität. Bei dieser habe ich sogar einen winzigen Projektor mit eingebaut, bei dem ich die Fotos und Filme an eine Wand projizieren kann. Vielleicht habe ich sie mir deswegen gekauft. Damit ich was zum Projizieren habe.

Vor ein paar Monaten hatte ich mir überlegt, meinen Liebsten bei seiner Arbeit zu filmen. Er ist Farbfeldmaler. Eine Kunst, von der ich am Anfang – als wir uns kennenlernten – nicht viel verstand. Vielleicht hilft mir das, aus meinem Loch rauszukommen. Ein Projekt, bei dem ich wieder lernen muss: wie man die neue Kamera bedient. Wie man ein Schneideprogramm lernt. Ich habe mir vorgenommen, ihn immer mal wieder im Atelier zu besuchen und ihm Fragen zu stellen.

Jedes Mal, wenn ich daran denke, in sein Atelier zu gehen, fällt mir eine andere Ausrede ein: Jetzt ist es dort vielleicht zu heiß. Das Licht ist zu hell. Jetzt ist es zu kalt. Es wird eh gleich Abend. Ich gehe dann, wenn ich XY erledigt habe. Jetzt ist es sowieso schon zu spät.

Ich fühle mich schuldig, weil ich schon seit einem Jahr mit ihm darüber rede und noch nicht einmal begonnen habe. Das ist ungewohnt für mich. Ich halte meine Versprechen.

Ich muss aus diesem Sog der Unfähigkeit raus. Ich muss raus! Ich zwinge mich dazu, meine Kamera einzupacken, und steige aufs Fahrrad. Beim Arbeiten spüre ich den großen Unterschied zu früher. Die Kraft fehlt mir noch. Wenn ich ihn im Atelier filme, bin ich im Moment des Filmens begeistert. Das Vorher ist das Problem. Das Hochkommen. Das Anfangen.

Doch ich habe wieder ein Ziel. Ich habe mir einfach eines gesetzt. Ob der Zug jetzt fährt oder nicht. Ich habe das Gefühl, ich gehe wenigstens mit meiner Kamera auf dem Bahnhof hin und her.

Es ist eine neue Erfahrung, gleichzeitig hinter der Kamera zu stehen, die Ausschnitte zu bestimmen und das Interview zu führen. Früher, als ich noch Moderatorin war und häufig Kurzfilme fürs Fernsehen gedreht hatte, war ich mit einem Kamerateam unterwegs. Dann ging es zum Cutter in den Schneideraum. Jetzt mache ich alles selber.

Selbermachen bin ich gewohnt.

Ich habe das ganze Filmmaterial sortiert. Musik ausgesucht. Ein Schnittprogramm gelernt und fünf Minuten geschnitten. Mit all dem Lernen und Verstehen und Herausfinden haben diese fünf Minuten Film fünf Tage gedauert.

Irgendwie irritiert es mich, dass ich mein Projekt selbst nicht speichern kann. Es gibt kein Save. Wenn ich das Programm wieder aufmache, ist mein Projekt wieder da. Nach ein paar Tagen beruhige ich mich. Offensichtlich funktioniert das automatisch. Ich muss frühere Aufnahmen auf meiner Festplatte hin und her schieben und lege alles an Filmmaterial auf eine externe Festplatte. Zur Sicherheit.

Am nächsten Morgen ist mein Film weg. Komplett und ganz weg. Nur das rohe gedrehte Material ist noch da. Ich bin überrascht, aber ruhig. Ich bin sicher, das taucht wieder auf. Ich recherchiere. Das passiert manchmal, erfahre ich von der Hotline. Da der Film auf einer externen Festplatte lag, hat sie mein Computer nicht gespeichert. Er speichert nur, was auf der internen Festplatte liegt. Das wusste ich nicht.

Wieder was gelernt.

Ich bin erstaunlich entspannt. Darüber freue ich mich. Doch was dazugelernt in den letzten Jahren. Ich lege mich nicht mit der Realität an. Woher weiß ich, dass es passieren sollte? Weil es passiert ist.

Aber in mir fällt die Lust auf den Film wie eine Luftblase zusammen. Ich müsste eigentlich sofort noch mal anfangen zu schneiden, denn jetzt weiß ich die Schnittfolgen noch auswendig. Aber da ich nicht wirklich verstehe, was der Grund für diesen ersten Absturz war, möchte ich keinen zweiten riskieren. Allgemeiner Tenor nach ein paar Tagen Recherche und diversen Hilferufen in Foren und von Experten: ein professionelleres Schneideprogramm lernen und auf der internen Festplatte schneiden. Dann kann nichts mehr passieren. Ich besorge mir ein professionelleres Schneideprogramm. Es ist die Expertenversion meines ersten, und ich lerne mich durch die Tutorials.

Jetzt müsste ich nur noch mit dem Schneiden anfangen.

Und ich muss noch ein paar Schnittbilder drehen.

Ja.

Das mache ich dann.

Später.

Irgendwann später.

Die Kamera stelle ich in eine Ecke.

Tage später fängt sie an, mich vorwurfsvoll anzuschauen.

Ich lege sie in eine Schublade.

Als ich mich mit meinem Steuerberater zusammensetze, um meine Steuererklärung zu besprechen, merke ich, dass ich mich für die fehlenden Einnahmen vom letzten Jahr schäme. Da wird mir klar, wie sehr mein inneres Wertegefühl damit zusammenhängt, ob ich mir meinen Lebensunterhalt verdiene, ob ich nützlich war, ob ich etwas geleistet hatte. Jetzt verstehe ich besser, wie es Menschen geht, die ohne bezahlte Arbeit sind. Ich hatte keine Ahnung, wie anstrengend das ist.

Ich war nicht nützlich. Ich spüre in mich hinein, wie sich dieser Satz anfühlt. Er schwappt in mir herum, als suche er nach einem Ausguss.

»Weißt du überhaupt, wie viele Leute so viel arbeiten, dass sie überhaupt keine Zeit haben?«

»Ja. Das weiß ich.«

»Und du? Was machst du?«

»Ich atme.«

»Aha. Ist das eine Entschuldigung?«

»Nein.«

»Reiß dich gefälligst zusammen. Du bist nicht mal richtig krank! Die Wechseljahre. Wie schlimm kann das sein?«

»…«

»Du hast nichts zu sagen?«

»Nein. Was möchtest du denn hören?«

»Dass du dich wenigstens schämst.«

»Ein Teil von mir tut es. Der andere akzeptiert den Zustand, so wie er ist.«

»Tja, so kann das nichts werden.«

Wenn ich achtzig Jahre alt bin, werde ich Lounge-Sängerin in einer Bar. Als ich Mitte zwanzig war, habe ich mir dies vorgenommen. Ich werde ein Motorrad fahren und weiße Haare haben. Einen tollen Elektroroller fahre ich jetzt schon. Ich singe dann über das Leben und die Liebe, und die Kids werden mir zu Füßen sitzen und es toll finden. Meinen Pianospieler habe ich schon seit dreißig Jahren. Geübt haben wir allerdings noch nie zusammen. Wie gesagt, ich habe auch noch Zeit.

Wenn ich jetzt anfange, Klavierspielen zu lernen, dann bin ich in zwanzig Jahren wahrscheinlich ziemlich gut. Allerdings habe ich Klavierspielen schon ein paarmal probiert – kurzfristig probiert –, und richtig begeistert war ich davon nicht. Es war eher ein bemühtes Lernen und eine Pflicht … und Pflicht wollte ich doch ablegen, oder?

Vielleicht doch wieder Gitarre? Oder Bassgitarre? Ich habe meine Gitarre wieder rausgeholt, erinnerte mich gerade noch an eine Handvoll Griffe, und nach ein paar Minuten sah ich wieder die tiefen Schlieren in meinen Fingerspitzen. Will ich mich daran wieder gewöhnen?

Ich sehe schon, ein Vollblutmusiker würde sich das nie fragen. Wahrscheinlich beantwortet das schon wieder meine Frage.

Mir fällt auf, dass ich mir als junge Frau ein Ziel fürs Alter gesetzt habe, das ich damals mit sechzehn Jahren aufgab. Ich gab auf, weil ich nicht hübsch genug war und ich befürchtete, es mit meinem Aussehen nicht zu schaffen. Und doch begleitet mich das Singen mein ganzes Leben lang. Ich singe jeden Tag. Singen nährt mich. Als junges Mädchen sang ich im Chor vom Bayerischen Rundfunk und im Kirchenchor. Später in einer Jazzband für moderne Kirchenmusik. In Los Angeles machte ich eine zweijährige Gesangsausbildung, und immer wieder – auch hier in München – bilde ich mich weiter.

Schon ganz jung habe ich es genossen, neben einem Klavier zu stehen und einfach mitzusingen. Das Schönste für mich ist, mit anderen Sängern zusammen zu improvisieren. Da gibt es immer wieder Gruppen, die ich treffe und mit denen ich singe.

Miteinander improvisieren können nur diejenigen wirklich gut, die die Gruppe im Blick haben. Die das Miteinander mögen. Die den anderen Platz lassen und sich aber auch gleichzeitig Platz holen, wenn sie ihn brauchen.

Dieses Singen vor Menschen – das mich eigentlich bis heute nicht besonders interessiert – habe ich mir für mein späteres Alter aufgehoben.

Ob es mich dann interessiert?

~

Ich habe noch den Film über Stanko fertigzuschneiden. Warum mache ich das nicht? Wenn ich noch weiter warte, darf ich das ganze Schneideprogramm noch mal von vorn lernen.

Noch mal vorwaschen

Ich räume in meinem Schreibtisch auf und finde ein paar Seiten von mir, die ich drei Jahre zuvor in meiner Schreibgruppe geschrieben habe.

Das Thema war: »Was beschwert dich? Was trägst du mit dir herum?«

Zum ersten Mal in meinem Leben trage ich mich. Nur mich. Ich lebe zum ersten Mal alleine. Ich bin in keiner Liebesbeziehung und muss nur mich versorgen. Meine erwachsene Tochter studiert und kümmert sich mit grandioser Selbstverständlichkeit um sich selbst. Ich habe keine Tiere mehr, um die ich mich kümmern muss. Niemanden, der irgendwelche Stimmungsschwankungen in meinem Zuhause hat, die ich ausgleichen muss. Mein Leben ist aufgeräumt.
Jede Ecke sauber.

Ich fühle mich wunderbar. Ich genieße mich und mein Leben. Erfreue mich an mir. Ich lasse mich so sein, wie ich bin. Ich finde mich entzückend. Meine Finger schweben über der Löschtaste, als wenn das »entzückend« sofort wieder wegmüsste. Ich lasse es stehen und fühle mich dabei ziemlich frech. Ich lache über mich. Dann bin ich eben entzückend, wenn ich das jetzt so empfinde. Mein Gott, diese alte Erziehung hat einen wirklich in der Mangel.

Ich bin smart. Ich liebe es, Zeit mit mir zu verbringen. Ich lache mit mir. Ich reise gerne mit mir. Ich mag es, meine Freunde mit mir zu besuchen. Ich bin glücklich, solche Freunde zu haben, und lobe mich, wie gut ich sie ausgewählt habe. Ich hätte es nicht besser machen können.

Ich ertappe mich dabei, wie ich mir in letzter Zeit selbst häufig im Spiegel oder in Schaufenstern zulächle. Ich fühle mich wie frisch verliebt. Und das bin ich auch. In mich. Ich bin angekommen, in mir und in meinem offenen Raum. Ich fühle mich frei und erwachsen. So als wäre ich aus einem einengenden Zuhause ausgezogen.

Jetzt bin ich fast zweiundfünfzig Jahre alt, ich schaue auf mein Leben, und ich mag, was ich sehe. Ich bin glücklich mit mir. Ich bin glücklich, ich zu sein. Ich trage … nur mich.

Mit 55 Jahren

Was ist aus diesem Gefühl geworden? Wo ist es hin? Drei Jahre später ist nichts mehr davon da. Muss ich allein leben, allein sein, damit ich mich frei fühle? Jetzt, seit über zwei Jahren in einer Beziehung, einer wunderbaren, liebevollen Beziehung, merke ich schon wieder, wie schwer es mir fällt, nicht von seinen Herausforderungen belastet zu werden. Er ist in meine Wohnung gezogen, und wir leben gerne zusammen. Und doch geht er in seinem Leben gerade durch viele Veränderungen. Veränderungen, die mich beschäftigen.

Ein Beispiel: Zurzeit hat er kein Auto. Wenn er eines braucht, weil er weiter wegfährt, lasse ich ihm meines, selbst wenn es mich einschränkt. Er hat überhaupt kein Problem, öffentliche Verkehrsmittel zu benutzen. Er sagt es mir immer wieder, und ich zweifle nicht daran, dass er das auch so meint. Ich rede aber nicht von kurzen Strecken – die fahren wir mit dem Fahrrad. Ich rede von den langen Strecken, die, bei denen man mit den öffentlichen Verkehrsmitteln manchmal mehr als eine Stunde braucht.

Aber ich kann das nicht. Ich kann nicht das Auto vor der Tür stehen lassen, weil ich vielleicht eventuell irgendwohin fahre. Vielleicht habe ich Lust, nachmittags um drei ins Atelier zu fahren? Vielleicht werde ich später noch einen Termin haben? Ich weiß es nicht. Jetzt ist es erst zehn Uhr.

Das »brave Mädchen« Sabrina ist zu stark. Zu lange schon hat sie mein Leben bestimmt, und sie lässt sich nicht abschütteln. Wenn ich an *mich* denke, nur an mich denke, schüttelt sie missbilligend den Kopf. Und jetzt, da ich das kurze Stück wiedergefunden habe, das ich in unserer Schreibgruppe geschrieben habe, beschimpfe ich die brave Sabrina in mir. Ich bin unwillig mit ihr. Unwillig, weil sie immer noch nicht Ruhe gibt.

Die brave Sabrina wehrt sich: »Das Leben funktioniert nur, wenn man gegenseitig Rücksicht nimmt, sich um den anderen kümmert, dafür sorgt, dass der andere hat, was er braucht.«

»Ja, aber das tue ich doch sowieso dauernd. Es macht mich wahnsinnig! Verstehst du mich nicht? Es ist zu viel!«

»Vielleicht stimmt mit dir etwas nicht«, murmelt die brave Sabrina. »Man wird dich nicht mehr mögen, wenn du so egoistisch bist. Das hast du dann davon.«

»Dann mag man mich eben nicht. Auch gut. Ich kann mich nicht immer um alles kümmern.«

Sie kommt immer wieder hoch: die brave Sabrina. Wenn ich denke, dass ich es endlich verstanden und integriert habe, dann ist für eine Weile Ruhe. Bis ich mich in Sicherheit wiege. Und dann taucht sie schleichend wieder auf. Sie flüstert zuerst. So, dass ich es nicht wirklich bewusst wahrnehme. Und dann hat sie sich schon wieder breitgemacht wie ein ungebetener Hausgast.

Die brave Sabrina.

Die brave Tochter.

Brav.

Viel, viel, viel zu brav.

～

Mit 23 Jahren

In seinen Augen kraftvoll, in meinen Augen ruckartig, legte er seine Hand an meinen Rücken und zog mich auf die Tanzfläche. Ich fühlte sein Begehren durch mein Kleid, und mir war bei den ersten Tanzschritten klar, dass er ein schlechter Liebhaber war. Viel zu hart, viel zu forsch, viel zu ungeduldig, um es wert zu sein. Und was mir schon beim Essen auffiel (zu gierig, zu schnell), bestätigte sich in dieser Bar. Und doch zögerte ich mein »Nein« hinaus, denn ich fühlte mich in dieser Nacht besonders einsam.

Ich kannte ihn schon lange. Ich wusste und sah ihm an, dass er mich schon lange begehrte. Er war in Gesprächen amüsant und klug. Er war gut aussehend und höflich, und doch gab es etwas, was mich eine Distanz bewahren ließ, und doch sagte ich nicht klar Nein.

Ich sagte es nicht, als wir im Auto saßen und er für mich irritierend über meine Beine strich. Ich sagte es nicht, als ich meine Wohnungsschlüssel aus meiner Abendtasche zog und er sich stöhnend an meinem Rücken rieb. Ich sagte es nicht, als ich die Tür öffnete und er mir zwischen die Beine griff. Ich sagte es nicht, als er sofort in mich eindrang, und ich sagte es nicht, als er sich nach ein paar ruckartigen Bewegungen von mir runterrollte und mich fragte, ob es auch toll für mich war.

Ich lag nur da, halb bekleidet wie die Überlebende eines Wirbelsturms, und fragte mich, wie ich um Himmels willen jetzt ein Nein loswerden kann, ohne ihn zu verletzen. Ich versprach mir in diesem Moment, mich nie mehr wieder auf einen One-Night-Stand einzulassen. Ich log, dass ich am nächsten Morgen früh aufstehen müsse. Er wollte bleiben und zögerte. Ich versuchte krampfhaft, eine lockere Atmosphäre zu kreieren, und bemühte mich, gelassen auszusehen. Meine Haut fing zu kribbeln an, und ich konnte es kaum erwarten, die Tür hinter ihm zu schließen. Ich wollte nur, dass er geht. Ohne dass ich irgendetwas erklären muss. Ohne dass ich meine Wut oder meinen Zorn zugeben muss. Ohne dass ich ihm von mir irgendetwas preisgeben muss.

Ich hatte noch nicht gelernt, besser auf mich aufzupassen, und ich hatte noch nicht gelernt, die Wahrheit zu sagen. Und es war der Tanz, der mir alles schon vorher erklärt hatte und auf dessen Sprache ich lange Jahre nicht hören sollte.

Mein erster Mann und ich tanzten selten zusammen. Unser Hochzeitswalzer war mühsam. Er zählte den Takt und schaute auf seine Schuhe. Mir war das Unharmonische dabei sehr bewusst, und ich fühlte mich wie eine schlechte Schauspielerin. Ich war neunzehn Jahre alt. Er dreiundzwanzig. Ich wollte erwachsen sein, und so waren meine Reaktionen immer bemüht, anders zu sein, als ich wirklich fühlte. Ich befürchtete, zu kindisch und zu emotional zu sein. Und so erschuf ich mir Reaktionen für eine erwachsene Sabrina. Zusammengebastelt aus Filmfiguren, die ich bewunderte, und Romanfiguren, die interessant waren. Ein bisschen Doris Day. Ein Hauch von Elizabeth Bennet. Ein Versuch von Audrey Hepburn.

Noch ein anderer Tanz auf dieser Hochzeit blieb in meiner Erinnerung. Ich stand vor meinem Vater, um ihn zum Vater-Tochter-Tanz abzuholen. Die Hochzeitsgesellschaft klatschte und wartete. Ich auch.

Er schüttelte den Kopf und zündete sich eine Zigarette an. Ich stand noch eine Weile da und konnte nicht wirklich glauben, dass er mir vor den Gästen einen Korb gegeben hatte. Keiner der Verwandten schritt ein, und mein Vater schaute weg. Er erklärte sich nicht weiter, und so ging ich, verkleidet als Erwachsene, zurück zu meinen Freunden, um mich von der erlittenen Schmach abzulenken. Später sah ich ihn mit meiner besten Freundin tanzen. Das einzige Mal, dass ich ihn jemals habe tanzen sehen. Er machte ihr Komplimente, das konnte ich an ihrem verschämten Lächeln erkennen. Und später, als ich wieder in seiner Nähe saß, hörte ich, wie er über sie in den höchsten Tönen schwärmte. Ich wusste, dass er es nicht wirklich meinte. Sie war nicht sein Typ. Er suchte sich meine beste

Freundin aus, um seinen Unwillen über mich auszudrücken. Seine lauten Komplimente hatten nur einen Sinn, weil ich sie hörte.

Er wusste es, und ich wusste es. Ich fragte mich damals nicht, was ihn zu alldem bewogen hat. Ich nahm es so hin, wie man einen Schnupfen hinnimmt. Man kriegt einfach ab und zu mal eine Grippe. Bei uns zu Hause waren wir häufig krank.

Mein Vater muss es wohl als Strafe für mich gemeint haben. Als Strafe, dass ich einen Mann heiratete, den er nicht für richtig befand. Am nächsten Tag fragte ich ihn trotzdem, warum er sich geweigert hatte, mit mir zu tanzen. Ich erklärte ihm nicht, wie schmerzhaft seine Absage für mich war. Ich wusste, wie unglücklich er über meine Hochzeit war. Ich habe ihn in der Kirche schluchzen hören. Das einzige Mal, dass er mir gegenüber seine weiche Seite gezeigt hatte. Aber ich war genauso wenig wie er bereit, ihm meine Trauer und meine Verletzungen zu zeigen. Er zuckte mit den Schultern. »Ich kann das einfach nicht.«

Punkt.

Ich war damals wütend über seinen einfachen Ausweg: »Ich kann es einfach nicht.« Das war's. Ich habe das gefälligst zu akzeptieren. Eine Erklärung, die mir zu genügen hatte. Ohne Arbeit. Ohne Schmerzen. Ohne über seinen eigenen Schatten springen zu müssen. Ich erinnere mich noch, wie verletzt ich war, dass er sich so wenig Mühe um mich machte. Ein »Ich kann es einfach nicht« musste gut genug für mich sein. Damit hatte ich mich in seinen Augen abzufinden. Wie meine Mutter sich abgefunden hatte.

Dass er es nicht wenigstens hatte probieren wollen, schmerzte mich. Und so ging ich davon aus, dass seine Liebe für mich nicht tief genug war.

Der nächste Mann, mit dem ich ein paar Jahre verbrachte, tanzte nur, wenn die Stimmung aufgeladen und der Alkoholspiegel hoch war. Das war mehr Rambazamba als Innigkeit. Schwankend hielt ich ihn fest und täuschte Spaß vor. Ich wollte als großzügig, verständnisvoll und lustig gelten. Und so war ich zu großzügig, zu verständnisvoll und zu lustig – und hatte doch so gar keinen Spaß. Ich wollte ihn retten, und ich hätte doch selbst vor meinen Rettungsversuchen gerettet werden müssen.

Und wieder kam ein neuer Mann für einige Jahre, und auch da wurde wenig getanzt. Obwohl er ein guter Tänzer war – wenn er alleine tanzte –, konnten wir uns nicht in den Armen halten. Er war viel zu sehr bemüht, auf andere Frauen Eindruck zu machen, um sich wirklich auf den Tanz mit mir einzulassen. Oft erwischte ich ihn dabei, wie er eine Frau am Rande der Tanzfläche fixierte und mich dann so hin und her schob oder mich soundso berührte, dass diese Frau das Gefühl bekommen musste, das und genau das würde er jetzt lieber mit ihr machen.

Ich sprach ihn nie darauf an, denn er war so geschickt im Rausreden, dass ich mich am Schluss sowieso bei ihm entschuldigt hätte. »Tut mir leid. Wie habe ich die Situation nur so missverstehen können?« – und er, er wäre beleidigt abgezogen. Ich vertraute ihm nicht, und ich vertraute meiner Intuition nicht. Ich wollte mich mit vielen Dingen nicht wirklich auseinandersetzen und ignorierte sie aus Gewohnheit. Immer in der Hoffnung, dass sich das Problem dann ohne mein Zutun doch irgendwie in Luft auflösen würde. Das habe ich von meiner Mutter gelernt, obwohl ich damals schon bei ihr beobachten konnte, dass das nicht funktioniert.

Mit 30 Jahren

Eine lange weitere Beziehung begann mit Tanzstunden, die ich ihm zu unserem ersten Jahrestag schenkte. Denn mir fehlte das Tanzen, und ich wollte es nicht für den Rest meines Lebens missen. Wir begannen mit Foxtrott. Eine Lehrerin für ihn, einen Lehrer für mich, und so tanzten wir mit anderen Partnern über die Tanzfläche. Als wir es gemeinsam probieren sollten, klappte es nicht. Er wollte uns führen. Aber er war nicht gut genug als Tänzer, um mich wirklich führen zu können. Mein Kontrollimpuls war noch zu stark. Ich ließ mich nur dann führen, wenn ich spürte, dass der andere auch weiß, wohin er will. Unser Tanzen wurde mit den Jahren etwas besser, obwohl wir beide nie wieder Walzer oder Foxtrott probieren sollten. Wir »rock- 'n'-rollten« ein bisschen und drehten uns gelegentlich.

Meine Bewegungen waren nicht frei. Ich war mehr besorgt, »cool« auszusehen oder zumindest nicht lächerlich, dass ich mich auf den Tanz und auf die Musik nicht einlassen konnte. Dann hörte ich von Gabrielle Roth. Sie lehrte, die Musik nicht nur zu hören, sondern auch wirklich zu erspüren und mit dem Körper auszudrücken.

Als ich ihr Video sah, war ich begeistert. Die Bewegungen der Schüler waren wundervoll. Man konnte sehen, wie sehr sie der Musik folgten. Ich bestellte mir sofort alle ihre CDs und begann – allein, alle Vorhänge geschlossen –, ihre Art des Tanzens auszuprobieren. Mir fiel auf, dass ich beim Tanzen keinen Platz einnahm. Mich fast nur auf der Stelle bewegte und meine Arme nie benutzte. Ich übte über ein Jahr – immer wieder mit geschlossenen Vorhängen, aus Angst, gesehen zu werden –, bis meine Bewegungen weicher und meine Schritte großzügiger wurden. Ich zwang mich, meine Arme auszustrecken, mich zu dehnen, und spürte, wie ein Freiheitsgefühl eintrat. Es dauerte eine ganze Weile, bis ich es erlaubte, dass mir jemand zusah. Selbst vor meiner kleinen Tochter verbarg ich mein Tanzen.

Später lernte ich das Bauchtanzen. Andere kreisende Bewegungen in mir zu fühlen. Rund. Weich. Nur für mich selbst zu tanzen. Mich selbst zu fühlen. Als Lust. Als Genuss. Als Frau.

Dann begann ich zu strippen. Nein, nicht hauptberuflich und auch nur vor meinen Freundinnen. »Trocken strippen« nennen wir das lachend. Ich weiß nicht mehr, wann das begann – aber es hatte etwas mit der Freiheit zu tun, die ich durch die Übungen mit Gabrielle Roth erleben durfte. Ich traute mich, Platz einzunehmen. Oft feiere ich nur mit meinen Freundinnen Geburtstag, und nicht selten drehen wir später die Musik auf und tanzen ausgelassen. Irgendwann, da muss es mal passiert sein: Mir war heiß, und ich zog die Jacke aus; und statt sie einfach nur irgendwo hinzulegen, schwang ich sie über meinem Kopf und fühlte mich großartig dabei. Es ging nicht um das Ausziehen, sondern um die Bewegung des Loswerdens.

Einmal wurde diese Leichtigkeit unterbrochen. Wir waren mit einer Gruppe von Freunden auf Urlaub mit Hausbooten auf Frankreichs Kanälen. Die Frauen unten im Boot tanzten, die Männer oben an Deck tranken. Einer fühlte die aufgeladene Atmosphäre und kam herunter. Er hatte mich wohl schon eine Weile von außen beobachtet und machte sich ans Mittanzen. Ein Blick in seine Augen, und ich war verwirrt. Kurz, der Gedanke, dass ich nicht unhöflich sein will – und er wird doch wohl nicht ernsthaft … Er schob sich nah an mich heran, versuchte, meinen Blick festzuhalten, und seine Arme probierten, mich zu umschlingen.

Es wurde mir schlagartig klar, das sieht nicht harmlos aus. Was mache ich nur? Um ihn abzulenken, flüsterte ich ihm etwas

Lustiges zu, aber er war nicht abzulenken. Er nahm nur wahr, dass ich näher zu ihm kam. Das war alles, was er in seinem Zustand noch mitbekam. Er griff nach meinen Hüften und zog mich an sich. Er tanzte um mich herum, berührte mich, hoffte, dass er unwiderstehlich auf mich wirken würde. Ich fand den Blick gleichermaßen lächerlich wie unangenehm. Ich schaute weg. Hoffte verzweifelt, dass mein Mann auftauchen würde. Aus meinen Augenwinkeln sah ich, dass er draußen eingeschlafen und von dort keine Hilfe zu erwarten war. Und hier war er, unser Freund, und wollte mit mir tanzen. Nein, er wollte nicht mit mir tanzen. Das war seine Idee von Vorspiel. Ich wusste mir nicht anders zu helfen, als mich bei einer seiner Kreisbewegungen wegzudrehen und zu verschwinden. Kurzfristig in Panik verfallen, dass er das hoffentlich nicht als Einladung sieht, mir zu folgen.

Ich betrachtete es nicht als Kompliment, dass er mit mir tanzen wollte. Ich fühlte mich unwohl. Ich wollte mit einem Mann tanzen, mit dem mich etwas verband. Eine Innigkeit, die sich durch das Tanzen vertieft.

Ich tanzte selten, obwohl ich es unendlich genieße. Meistens tanzte ich allein oder mit Freundinnen. Es war leichter auf diese Weise. Es gab keine Erwartung, keine Blicke, die mir von Wünschen erzählen, die ich nicht sehen will. Keine Erregung, kein Flirten, das mich nicht interessierte. Beim Tanzen lasse ich jemanden nahe an mich heran. Wir berühren uns. Wir bewegen uns gleichzeitig. Eine Nähe, die ich nicht immer genieße. Wenn ich erspüre, dass da ein Interesse an mir mitschwingt, dann fange ich zu reden an. Damit schaffe ich mir die Distanz, die mir beim Tanzen wichtig ist. Denn so gern ich tanze, so ungern tanze ich.

Häufig tanzte ich mit den Männern in meinem Leben, ohne mich hinzugeben. Es fiel mir schwer, mich führen zu lassen. Und doch folgte ich ihnen in meinem Leben, da ich nicht auf die Lehren des Tanzes hörte.

Während ich tanzte, versuchte ich, die Lust darauf zu finden. Aber sie war nicht da. Und da mein Verstand immer schon eine entscheidende Rolle in meinem Leben gespielt hat, versuchte ich, sie mir einzureden. Ich unterschätzte die Sprache des Körpers. Ich versuchte, etwas zu erschaffen, was nicht da war. Häufig gelang mir das in anderen Aspekten in meinem Leben, beim Tanzen gelang es mir nicht.

~

Mit 46 Jahren

In einer Zeit, in der ich an alles andere als ans Tanzen dachte, traf ich wieder einen Mann. Wir waren vor vielen Jahren schon mal kurz zusammen; und obwohl ich mir fest vorgenommen hatte, eine lange Weile allein zu bleiben, war es mir in seiner Gegenwart nicht möglich. Mit ihm kam ein Mann, bei dem die Lust auf einen Tanz einfach da war. Ohne mein Zutun. Ohne mein Nachdenken. Oder mein Wollen oder Nichtwollen. Bei unserem ersten Tanz waren wir allein. Der Tanz war nicht geplant. Wir hörten Musik aus dem Nachbarfenster. Wir hatten die Augen geschlossen, und nur unsere Körper bewegten sich miteinander. Ich weiß noch, dass ich kurzfristig befürchtete, wir würden nicht harmonisch miteinander tanzen. Was, wenn unsere Bewegungen ruckartig waren? Was, wenn ich mich nicht einfühlen kann? Was, wenn es nicht passt? Was, wenn er mich vergleicht – mit anderen Frauen, mit anderen Tänzen? Ich hatte noch nie mit einem meiner Männer wirklich gut tanzen können. Ich war nicht sicher, ob es das bei mir überhaupt geben wird.

Die Musik war wundervoll, und so waren unsere Bewegungen. Ich dachte nicht mehr, sondern erspürte nur. Mein Flugzeug ging bald, daher war dieser Tanz kein Vorspiel, sondern in sich eine Gemeinsamkeit, die nirgendwohin führte. Sondern uns vielleicht nur zeigen wollte, was ist.

Ob die Bewegungen harmonieren, das ist etwas, was nicht zu beeinflussen ist. Es stimmt entweder oder es stimmt nicht. Und es ist, ob es mir klar war oder nicht, ein Blick in das, was tiefer liegt. Das Harmonierende. Das Zusammenpassende. Und all die Jahre habe ich mühsam versucht, etwas zu erschaffen, was nicht war. Und plötzlich ist es da – ganz leicht und ohne jegliche Anstrengung oder Mühe.

Die Zeit mit ihm war der Besuch in einem neuen Land. Dies war meine nachgeholte Pubertät. Ich erlebte mein Erwachen als Frau. Doch wie die Pubertät vorbeigeht, ist die Frau dann auch irgendwann einmal erwacht. Ich tanzte in seinem Land für eine Weile, bis ich merkte, dass ich meinen Weg verloren hatte. Die Erinnerung an unser gemeinsames Tanzen wird mir bleiben. Die Sehnsucht danach ist gelöst.

Es gibt eines, das immer über allem stehen wird: über allem Tanzen, über aller Nähe, über allem Ausprobieren. Wenn ich merke, dass ich mich in den Aufregungen des Lebens kurzfristig verirrt habe, dann kehre ich zurück:

Zu mir als Seele.

Mit 53 Jahren

Es war eine Geburtstagseinladung, ein Mitfeiern auf einem alten Boot am Starnberger See. Es gab ein kleines Konzert, und ich kam mit ihm. Er war neu in meinem Leben; und dies war das erste Mal, dass wir uns gemeinsam zeigten. Es wurde getanzt. Das Lied »Our Love is Easy« von Melody Gardot spielte, und wir lächelten uns an. Ja, das war es, was uns von Anfang an faszinierte. Unsere Liebe wie unser Tanzen war leicht. Weit entfernt von jedem Drama.

Die Musiker gingen auf die Bühne, und das Konzert begann. Er stand hinter mir und umarmte mich. Ich spürte, wie ich steif wurde. Automatisch löste sich mein Blick von der Bühne und überprüfte die anderen Gäste. Die meisten Paare standen einfach nur nebeneinander. Ein paar davon hielten sich an den Händen. Niemand umarmte sich. Ich wollte mich lösen und wusste nicht, ob ich mich aus dieser Umarmung herauswinden sollte. Die Stimme des Sängers hörte ich nicht mehr. Die Musik war verschwunden. Ich war im »Was-mache-ich-jetzt?«-Land, und meine Synapsen arbeiteten auf Hochtouren. Ich könnte so tun, als wäre mir etwas heruntergefallen, und dann müsste ich es aufheben und mich lösen. Ich könnte nach meinem Glas Wein greifen. Ich könnte ihm eine Frage stellen, und dazu würde ich mich umdrehen, und er würde mich loslassen. Ich könnte ihm sagen, dass ich mehr Freiraum brauche.

Ich beobachtete meine eigene Unruhe und wunderte mich. Was um Himmels willen lässt mich so unruhig sein? Wieso fühle ich mich plötzlich nicht mehr wohl? Warum will ich mich von einer Umarmung lösen, die ich jeden Abend genieße? Meine Augen – immer noch unruhig – wanderten von der Bühne zurück auf die Zuhörenden, und da sah ich ein anderes

Paar, das ähnlich stand wie wir. Auch er hatte seine Frau von hinten umarmt, und sie lehnte sich lächelnd zurück. Ich entspannte mich.

Sofort.

Das alles passierte in Sekunden. Fühlen. Umschauen. Erlauben. Entspannen. Ich war erstaunt über diese Reaktion. Warum erlaube ich mir diese Haltung, wenn es auch schon ein anderes Paar macht? Will ich diese Nähe nicht demonstrieren, damit andere, die es nicht haben, sich unwohl fühlen? Ist es mir zu privat? Zu früh?

Eine Woche später stellte ich ihn meiner Familie vor. Meine jüngere Schwester hatte uns eingeladen.

»Das habe ich noch nicht gesehen«, sagte meine mittlere Schwester.

»Was?«, fragte ich erstaunt.

»Dass dich ein Mann so umarmt.« Er stand – wie auf dem Boot – hinter mir. Ich verstand durch sie. Ich war Rückendeckung nicht gewohnt.

Handwäsche

Jedes Leben hat eine Grundtendenz. Etwas, was es in Bewegung hält. Eine bestimmte Art zu leben. Etwas, mit dem man schon kam. Etwas, was man am Ende auf den Grabstein schreiben könnte. Wenn ich etwas auf den Grabstein schreiben müsste, etwas, was mich ausmacht, wäre es wahrscheinlich Folgendes:

Sie hatte immer Fragen.

Ich habe meine Eltern angeschaut und mich als kleines Kind gefragt, wieso sie geheiratet haben. Ich habe mich gefragt, wieso mein Vater uns so behandelt. Ich habe mich gefragt, warum meine Mutter keine anderen Entscheidungen trifft. Ich habe nach der Rolle der Frau gefragt. Gefragt, ob man Kinder haben soll und, wenn ja, wie man sie aufwachsen lässt. Gefragt nach der Rolle der Familie. Gefragt, was es mit dem Wunsch nach Anerkennung auf sich hat. Gefragt, was Ehrgeiz bedeutet. Wahrheit. Ehrenhaftigkeit. Lügen. Gefragt, warum ich so bin, wie ich bin. Gefragt, wie man ein friedliches und warmherziges Leben erschaffen kann. Gefragt, wie man unterstützen kann, Krisen beizulegen. Gefragt, wie man sich selbst verändert. Gefragt, wie man leben möchte. Gefragt, wohin man sich entwickeln kann. Gefragt, wie man wirklich bei sich bleibt. Gefragt, warum sich das und jenes zeigt.

Fragen.
Fragen.
Fragen.

Auf viele habe ich Antworten bekommen, und doch kommen immer neue nach. Vielleicht ist es das, was mich so erschöpft? Immer wieder diese Fragen.

Ich komme mir vor, als wäre ich ein Eremit mit Burn-out-Syndrom.

~

Ich suche im Internet nach Hausbooten. Hausbooten, die nicht fest anliegen, sondern mit denen man verreisen kann. Ich liebe Hausboote. Ich war zum ersten Mal mit fünfundzwanzig Jahren auf einem Hausboot auf dem Shannon in Irland. Später kamen noch Hausbooturlaube in den USA, in Frankreich und auf der Mecklenburger Seenplatte dazu.

Vielleicht sollte ich mir doch endlich so ein Hausboot zulegen? In ihm mich verkleinern und nach außen erweitern. Den Blick, die Weite, den Fluss vor sich zu haben. Die Landschaft, die vorbeizieht. Bäume am Rande, die ins Wasser reichen.

Die Idee, zu verreisen und nicht packen zu müssen, finde ich verlockend. Obwohl ich viel reise, packe ich nicht gerne. Ich habe immer noch kein ideales System gefunden. Klar, nur zwei Farben einpacken und nur das, was man immer braucht. Aber bei den Schuhen versage ich schon. Ich nehme überall meine geliebten, sehr trampeligen Uggs mit. Und dann noch Flipflops, und dann brauche ich noch Stiefel und dann noch Turnschuhe und dann noch was Elegantes ...

Also, bei einem Hausboot müsste ich nicht mehr packen. Ich brauche auf jeden Fall zwei Schlafzimmer, weil ich auch Besuch haben will. Und dann müsste man überall durchfahren können. Dazu brauche ich einen Binnenschifffahrtsschein. Das kann man lernen.

Ich mache den Computer aus. Wie oft habe ich das jetzt schon gegoogelt? Zehnmal? Fünfzigmal? Hundertmal? Bin ich weitergekommen? Nein.

»Warum nicht?«
»Ich bräuchte jemanden, der das für mich organisiert. Ich bin zu erschöpft dazu.«
»Na, dann brauchen wir auch kein Hausboot.«
»Ja. Wahrscheinlich.«
»Vielleicht später.«

Ja. Vielleicht.

~

Vielleicht sollte ich mich fest anstellen lassen? Die Idee, dass mir jemand jeden Tag sagt, was ich machen soll, ist verlockend.

Ich schaue in die Anzeigenseiten der *Süddeutschen Zeitung* und surfe bei LinkedIn. Während meine Augen über die Stellenangebote wandern, schüttelt jemand in mir den Kopf.

»Es ist mir egal, was du davon denkst«, brummle ich, »ich muss aus diesem Zustand raus, er macht mich verrückt.«

~

Ich kenne dunkle Zeiten, und ich kenne Dunkelheit. Warum kann ich die dunklen Zeiten nicht ähnlich genießen? Diese dunklen Zeiten werfen mich auch auf mich zurück. Genau so, wie wenn ich alleine in der Dunkelheit bin.

Ich liebe die Dunkelheit. Ich mag es, in der Nacht draußen zu schlafen. Die Sterne über mir und die Stille um mich. Ich fühle mich wohl in der Dunkelheit. Sie wärmt mich. Dort fühle ich mich Gott, dem »Alles, was ist«, am nächsten.

Fast jeden Sommer bin ich in Italien. Draußen in dem großen Garten fühle ich diese Stille. Oft liege ich nachts im Gras und spüre den Herzschlag der Erde. Obwohl ich allein bin, bin ich nicht allein. Alles in mir erzählt von der Ewigkeit. Ich mag es, wenn alles still ist. Innen und außen.

Ich bin gern in komplett dunklen Zimmern. Kein Licht, das eindringt. Kein Laut, der ablenkt. Ganz in mir versunken. Tief im Seelensee.

In dieser Dunkelheit entsteht diese Nähe mit sich. Nichts stört. Nichts irritiert. Dort lernt man sich kennen. Seine Gedanken. Seine Ängste. Seine Seele.

Diese Art von Alleinsein in der Dunkelheit ist ein interessantes, duales Gefühl. Ein Teil von mir fühlt sich »allein« an. Niemand ist da. Ich – als Mensch – bin hier ohne Gesellschaft. Ein anderer Teil fühlt sich in dem Allein gleichzeitig mit allem verbunden. Hier fühle ich mich nicht nur wohl, sondern aufgehoben. Dazugehörig. Zu Hause.

Ich habe mir diese Dualität – erleben und das Erlebte beobachten – vor Jahren angewöhnt. So als wenn ich einen Spielfilm anschaue und gleichzeitig bewundere, wie gut die Kameraführung ist.

Ich bin Teil der Ewigkeit, und mein jetziger Teil der Ewigkeit geht durch eine holprige Phase. Das ist doch nicht so schwer. Jeder macht so was mit. Lass dich doch einfach darauf ein.

Flieg, Sabrina. Flieg!

»Verzeih. Ich schaffe das nicht. Jetzt nicht.
Aber bald. So hoffe ich.«
»Alles gut, mein Kind, alles gut.«

Ein Gespräch mit meinem Lehrer Solano

»Dein Leben ist von vielen großen Abenteuern geprägt. In gewisser Weise ist es das, was du in jedem Augenblick erwartest, in jeder Phase deines Lebens. Wenn du zurückblickst, dann war das Durchleben deiner Kindheit ein großes Abenteuer. Von deiner Kindheit zur jungen Frau war auch ein sehr großes Abenteuer, und dein Umzug nach Übersee und das Zurückkommen in dein Heimatland war ebenfalls ein großes Abenteuer.

In der jetzigen Zeitspanne deiner Existenz fühlt sich dein Leben nicht mehr an wie ein Abenteuer. Auch wenn du weißt, dass es trotzdem eines ist. Und so ergibt sich in dir das Gefühl, unterdrückt zu sein. Du wünschst dir eine starke Inspiration, um ein weiteres Abenteuer zu beginnen.

Es kommt dir eine Idee, und du denkst dir: ›Ah, das ist das neue Abenteuer!‹, und es dauert vielleicht ein oder zwei Tage, und dann merkst du, dass der Motor nicht stark genug ist dafür. Dein Leben fühlt sich flach an. Und du schaust dich in deinem Leben um und wunderst dich, wo dieses Gefühl herkommt. Du schaust deine Beziehung an und fragst dich, ob es da etwas gibt, was dich so fühlen lässt. Du fragst dich, ob es dein Alter ist, das dich so fühlen lässt. Du fragst dich, ob es das langsame Abschiednehmen deiner Mutter ist, das dich so fühlen lässt. Das ist es, was das große Abenteuer verhindert. Es ist Weisheit, die das große Abenteuer verhindert. Weißt du, was ich meine?«

»Nein.«

»Du bist weise geworden und hast die Anstrengungen und die Forderungen deines Egos verstanden. Und weil das so ist, kannst du dir alles in deinem Leben anschauen: ob du zurück

aufs Land oder zurück nach Amerika ziehen willst oder in ir-
gendein anderes Land auswanderst; ob du eine neue Karriere
beginnen möchtest oder eine alte wiederaufleben lassen möch-
test oder ob du das Alleinsein noch mal erleben willst.

Du kannst dir das alles vorstellen und weißt: Ich kenne das.
Ich weiß, was es für mich bedeutet. Ich weiß, mit was ich dabei
konfrontiert werde. Ich weiß, wie es sein wird. Es geht um Weis-
heit. Diese spielt die wichtigste Rolle für dich in diesem Moment,
und das ist so beabsichtigt. Du, in deinem Leben, erwartest
Überraschungen. Du bist in Erwartung des Unerwarteten, und
auch wenn du weißt, was es bedeutet – eventuell umzuziehen,
eine Karriere zu starten, sich eine neue Fertigkeit anzueignen,
eine neue Sprache zu lernen –, obwohl du um all das weißt,
weißt du auch, dass du jetzt in diesem Moment noch nicht
genug weißt, um wirklich weiterzugehen. Und du versuchst,
wenigstens die Fährte des neuen Abenteuers zu entdecken. Aber,
hier ist die Frage, was würde passieren, wenn das, was du jetzt
erlebst, alles ist? Was, wenn kein Abenteuer mehr kommt?«

»Das letzte Mal, als du mich gefragt hast, habe ich gesagt, dass
ich dann ja auch gehen könnte.«

»Und jetzt, sagst du das jetzt auch noch?«

»Nein. Ich will noch diese weise alte Frau werden. Mein Verstand nervt mich, und es ist völlig klar, dass ich auf keinen Fall
fertig bin.«

»Was weiß die alte Frau, was du nicht weißt?«

»Sie genießt jeden Moment …«

Er lächelte.

Ich fühle mich beruhigter. Er hat bestätigt, was ich weiß, aber zurzeit schwer umsetzen kann: mich mit diesem Zustand anzufreunden. Ich soll ihn sogar genießen.

»Das ist aber ein bisschen viel verlangt.«
»Ja. Aber es ist möglich.«
»Du legst dich gerade mit der Realität an. Du hast es nicht geschafft.«
»Dann muss ich es eben weiter versuchen.«

Also gut. Ich probiere es weiter. Ich versuche, die Weisheit darin zu sehen. Er sagte, sie fehlt mir. Was auch stimmte, denn natürlich fehlt mir die Weisheit, meinen Zustand zu genießen. Ich habe gerade genug Weisheit, ihn zu tolerieren.

Ich verbringe die nächsten Wochen damit, mich damit anzufreunden. Ich rede mir zu wie einem kranken Gaul:

»Das wird schon, Sabrina. Schau, auch ganz schön, wenn man mal nicht weiß, was die nächste Zeit passiert. Ach, das bisschen Unruhe. Da merkst du wenigstens, dass du noch am Leben bist. Schau mal die schönen Farben hier. Du kannst jetzt einfach mal den Ausblick aus deinem Arbeitszimmer genießen. Es ist doch auch beruhigend zu wissen, dass dein Leben durch deine Untätigkeit noch nicht zusammengebrochen ist. Du schläfst immer noch nicht unter einer Brücke. Das wird schon wieder. Jede Phase geht auch vorbei. Einfach atmen. Dann sitz eben mal vor dem Fernseher, wenn du dich zu nichts anderem aufraffen kannst. Alles ist gut. Hörst du? Alles ist, so wie es ist, richtig.«
»Ach, halt den Mund!«, sagt der Zorn.

Es gibt Momente, in denen ich meinen Zustand so akzeptiere, wie er ist. Momente, in denen ich wieder lebe, was ich weiß. Momente, in denen ich wieder zum Vorschein komme. Doch das sind eben nur Momente und keine langen Zeitspannen mehr. Ich vermisse mein Lebensgefühl. Wie der Inhalt einer wohltemperierten Badewanne hatte ich viel Zeit damit verbracht, das Wasser genauso einfließen zu lassen, wie ich es mag.

Jetzt habe ich das Gefühl, als ob mir das Wasser in einer Geschwindigkeit in den Ausguss abfließt, die ich nicht für möglich gehalten habe.

Sich mit jedem Zustand, in dem man ist, anzufreunden. Das ist schon eine hohe Kunst. Ich lese die Worte meines Lehrers Solano noch mal durch. Und verstehe einen Satz anders:

>*»Es ist Weisheit, die das große Abenteuer verhindert. Weißt du, was ich meine? … Du bist weise geworden und hast die Anstrengungen und die Forderungen deines Egos verstanden. Und weil das so ist, kannst du dir alles in deinem Leben anschauen …«*

Ich hatte die ganze Zeit verstanden, dass mir Weisheit *fehlt* und ich deshalb das »neue« Abenteuer in meinem Leben verhindere. Obwohl ich genau das Gegenteil von dem verstanden hatte, was er mir gesagt hatte, machte es trotzdem Sinn für mich.

Ich bin weise geworden? In manchem ja. Hier in meinem unbefriedigenden Jetzt nicht.

Weisheit kann man wohl nie genug haben.

Kochwäsche

Mit 54 Jahren

U m Himmels willen, warum weinst du?« Seine Stimme klingt besorgt.

»Mir geht es schon seit einer Weile nicht besonders gut.«

»Kann ich dir helfen?«

»Ich glaube, nicht. Ich habe gerade eine Therapie angefangen.«

»Und?«

»Sie meinte, dass sie fünfundneunzig Prozent ihrer Klienten sagt, dass sie sich auch mal um die anderen kümmern sollen, aber mir muss sie sagen, dass ich mehr an mich denken muss.«

»Deshalb war ich so glücklich mit dir. Ich habe immer nur an mich gedacht, und du hast auch immer nur an mich gedacht.« Er lacht aufmunternd durch den Telefonhörer.

Ich lache mit. Wenn wir damals schon so klar mit uns umgegangen wären, wäre vieles einfacher gewesen.

~

Meine Freundin Nora rief an und fragte, ob ich Lust hätte, mit ihr essen zu gehen. Sie ist die Hälfte des Monats in London, die andere Hälfte in München. Ich hatte mich verkrochen, aber Hunger habe ich auch.

Ich war damit beschäftigt gewesen, E-Mails zu beantworten und Projekte mit schlechtem Gewissen von A nach B zu schieben. Ich mache den Computer aus und überlege mir, was ich anziehen soll. Stehe vor dem offenen Schrank und mache ihn wieder zu. Ich kämme mir die Haare. Jeans müssen reichen. Die Strickjacke, die ich schon die letzten zwei Tage anhatte, auch.

Ich schaue mich im Spiegel an und merke, dass ich blass ausschaue. Irgendwie leblos. Ich binde mir einen roten Schal um.

Er hilft nicht wirklich.

Das Restaurant ist um die Ecke. Ein neuer Franzose. Ich gehe – ich schlürfe – die zwei Straßen hin. Ein paar Kinder fahren mit dem Rad an mir vorbei, und ich gehe ihnen aus dem Weg. Schaue sie gar nicht wirklich an. Das ist mir aufgefallen. Ich schaue immer jeden an, der mir entgegenkommt. Will ich sie nicht sehen oder will ich nicht gesehen werden?

Nora ist schon da. Strahlend wie immer.

»Was ist los?«, fragt sie besorgt.

»Ich weiß es nicht«, schluchze ich heraus. »Eigentlich nichts.«

Das ist das Problem: Es ist *nichts*.

Ich krame nach meinen Taschentüchern. Ich habe das Gefühl, als ob ich nicht mehr erwachsen bin. Ich beobachte mich wie eine Fremde: Wer bist du, die da im Restaurant sitzt und ohne Grund schnieft? Wer bist du, die jetzt langweilig ist und nur noch mit Müh und Not ihren Hintern hochkriegt? Wer bist du, die keine Interessen mehr hat? Wer bist du, dass du Kindern nicht mehr in die Augen siehst?

Ich sehe in Noras Gesichtsausdruck, dass sie überlegt, wie sie mir helfen kann. Ich merke, wie sie darüber nachdenkt, ob es etwas gibt, was ich vielleicht nicht erkenne. Irgendein Drama, Trauma, eine Herausforderung, die ich vielleicht noch nicht verarbeitet, angeschaut, verstanden habe. Ich hoffe, dass sie irgendetwas findet. Am liebsten wäre mir ein tief verwurzeltes Problem, das ich bisher erfolgreich ignoriert habe. Finde was, bitte finde was! Irgendetwas, auf das man den Finger legen kann und bei dem ich das Gefühl habe: Ja, das ist es! Ich liebe dieses »Aha«-Gefühl. Dieses Ja-klar-warum-bin-ich-da-nicht-früher-drauf-gekommen-Gefühl. Es fühlt sich an wie die 360-Grad-Aussicht bei einer schwierigen Bergbesteigung. Es ist ein Gefühl, das mich vorwärtsbringt, das mir Einsichten und Weisheiten beschert. Doch wo ist es hin? Dieses und die anderen Vertrautheiten, die ich neuerdings in meinem Leben vermisse?

Nora fragt, forscht, hakt nach. Ich denke, überlege, erspüre, antworte – dazwischen weine ich.

Der Ober kommt immer nur sehr vorsichtig zu unserem Tisch. Drei Meter vorher hält er inne und versucht unauffällig herauszufinden, ob ich weine. Er kommt nicht, wenn ich weine. Wenn er kommt, schaut er nur Nora an. Wahrscheinlich denkt er, ich hätte Liebeskummer oder wäre von meinem Mann verlassen worden. Nora und ich lachen kurz darüber, als ich ihr von meiner Annahme erzähle.

Der Abend war lang, und wir verabschieden uns. Sie sieht mir nach, als ich im Dunkeln in die andere Richtung gehe. Ich spüre ihren besorgten Blick auf meinem Rücken und gehe aufrechter, damit sie das Gefühl hat, mir geht es besser.

Ein spirituelles Leben enthält den Wunsch, ganz zu sein. Und in diesem Ganzen hat alles seinen Platz. Selbst meine Hormonschwankungen. Da hilft alles Meditieren nichts. Es schleudert mich genauso durcheinander wie die anderen, die nicht meditieren. Hier finde ich mich wieder zurückgeworfen auf den Platz, von dem ich mal vor Jahren abgesprungen bin: meinem spirituellen Anfang.

Natürlich weiß ich, dass ein wahrhaftiges spirituelles Leben kein flaches Leben ist. Keines ohne Gefühle. Erst vor Kurzem traf ich eine Frau, die alles unterdrückte und glaubte, spirituell zu sein. Sie ließ einfach nur nichts mehr an sich heran. Sie war wie eine mit Teflon beschichtete Pfanne.

Im Ganzen darf alles sein. Doch das Ganze ist nicht nur hell. Das Ganze, Einssein, also *Alles*sein, ist nicht nur angenehmes Wohlbefinden. Alles ist eben … alles. Und damit es auch zugelassen werden kann, unterdrücke ich es nicht. Selten habe ich so klar Licht und Schatten erkannt. Das Begeisterte wie das Frustrierte.

Das Leben kommt in Wellen. Es ist heiß und manchmal kalt. Es ist bewegt und manchmal ruhig. Es ist voller Visionen und manchmal gänzlich ohne. Und das alles gilt es anzunehmen.

Worin liegt also mein Wachstum? Mich mit jedem Zustand anzufreunden.

Wenigstens ist es mir bisher gelungen, mit meiner Stimmung nicht automatisch und unreflektiert meine Mitmenschen zuzumüllen: »Ich bin gerade nicht in Höchstform. Ich erkenne mich kaum wieder. Bitte verzeih mir meine Stimmungsschwankungen. Es liegt nicht an dir. Es ist mein Prozess, und da muss ich irgendwie durch.«

Es bleibt mir gar nichts anderes übrig, als mich diesem Zustand hinzugeben. Ich weiß nicht, was ich sonst machen soll. Ich, die oft um Rat gefragt werde, habe für mich gerade selber keinen.

Meine Liebsten kümmern sich rührend um mich. Vielleicht ist das Wachstum? Endlich Hilfe anzunehmen, ohne immer gleich selbst aufgerufen zu sein, zu helfen. Ich werde umarmt und getröstet und bin wirklich dankbar für diese Unterstützung, diese Nähe und diese Wärme.

Vielleicht lerne ich gerade annehmen. Das ist mir immer schon schwergefallen. Jetzt bin ich so geschwächt, dass ich mich nicht mehr wehren kann.

Praktisch eigentlich.

Zum Lernen, meine ich.

Ich weiß jetzt auch, dass ich nicht mehr perfekt sein muss. Ich könnte es auch gar nicht mehr. Selbst wenn ich wollte. Die Idee des Perfektionismus hat mir gefallen. Ich habe damit geflirtet und bin ihr wohl auch nachgelaufen.

Das macht das Jetzt nicht einfacher, aber es ist ganz entlastend, meine eigenen Ansprüche herunterzuschrauben.

Wo ist das OM, wenn man es braucht?

»Du bist sanfter geworden.«

»Sanfter? Ich fühle mich eher frustrierter an.«

»Nein, es ist sanfter. Man spürt das richtig. Da ist eine Weichheit dazugekommen.«

»Hm.«

Ich weiß nicht, was ich sagen soll. Sanft ist eigentlich schön. Ich liebe sanft. Ich weiß, was energisch und schnell ist. Weiß ich jetzt auch, was sanft ist? Und ist es die Sanftheit, die mich vom Leben abhält?

Ich hatte mich mit einem alten Freund zum Mittagessen verabredet. Wir sehen uns nicht oft. Vielleicht einmal im Jahr. Obwohl wir in der gleichen Stadt wohnen und seit über dreißig

Jahren unser Leben begleiten. Ich war am Anfang unseres Kennenlernens mal sehr verliebt in ihn. Und diese Fürsorge ist geblieben. Wir erzählten uns von unserem Leben so, wie wir es immer tun: offen. Warmherzig. Ehrlich.

Er fragt mich, wie es mir geht. Mir schießen die Tränen in die Augen.

»Schau mich an. So geht es mir«, sage ich bemüht humorig. »Ich bekomme schon seit über einem Jahr nichts mehr wirklich hin. Mein Roman klemmt. Die Produktion einer meiner Skulpturen kommt nicht voran. Eine Dokumentation, die ich gedreht habe, kommt über die ersten fünf Minuten Schnitt nicht hinaus. Ich erkenne mich kaum wieder. Die alte Sabrina hätte das alles schon längst erledigt.«

Er schaut mich nachdenklich an und meint dann: »Die alte Sabrina gibt es nicht mehr. Jetzt gibt es die neue. Und die macht es anders.«

Die neue Sabrina. Ich schlucke. Will ich sie? Gefällt sie mir? Nein. Sie gefällt mir nicht.

～

Seit ein paar Wochen verletze ich mich. Linker Mittelfinger schmerzt. Rechter Daumen beim Schnitzen überanstrengt. Sehnenscheide am linken Knöchel gereizt.

Ich liege auf meiner elektromagnetischen Matte und denke nach. So geht das nicht weiter. Ich treffe die Entscheidung, ab jetzt endlich meine Projekte fertig zu machen. »Du hast lange genug hier herumgejammert. Jetzt ist Schluss. Du weißt, dass vieles manchmal einfach nur eine Entscheidung ist, und wir treffen jetzt diese Entscheidung: Es ist genug.« Mit einem energischen Gesichtsausdruck stehe ich auf und gehe die Treppe in die Küche hinunter. Ich murmle noch vor mich hin: »Ich mache mir jetzt meinen Tee und dann ab an den Schreibtisch.«

Etwas in mir nickt, und dann rutsche ich aus und falle die Treppe hinunter.

Als ich am Boden liege und meinen Körper beruhige, spüre ich diesen lauten, pulsierenden Schmerz. Ich singe, um mein Energiefeld zu beruhigen. Dann humple ich zum Kühlschrank und hole mir einen Eisumschlag und lege ihn auf den in einer rasenden Geschwindigkeit angeschwollenen Knöchel.

Ich lache auf, als mir klar wird, dass ich in den letzten Wochen sämtliche Gliedmaßen verletzt hatte. Das einzig Heile ist mein Hals. Ich war ziemlich überzeugt von der Nachricht meines Körpers: »Mach langsam. Hör auf, dich selbst unter Druck zu setzen.«

Nach der orthopädischen Untersuchung (Sehne am rechten Sprunggelenk angerissen) überlege ich mir, was das noch bedeuten kann. Das Sprunggelenk hat etwas mit Bewegen, Nach-vorn-Gehen zu tun. Ich würde mich ja gern mehr bewegen, würde gern mehr in meinem Leben bewegen, wenn ich nur die Kraft dazu hätte. Und hatte ich mir nicht gerade verordnet, endlich weiterzumachen? Warum bin ich genau in diesem Moment die Treppe heruntergefallen? Was soll ich jetzt machen? Mehr Stille oder mehr Bewegung?

Es gibt Zeiten, in denen ich den Schmerz der Welt besonders stark spüre. Kriege. Flüchtlinge. Ozeanverseuchung. Die Gier der Finanzwelt. Tierfabriken. Jugendarbeitslosigkeit. Das Wissen, dass dies von uns verändert wird, hat sich in den Hintergrund gedrängt, und der Schmerz darüber hat überhandgenommen. Ich fühle mich nutzlos in meinem Bemühen nach Veränderung. Das, was ich tue, erscheint mir viel zu wenig.

Veränderungen dauern. Das weiß ich natürlich. Ein Kind braucht neun Monate im Mutterleib. Haare wachsen pro Monat einen Zentimeter. Da nehme ich es hin. Und doch geht mir vieles nicht schnell genug. Aufmerksam beobachte ich die Frustration. Die Schwere. Den Schmerz. Ab und zu versinke ich darin. Dann komme ich wieder nach oben und schnappe nach Luft.

～

In der Abendmeditation kommt ein Satz immer wieder: »Lass dein Blut untersuchen.«

～

Dr. Gschwender zeigt mir mein Blutbild: »Kein Wunder, dass es dir nicht gutgeht. Du hast noch ein bisschen Eisen. Das hat dich sehr wahrscheinlich davor bewahrt, aus dem Fenster zu springen.«

Er lächelt aufmunternd.

Meine Hormone sind im Keller, und daneben habe ich einen akuten Mangel an Zink, Magnesium und Vitamin D. Es beruhigt mich enorm, zu wissen, dass meine Schlappheit einen realen, körperlichen Grund hat.

»Die letzten zwei Jahre bist du ohne alles wirklich gut durchgekommen, und jetzt bist du in ein hormonelles Loch gefallen. Das sehe ich öfter.«

»Wie lange dauert so ein Loch?«

»Individuell verschieden. Bei manchen ein paar Wochen. Bei manchen ein paar Jahre.«

»Ein paar Jahre?« Noch ein paar Jahre in diesem Zustand? Um Himmels willen!

Obwohl ich erleichtert bin, weil ich weiß, dass mir etwas fehlt, so spüre ich doch eine Unzufriedenheit mit mir. Habe ich nicht genug Weisheit, nicht genug Disziplin, nicht genug meditiert, um die Körperreaktion zu verändern? Es müsste doch eigentlich gelingen, diese Phase, dieses hormonelle Loch irgendwie eleganter zu gestalten? Oder ist das, was ich mache, schon eleganter? Immerhin habe ich noch nichts kaputt geschlagen und noch niemanden verletzt. Aber elegant fühlt sich das nicht an. »Stolpernd« trifft es eher.

Nach meinem Verständnis löst meine Seele alles aus, und mein Leben folgt. Die Seele beschließt, sie braucht eine bestimmte Erfahrung, weil sie etwas lernen und erleben will; und das Leben gestaltet sich so, dass ich das erlebe. Mein Körper reagiert auf meine Seele. Hätte ich vielleicht meinen vollen Kalender behalten sollen? Hätten mich meine Aufgaben, meine Verpflichtungen davon abgehalten, in dieses Loch zu fallen? Oder ist es nicht so, dass dies viele machen und dann in einem Burn-out enden? Oder hatte ich ein Burn-out, und ich habe es nicht einmal richtig gemerkt oder benannt?

Neben den weiblichen Hormonen ist auch das männliche Testosteron schon wieder nicht mehr vorhanden. Das Hormon, das uns Schwung gibt.

Schwung habe ich keinen mehr. Das stimmt nicht ganz. Ich habe Stundenschwünge. Ab und zu erkenne ich die alte Sabrina wieder. Wenn es etwas zu organisieren gibt, wenn Muttergefühle gefordert sind, wenn Pläne gemacht werden müssen. Da ist sie wieder da. Die, die ich kenne. Die, auf die ich mich verlassen kann.

Auf die neue Sabrina kann ich mich nicht verlassen. Ich kenne sie kaum. Sie macht Sachen, die ich nie machen würde. Sie produziert zu wenige Resultate, zu wenige Ergebnisse. Geschweige denn eine Zukunftsvision. Die alte Sabrina wusste, wo es langgeht. Sie wusste, wie man Sachen erreichen kann und auch erledigt. Sie hatte Pep. Sie hatte Schwung. Sie hatte Ziele, verdammt noch mal!

~

Mein Liebster möchte aufs Land. Er möchte wieder in einem Haus mit Atelier leben. Jetzt fährt er mit dem Rad oder mit dem Auto eine viertel oder eine halbe Stunde zu einer Künstlerkolonie. Aber dort ist es manchmal zu heiß für ihn und seine Kunst. Das Licht ist großartig – es sind alte Gärtnerei-Glashäuser im Botanikum im Norden Münchens –, aber für ihn nicht wirklich ideal. Mein Atelier ist auch dort, und ich genieße es.

Also aufs Land. Ich brauche auch Erde unter den Füßen, aber ich zögere. Schon seit einem halben Jahr schauen wir uns Höfe und Häuser an. Ein, zwei Stunden weg von München. Er ist das eine oder andere Mal begeistert. Er braucht nur seine Farben und Weite. Ich, ich brauche mehr. Ich brauche einen Flughafen in der Nähe und ein paar Restaurants. Ich lebe so oft in Stille, dass es mir gefällt, wenn ich aus dem Haus gehe, und dann sind da Leute. Hier sind oft keine. Will ich das? Will ich das wirklich?

Das ist doch spannend, oder nicht? Raus aufs Land mit genug Platz für zwei große Ateliers und diverse Gästezimmer und einen Bach und Wiesen. Richtige Blumenwiesen. Und Kühe auf der Weide und weite Sternenhimmel und schicke Restaurants in der Nähe und interessante kreative Leute und Menschen, die abends um den Marktplatz sitzen und sich unterhalten, und ein

Flughafen in der Nähe und Galerien und Künstler und Musiker und …

»Sag mal, spinnst du? Das gibt es nicht zusammen!«

Da ist sie wieder, die Sehnsucht, mit meinen Freunden auf dem Land zu leben. Jeder hat seinen Bereich. Gemeinsames gibt es aber auch: eine Werkstatt. Ein Atelier. Eine große Bibliothek. Ein Musikzimmer. Aber es ist noch nicht so weit. Ich spüre es ganz genau. Das kommt erst in zehn, fünfzehn Jahren, aber nicht jetzt.

Also zurück zum Jetzt. Das wäre doch schön, wenn wenigstens wir gemeinsam auf dem Land lebten und dann noch zusammen eine kleine Wohnung in der Stadt behielten? Also fingen wir an, beides zu suchen. Und davon abgesehen, dass der Münchner Wohnungsmarkt ein schwieriger ist, fanden wir nichts, was uns nur im Entferntesten anzog.

Parallel schauten wir uns immer auch wieder Häuser auf dem Land an, und es gab einige, die mich faszinierten. Eines im Allgäu. Riesig groß mit diversen halb fertigen Gebäudekomplexen. Da könnte man eine Glaswand einziehen. Hier wären die acht (!) Gästezimmer. Zwei tolle Ateliers. Freunde, die sogar schon in der Nähe wohnen, aber ähnlich oft unterwegs sind wie ich. Ein Bach! Aber eben auch eine kleine Straße, die das Grundstück durchtrennte, und jede Menge Arbeit. Ich habe keine illusionären Vorstellungen, was ein Haus an Arbeitskraft braucht und wie viel es kostet, es auf Vordermann zu bringen. In jedem Zimmer hörte ich die Kasse klingeln.

Mein Liebster war glücklich in diesem Haus.

Es fiel mir schwer, ihm zu sagen, dass ich hier nicht sein kann. In diesem Haus hätte ich keine Zeit mehr für irgendetwas anderes. Das Haus wäre wie ein Säugling. Und ich habe keine Lust mehr zu stillen.

Dann gab es ein Lehmhaus mit einem großartigen eingewachsenen Garten und einem Schwimmteich. Daneben ein riesiges altes Bauernhaus mit genug Platz für zwei Ateliers und sämtliche Freunde und Familienmitglieder. Dieses Lehmhaus hat mich umworben. Es war halbrund, und ich fühlte mich angekommen. Mein ganzer Körper vibrierte mit diesem Haus. Mein Liebster befürchtete, ich würde es sofort nehmen. So hatte er mich noch nie in einem Haus gesehen. So sprachlos. So entzückt.

Doch die Gegend gefiel uns nicht. Könnte man das Haus nicht nehmen und woandershin versetzen? Wir fuhren noch mal hin, weil es mir nicht aus dem Kopf ging. Dieses Mal war das Umwerben schwächer. Mein Körper nicht mehr so begeistert.

Lange sahen wir nichts, was irgendwie infrage käme. Dann kam wieder eines. Genug Platz. Ein Bach. Preislich im Budget. Kaum etwas zu renovieren. Ein paar Kleinigkeiten, erledigt in ein paar Wochen. Sogar am Rande eines Ortes; eine Lage, die ich bevorzuge. Nach der Besichtigung gingen wir zum Mittagessen. Es war niemand auf den Straßen. Wir fanden einen Griechen, der sich in einem typisch bayerischen Restaurant einquartiert hatte. Drinnen war es dunkel. Wir waren die einzigen Gäste. Es war still. Trauriges Interieur. Noch traurigeres Essen.

Ich schaute von der Speisekarte hoch: »Ich kann hier nicht leben.«

Er nickte. Bei der Abfahrt warf ich noch einen Blick auf das Haus. Im Haus würde ich mich wohlfühlen – aber ich dürfte es quasi nicht mehr verlassen. Hier würde ich mich fühlen, als wäre mein Leben schon abgeschlossen und überschaubar. Ich will nicht überschaubar leben.

Immer nur zu Hause kochen?

Immer nur das gleiche Restaurant?

Halt!

Ich habe zwei Orthopäden in meinem Telefonbuch. Meiner ist im Urlaub. Der andere wurde mir empfohlen, und ich war letzte Woche dort, als ich die Treppe heruntergefallen war. Ich habe einen Kontrolltermin und beschließe, auch gleich meinen Daumen anschauen zu lassen. Vor einem Monat habe ich ein paar unreife Quitten genommen und Gesichter hineingeschnitzt. Nach der zweiten Frucht tat mir der rechte Daumen weh, aber ich machte trotzdem weiter. Natürlich weiß ich es besser, doch ich hatte zu viel Spaß damit – endlich wieder etwas mit Spaß machen. Das Schnitzen ist schon einen Monat her, und der Daumen hat sich immer noch nicht beruhigt. Vielleicht habe ich mich mehr verletzt, als ich dachte.

Ich sitze im Behandlungszimmer und sehe rechts die Tür und links den offenen Computer mit meinen Daten. Bei meinem letzten Besuch hatte er mich nach meinen Wechseljahren gefragt. Ich sagte, dass ich schon seit knapp zwei Jahren keine Periode mehr habe.

Er kommt rein und untersucht zuerst den Knöchel, dann den Daumen. Mit einem ist er zufrieden. Mit dem anderen nicht. Er liest sich am Computer durch meine Daten.

»Das ist wahrscheinlich Rheuma.«

Schlagartig saß ich aufrechter. Er erklärte mir, was passieren würde: Wir sollten das röntgen – gleich hier bei ihm –, damit wir den Rheumaverlauf auch akkurat verfolgen können. Wir können dann Kortison nehmen und später noch irgendetwas reinspritzen et cetera pp.

»Ich habe mir meinen Finger beim Schnitzen verletzt. Das ist kein Rheuma.«

Er schaute mich lächelnd an. Ein Blick, der nur schwach verdeckte, was er wahrscheinlich dachte: »Arme Frau, will sich mit den Tatsachen des Alterns nicht abfinden.«

Zu Hause google ich »Rheuma«, und jetzt war mir klar, warum er das mit einem Blick auf den Computer feststellte. Typische Anfangszeit für Rheumakrankheiten: Frau nach den Wechseljahren.

Aha.

Ich setzte mich vor meinen Hausaltar und fragte meinen Körper: »Haben wir Rheuma?« Alles in mir verneinte.

Ich schrieb ihm einen Brief. Meinen ersten an einen Arzt. Erklärte, wie ich mich nach der Konsultation fühlte und warum ich glaubte, dass er falsch liegt und welche Schlüsse er rein aufgrund meines Alters gezogen hatte.

Zwei Tage später klingelte das Telefon, und er war dran. Respekt. Das hatte ich nicht erwartet. Wir unterhielten uns. Im Laufe des Gesprächs sagte er entschuldigend: »Tut mir leid. Sie kommen mit einer Verletzung, und ich lasse Sie mit einer Krankheit gehen. Wahrscheinlich haben Sie jetzt kein Vertrauen mehr zu mir, aber falls doch, würde ich mich freuen, wenn Sie noch mal kommen.«

Hat mir gefallen, der Arzt. Gekommen bin ich nicht noch mal. Die nächste Patientin kriegt so schnell kein Rheuma mehr.

~

Vielleicht ist das Tal der Wechseljahre die Erinnerung unserer weiblichen Vorfahren, dass es jetzt an das Sterben geht. Schaut sich so meine Mutter die Welt an? Keine Lust auf Neues? Kein Pep? Alles einen Tick zu viel? Gleichzeitig gibt es in der Politik und in der Öffentlichkeit große Diskussionen über die Sterbehilfe. Irgendwie passend.

Erstaunlich, wie sich die Meinung darüber ändern kann. Früher war ich der Auffassung, dass sich ein Leben ausstirbt und man warten soll, bis es zu Ende geht.

Dann habe ich eingesehen, dass ich das nicht wirklich beurteilen kann. Jeder muss das für sich selbst entscheiden; und wenn jemand nicht mehr leben möchte, dann ist es seine Wahl. Was weiß ich schon von den Schmerzen, die ertragen werden? Was weiß ich schon von dem, was bereits überlebt worden ist?

Ich bin immer wieder überrascht, wenn ich von Gerichtsurteilen irgendwo in der Welt höre, nach denen jemand gezwungen werden soll weiterzuleben. Derjenige, der so etwas anordnet, müsste einen Monat mit dem Menschen leben, der sterben möchte. Damit er wenigstens sieht, was er da anordnet. Wahrscheinlich würde das seine Meinung ändern.

Ich erinnere mich an eine Nachricht über einen Jugendlichen, der seit seinem fünften Lebensjahr schwer erkrankt war und nach unendlich vielen Operationen, Medikamenten mit Nebenwirkungen einfach nur sterben wollte. Was genau er hatte, ich kann mich nicht erinnern. Er war so um die vierzehn Jahre alt, und man hat ihm nicht zugestanden, das selbst zu entscheiden. Er sollte in die Klinik gezwungen werden, und seine Eltern sind dann mit ihm geflüchtet, um ihm seinen letzten Wunsch zu erfüllen. Er führte Tagebuch, und seine letzten drei Wochen – nur mit schmerzstillenden Medikamenten – waren die glücklichsten seines Lebens. Die Eltern hatten nach seinem freiwilligen Sterben die größten Schwierigkeiten mit den Behörden.

»Nein, du kannst nicht sterben« ist vielleicht so ähnlich wie »Nein, du kannst nicht schlafen«. Jemand ist müde und erschöpft und kann nicht mehr. Wer versteht das nicht?

Wenn ich von Selbsttötungen höre, denke ich immer besonders an den- oder diejenigen, die den Toten gefunden haben.

Ich möchte nicht ein schreckliches Bild im Kopf der Finder hinterlassen. Deshalb wäre mein Problem weniger das Sterben als das Gefundenwerden.

Ich müsste also von einem Pathologen gefunden werden. Ihm oder ihr würde es wahrscheinlich nicht so viel ausmachen, wenn da eine Tote vor ihnen liegt. Ich müsste entweder einen Pathologen finden, der allein in einem freistehenden Haus lebt – ohne Besuch und Reinigungshilfe –, und mich dann vor seiner Haustür zum Sterben hinlegen … wenn ich noch die Kraft habe, das selber zu tun. Nun gut, einen Schock wird er wahrscheinlich auch kriegen … Vielleicht sollte ich ihm vorher eine SMS schicken? Sie sehen, das Problem des Findens ist noch nicht ganz gelöst.

Diese schnellen Sterbeentschlüsse sind durch Panik ausgelöst. Man möchte etwas schnell lösen, weil man so verzweifelt über eine Diagnose oder eine Situation ist. Vor Kurzem las ich von einem Mann, der sich von einer Brücke stürzte und mitten im Fall merkte, dass er doch am Leben hängt. Er war kopfüber heruntergesprungen und drehte sich im Fall, sodass er mit dem Po auf dem Wasser aufkam. Er überlebte – mit einigen gebrochenen Knochen.

Es wird oft über Sterbekliniken gesprochen, die Möglichkeit, sich eine Spritze setzen zu lassen oder einen »Sterbe-Cocktail« einzunehmen, aber ganz selten über die Möglichkeit des Zeitlassens. Warum gibt man dem freiwilligen Sterben nicht Zeit? Zeit, es sich noch mal zu überlegen? Der Weg wäre nicht so gewalttätig. Nicht so hart.

Am Ende unseres Lebens wollen wir keine Nahrung mehr zu uns nehmen. Der Körper nimmt Abschied, und nur noch wenige Bissen oder Schlucke werden gebraucht. Wenn wir sterben, dann hat unsere Seele dem Körper den Auftrag gegeben, das Leben einzustellen. Wenn wir dies mit dem Verstand machen wollen, dann fehlt uns der »Input« der Seele.

Zeit lassen beim Sterben. Damit man es sich auch noch anders überlegen kann. Zeit lassen. Nichts mehr essen. Weniger trinken. Bevor die Verwirrung durch die Unterversorgung des Gehirns dazu kommt, gibt es mindestens einen Monat, in dem man jeden Tag seine Entscheidung überprüfen kann.

~

E-Mail von einer Leserin nach einem Artikel über Wechseljahre:

Liebe Sabrina,

es ist sehr interessant. Auch ich hatte das Gefühl von diesem »Ich sterbe langsam«.

Mich hat es auch sehr deprimiert, dass trotz Meditation, Yoga, gesunder Lebensführung, Nahrungsergänzungsmitteln auf einmal die Blutwerte und der Blutdruck nicht mehr stimmen. Immer war alles normal, es war die Bestätigung meiner Lebensweise.

Und dann diese Erschöpfung, bei fast jeder Meditation schlief ich ein.

Eigentlich hatte ich auch das Gefühl, mein Leben ist langsam einfach vorbei.

Dann fängt man an, noch mehr zu recherchieren, da man wohl immer noch zu wenig weiß, und findet zum Beispiel heraus, dass täglich ein Esslöffel kaltgepresstes Leinöl so hilfreich sein kann, dass man fast gar keine Hitzewallungen mehr hat. Auch Moringa ist hilfreich.

Oder »zufällig« bekommt man eine Talkshow mit, wo ein Psychotherapeut und Kabarettist vom intermittierenden Fasten erzählt. Ich mache das seit Anfang des Jahres, und mein Körper liebt es. Eine ganz neue und andere Form des Körpergefühls und der Energiegewinnung. Dabei ist das Abnehmen ein netter Nebeneffekt.

Tja, da meint man schon, so viel zu wissen, und lernt doch immer wieder neu hinzu.

Ehrlich gesagt, ich frage mich, wie alle diese Frauen diese schwierige Zeit überhaupt so aushalten. Viele reden ja noch nicht einmal darüber. Ich kann nur den Hut davor ziehen, was Frauen heutzutage alles so schaffen.

Übrigens, meine Blutwerte und der Blutdruck haben sich inzwischen dank der neuen Dinge, die ich kennengelernt habe, wieder normalisiert.

Also an alle Frauen: Bitte durchhalten, es kommen auch bessere Zeiten!

Liebe Grüße
Christiane

Da ist es wieder: durchhalten.

Ich habe nachgesehen, was intermittierendes Fasten ist: Man isst in bestimmten Zeitabständen. Zum Beispiel wird an einem Tag gegessen und am nächsten gefastet. So haben unsere nicht sesshaften Vorfahren gelebt, als es nicht jeden Tag etwas zu essen gab. Und in manchen Gegenden der Erde ist es auch heute nicht üblich, jeden Tag drei Mahlzeiten zu sich zu nehmen oder überhaupt täglich zu essen. Ich kenne Fasten über längere Zeiträume.

Ich spüre in mich hinein. Ist das was für mich?

Dazu müsste ich jetzt eine Entscheidung treffen. Ich verschiebe es auf später. Ja. Später …

E-Mail von einer gleichaltrigen Freundin:

Liebe Sabrina,

ich bin froh, dass dieses Jahr bald rum ist. Es war mehr als fordernd und anstrengend und hat mich ziemlich gebeutelt und auch aus der Bahn geworfen. Ich war nicht nur einmal selbstmordgefährdet und hatte so tiefe Verzweiflungslöcher, dass ich kaum noch Kraft hatte, weiter zu sehen als ein paar Stunden.

Irgendwie war es so, wie ich es mir nie habe vorstellen können, so schwarz und hoffnungslos und dunkel, und dennoch ging es immer wieder weiter, nicht zuletzt deswegen, weil ich durch meinen Beruf gezwungen war, immer Contenance zu wahren, und diese Disziplin hilft einem sehr, weiterzugehen, weiterzukommen.

Umso mehr bewundere ich, wie Du es schaffst. Du hast nicht nur Deinen Alltag reduziert, sondern Dich bewusst abgeschnitten von allen bestehenden Alltagsverpflichtungen; und ich kann nicht begreifen, wie Du das schaffst.

Alles abschneiden und mal sehen, wie sich der freie Fall anfühlt?

Ich hoffe, das ist nicht zu viel.

Deine tägliche Verpflichtung als Mutter ist vorbei, die Verbindung zum Vater nicht mehr so präsent, dann ziehst Du

Dich gleichzeitig aus Deinen Vorträgen zurück und willst Dich beruflich verändern ... alles ist in Bewegung und in Veränderung ...

Stelle ich mir schlimm vor, selbst die Wohnung, das Zuhause ist jetzt infrage gestellt ... irgendwie alles Treibsand. Ich mache mir Sorgen um Dich.

Deine Ida

Sie macht sich Sorgen um mich, und ich mache mir Sorgen um sie. Sie ist beruflich sehr eingespannt. Durch die Abwesenheit ihres Mannes kam auch noch eine finanzielle Doppelbelastung hinzu. Sie konnte es sich nicht leisten, jetzt in ihrem Job nachzulassen. Jetzt eine Pause zu machen. Jetzt sich eine Weile auszuruhen. Sie fühlte sich gezwungen weiterzumachen.

Ich war überrascht, dass sie mich im freien Fall sah – weil ich ohne die Verpflichtungen eines geregelten Tagesablaufs bin, ohne die beruflichen Aufgaben, die eben auch beschäftigen und ablenken können. Ich empfand meine Wahl nicht als schwieriger. Ich empfand ihre als sehr viel herausfordernder. Ich bewunderte *sie* dafür.

War sie im Hamsterrad und ich im freien Fall?

Ich versuche es mit Planen. Raus. Neue Eindrücke. Beschäftigt sein. Abgelenkt sein.

Ich bin nicht fürs Ablenken. Damit habe ich die ersten dreißig Jahre meines Lebens verbracht, und das hat mir nichts gebracht. Ich bin fürs Anschauen. Fürs Reinspüren. Fürs Fühlen.

Fürs Eintauchen. Fürs Herausfinden. Aber ich finde nichts heraus, und ich bin so tief eingetaucht, dass ich kaum noch Luft kriege.

Ich brauche Luft.

Frische Luft.

Berge.

Natur.

Musik.

Ich fahre übers Wochenende für einen Improv-Gesangsworkshop mit meiner Gesangslehrerin Sandrina und zehn anderen Teilnehmern. Ich bin ausgefranst an den Ecken meiner Stabilität. So muss es sich anfühlen, wenn man kurz vor einem Nervenzusammenbruch steht. Ich habe auf einem Einzelzimmer bestanden. Ich brauche dringend einen Platz, wo ich mich verkriechen kann. Ich bin in solch einem fragilen Zustand, dass ich mich frage, ob ich beim ersten melancholischen Ton in einen Weinkrampf verfallen werde und gleich meine Mitsänger und -sängerinnen in meine Tiefe mitnehme. Sie haben sich auf ein schönes Wochenende gefreut. Ich hoffe, ich vermiese es ihnen nicht.

Der freie Himmel, der sich in Bayrischzell weit ausstreckt, tut mir gut. Die klare, kalte Bergluft auch. Die kleine Pension hat einen Garten, und man hört einen Bach rauschen. Was für eine schöne Überraschung. Das Meer brauche ich nicht, aber einen Bach wünsche ich mir schon lange.

Ich setze mich auf den großen Stein und ziehe meine Schuhe aus. Der Weg ins eiskalte Wasser ist wie ein Weg in ein fremdes Land. Alle Sinne sind überrascht. Wo immer das fremde Land hinreicht, zu den Knöcheln, zu den Knien, dort ist die Grenze. Unten ist es wach. Frisch. Lebendig. Seltsam abgetrennt vom Rest meines Körpers.

Ich bleibe so lange in diesem fremden Land, bis ich meine Füße nicht mehr spüre. Dann lege ich sie zum Trocknen auf einen Stein. Wenn mein Körper wieder ein gemeinsamer Kontinent ist, reise ich noch mal.

Früher konnte ich nur heißes, wirklich heißes Wasser an meinem Körper ertragen. Die Badewanne so gefüllt, dass sie dampfte. Nur millimeterweise einzusinken, von den Zehen zum Fuß zum Knöchel zum Knie, immer wieder scharf einatmen, weil es »eigentlich« zu heiß ist. Langsam, ganz langsam eintauchen, kurz vor dem Verbrühen, einem Teebeutel gleich.

Mit den ersten Anzeichen der Wechseljahre und mit den Hitzewallungen kam die Lust auf kaltes Wasser. Auf Pools, die nicht geheizt waren, auf dünne Laken, die unter dicken Daunendecken liegen und die man mit einer energischen Beinbewegung wieder wegschieben kann, sogar auf eiskalte Schlafzimmer. Ab jetzt hatte ich mein eigenes Wetter.

Wir singen den ganzen Tag. Wir haben improvisiert. Texte erfunden. Lieder erfunden. Rhythmen erfunden. Wir haben uns miteinander gefunden und erfunden. Aufeinander gehört. Gelacht. Getanzt, Wein getrunken und weiter gesungen. Dazwischen gibt es Pausen, in denen ich in den Garten gehe und mit meinen nackten Füßen Kontakt mit dem Boden suche.

Ich spüre, wie es mir stündlich besser geht. Ganz natürlich atme ich tiefer ein. Musik, Wasser und Erde. Vielleicht brauche ich nicht wirklich mehr zum Wohlfühlen? Über mir der große Himmel, der ohne die gewohnten Großstadtlichter von unten so wundervoll weit und zauberhaft ist. Es regnet gelegentlich. Schließlich ist es November. Doch das stört mich nicht. Ich hatte meine Füße auf der Erde.

»Du hörst dich immer noch nicht besser an …«, mein Exmann klingt besorgt am Telefon. »So kann das nicht weitergehen. Wir müssen da was machen. Wie kann ich dir helfen?«

»Das ist mein Prozess. Ich muss da einfach durch.« Ich merke, wie mir die Stimme wegbricht. Es rührt mich, wenn sich jemand um mich kümmert.

»Weißt du, was? Ich besorge dir jetzt ein Ticket, und morgen fliegst du nach Los Angeles und besuchst Julia. Dann geht es dir gleich besser.«

»Ich danke dir. Wirklich, ich danke dir – aber ich kann nicht. Ich rufe dich gleich zurück. Ich muss schon wieder weinen …«

Ich lege auf und schluchze los. Es ist ein Wasserhahn, der aufgeht, ob ich es will oder nicht. Ich stehe daneben und reiche mir ein Taschentuch.

Ich habe meine Tochter, die bald vierundzwanzig Jahre alt wird, seit fast sechs Monaten nicht gesehen. Nicht wirklich gesehen, meine ich. »Skype«-gesehen haben wir uns schon. Und das beruhigt wenigstens ein bisschen. Ich hätte natürlich zu ihr fliegen können – Zeit habe ich ja genug –, aber ich will sie nicht mit meinem Zustand belasten. Auf die Distanz kann man das noch irgendwie zudecken. Zwei Wochen bei ihr in der Wohnung – da merkt sie was.

Ich habe immer schon dafür gesorgt, dass meine Tochter von meinen Herausforderungen nicht belastet wird. Ich weiß nicht, ob es ganz gelungen ist. Ich finde es grenzwertig, wenn Kinder die besten Freunde der Eltern werden. Die Eltern brauchen eigene, erwachsene Freunde, mit denen sie sich beraten, und nicht ihre minderjährigen Kinder. Meine Tochter hat mich in so einem Zustand noch nie gesehen. Und da ich nach zwei Wochen wieder abfahre, würde sie auch meine Besserung – die ja hoffentlich auch mal eintritt! – nicht wirklich mitbekommen.

Meine Tochter weiß von mir, dass es mir gerade nicht besonders gut geht. Das habe ich ihr gesagt. So, dass sie weiß, dass dies mein Problem ist und sich das auch wieder lösen wird, denn ich kümmere mich darum. Ich habe ihr auch gesagt, dass ich noch nicht genau weiß, warum, aber dass es irgendetwas mit den Wechseljahren zu tun hat.

Ich bin dankbar, Mutter geworden zu sein. Das war nicht mein Plan. Als junge Frau dachte ich, dass ich nie Kinder will. Ich habe zu oft auf meine jüngeren Schwestern aufpassen müssen, um eine romantische Vorstellung vom Kinderhaben aufrechtzuerhalten. Durch sie habe ich bedingungslose Liebe gelernt. Den Vater meiner Tochter liebe ich ähnlich bedingungslos. Aber ich lebe ja auch nicht mehr mit ihm zusammen. Da ist es einfacher.

So ein junges Leben von Anfang an zu begleiten rührt mich. Und doch war ich mir von Anfang an der Verantwortung bewusst. Jedes Wort, jede Geste wird in so ein kleines Kinderherz hineingelegt und heilt oder reißt Wunden auf. Genauso rührt es mich, das Leben der Kinder meiner Freunde zu begleiten.

Ich weine, wenn ich an meine Tochter denke, und versuche, die Gedanken in eine andere Richtung zu lenken. Ich vermisse sie. Sie kommt Ende November für eine Woche, und ich kann es kaum erwarten. Weihnachten kommt sie noch mal für zwei Wochen, und ich fliege im Februar nach Los Angeles. Sie arbeitet jetzt dort. Lebt dort. Wie ich mal dort lebte und immer noch enge Freunde dort habe und meinen Exmann, der Kernfamilie ist und bleibt. Ich beneide ihn um die Nähe zu unserer Tochter. Die letzten Monate bat mich Julia immer wieder, nach Los Angeles zu ziehen. »Wir könnten einfach mal so abends miteinander essen gehen, wäre das nicht toll?«

Ja. Das wäre es.

Soll ich wieder nach Los Angeles ziehen? Eine Stadt, in der ich zwar schreiben, aber nicht wirklich arbeiten kann? Noch mal Deutschland verlassen? Noch mal umziehen? Oder halbe-halbe?

Meine Therapeutin sagt mir, dass ich zurzeit keine Entscheidungen treffen soll. Ich bin nicht in einem Zustand, in dem es sinnvoll ist.

Ja. Das ist richtig.

Meine Schwester Susanne hat ihre Tochter in der Uckermark, nördlich von Berlin. Auch sie hat ihre Tochter seit einem halben Jahr nicht mehr gesehen. Die Fahrt von München in die Uckermark ist für sie genauso lang wie für mich der Flug von München nach Los Angeles.

Vielleicht sind es ja die Hormone. Ich hoffe, es sind die Hormone. Dass ich so viel weine, meine ich. Meine Tochter vermisse ich auch so. Hormone hin oder her.

~

Ich habe meinen Charme verloren.

Letzten Monat hatte ich ihn noch. Oder war er da auch schon weg? Wann habe ich ihn das letzte Mal gesehen? Und wo? Wann habe ich ihn das letzte Mal benutzt? Ich kann mich nicht erinnern. Vor zwei Monaten? Hm. Da auch nicht.

Um Himmels willen, wie lange ist er schon weg?

Ich komme mir vor, als hätte ich eines meiner Kinder in einer Autobahnraststätte in Rom vergessen und es erst zu Hause in München gemerkt.

~

Mit 48 Jahren

Ich kann nur schreiben, wenn mein Schreibtisch sauber aufgeräumt ist. Ich kann nur schreiben, wenn es nichts anderes gibt, was dringender ist, und ich kann nur schreiben, wenn die Umgebung um mich herum angenehm ist.

Ich kann nicht schreiben, wenn etwas noch nicht organisiert ist, komisch riecht oder wenn die Stimmung um mich herum dunkel und schwer ist.

Ich betrachte die Projekte auf meinem Schreibtisch, in meinem Zuhause, in meinem Hirn:

Ein Buch, das geschrieben werden muss.
Eine Reihe von Vorträgen, die ich noch nicht organisiert habe.
Eine Skulptur, die zu einer Serie gehört, die dringend fertiggestellt werden muss.

Mein ganzes Leben lang plane ich schon, denke voraus, organisiere immer alles, und das ist wie bei jedem Abhängigen schwer zu ändern. Jeden Morgen wache ich auf und nehme mir vor, an einem bestimmten Projekt zu arbeiten, doch zurzeit muss ich so viel organisieren, dass ich zu keiner kreativen Arbeit komme.

Ein Teil von mir will im Augenblick leben. Ich möchte wissen, wie das ist, jede Sekunde zu genießen, aber dabei bemerke ich, dass ich nichts Sinnvolles fertigbekomme. Ich verbringe meine Zeit damit, die Dinge zu erledigen, die jetzt im Moment notwendig sind, aber alles, was langfristige Planung brauchen würde, dazu komme ich nicht, und dann passiert nichts weiter.

Im Moment zu leben erfüllt mich vielleicht nicht. Oder vielleicht habe ich das noch nicht richtig verstanden. Oder vielleicht ist etwas ganz anderes der Grund? Vielleicht ist Merkur rückläufig? Ich brauche wirklich jemanden, dem ich das alles in die Schuhe schieben kann. Gibt es irgendwo einen Freiwilligen?

Ich habe gerade erst verstanden, dass ich nicht darauf warten muss, bis sich alle anderen in ihrem Leben entschieden haben, um dann mein Leben irgendwie nahtlos und ohne Aufruhr zwischen ihres zu schieben. Ich muss den Kartentisch mit den anderen Karten nicht beobachten, um zu sehen, was *sie* rauslegen, was *sie* spielen wollen, was *sie* erreichen wollen, um dann herauszufinden, welche Karten ich dazulege, damit sie auch noch perfekt dazu passen. Ich kann einfach meine Karten auf den Tisch legen, so wie ich das möchte. Ich habe das noch nie gemacht, und ich weiß gar nicht wirklich, wie man so lebt. So von sich aus. So ohne zuerst auf das Wohl der anderen Rücksicht zu nehmen. Was heißt hier Rücksicht! Ohne anderen den Vortritt zu geben. Das ist eine völlig andere Art des Lebens. Werde ich das können?

Feinwäsche

Mit 55 Jahren

Sieben Jahre später, und das ist immer noch ein Thema für mich. Ich schaue immer noch zuerst auf die Menschen, die mir nahe sind. Was sie brauchen. Was gerade für sie wichtig ist.

Ist das falsch?

Richtig?

Es ist vielleicht dann richtig, wenn ich mich wirklich im Tiefsten meiner Seele gut damit fühle. In meiner jetzigen Lebenssituation habe ich schon wieder gewartet, wie die anderen ihre Karten auf den Tisch legen. Es ist weiß Gott nicht ihre Schuld. Sie leben ihr Leben, wie sie es leben. Es ist meine Reaktion auf ihr Leben, die mich in Schwierigkeiten bringt. Es ist wie eine Straße mit vielen Abzweigungen. Jede Abzweigung ist jemand, der meinem Leben nahesteht. Oft folge ich ganz selbstverständlich diesen Abzweigungen, halte mich dort auf. Parke manchmal sogar.

Nach einer Weile werde ich unruhig. Merke, irgendetwas stimmt nicht, und ich gehe wieder zurück auf meine Straße, und dann läuft es wieder. Man müsste meinen, dass ich das mittlerweile verstanden hätte. Und doch sind diese Straßen, die von meiner abweichen, nicht scharfe Rechts- oder Linkskurven. Die würde ich bemerken. Das sind Straßen, die von meiner elegant und fast unbemerkt abzweigen. Wenn ich nur ein bisschen zu weit links gehe, dann bin ich schon auf dem anderen Weg.

Ich merke zwar, dass der andere Weg etwas anders als mein bisheriger ist, aber ich habe mein Leben so oft geändert, dass ich mir gut einbilden kann, dass dies einfach nur eine andere Gegend ist, durch die mich mein Weg führt. Aber er ist keine andere Gegend.

Es ist ein anderer Weg.

Mist!

Plötzlich ist es klar. Glasklar. Ich gehe nicht auf meiner Straße. Die brave Sabrina hat mal wieder die Richtung verwechselt. Ich spürte zwar die ganze Zeit, dass irgendetwas hakt, aber ich habe nicht verstanden, was genau der Grund dafür war.

Mein Liebster braucht das Land und das Leben im Atelier. Ich brauche meine Stille und meinen Platz in der Stadt. Wir essen bei unserem Lieblings-Inder, und ich erzähle ihm, was ich gerade über mich herausgefunden habe. Ich brauche meinen Platz wieder für mich. Er nickt. Versteht. Wir sprechen weiter, und ich spüre eine große Dankbarkeit für eine Beziehung, in der alles sein darf. Wir suchen über dem Tisch unsere Hände und lächeln uns an.

Wir entschließen uns, anders zu suchen. Für mich eine Wohnung in der Stadt – entweder eine neue, oder wenn ich nichts finde, bleibe ich erst mal in meiner – und für ihn ein Atelier und Zuhause auf dem Land. Mit dem Wissen, dass der eine wie der andere auch seinen Platz zum Sein ganz allein haben kann.

Ich muss das mit dem Land noch ausprobieren.

Habe ich jetzt das Kartenspielen gelernt? Sieben Jahre später?

Dritter Schleudergang

D er Zorn und ich sind nicht wirklich eng befreundet. Er schaut ab und zu vorbei wie der Messerschleifer, der bei mir alle Jubeljahre mal an der Haustür klingelt. Jetzt meldet er sich öfter. Klingelt wie der Paketservice, der was für mich oder meine Nachbarn abgeben will. Und obwohl ich die Pakete annehme, versuche ich, den Zorn weiterzuschicken.

Warum bin ich plötzlich so zornig?

Worauf bin ich zornig?

Zorn bringt auch immer seine Freundin, die Ungeduld, mit. Die Ungeduld kenne ich. Die kommt öfter. Aber die Ungeduld ist noch irgendwie sympathisch. Sie nervt nicht so. Wenn man sie auf das Sofa mit einer Tasse setzt, dann bleibt sie sitzen. Der Zorn trinkt keinen Tee. Der Zorn setzt sich nicht einmal. Er steht nur am Eingang und stampft laut mit den Füßen auf.

Wenn ich zornig werde, dann bleibt die Welt stehen. »Wer hat Sabrina entführt und wer bist du?« So schauen meine Familie und meine Freunde. Beim Abendessen zum Beispiel, wenn man meine geliebten Elektroautos als Fantasie abtun will oder wenn eine meiner Freundinnen zum zwanzigsten Mal etwas macht, was einfach nicht funktionieren kann. Doch der Zorn geht normalerweise schnell wieder weg. Er stampft einmal auf. Manchmal vielleicht zweimal … und dann kriege ich mich wieder ein: »Sorry, aber ich habe mir eigentlich versprochen, nicht mehr über Elektroautos zu diskutieren. Bitte verzeih meinen Ausbruch. Ich hatte nun mal eines der ersten Autos 1997 und liebte es, und in Kalifornien hatte es wunderbar funktioniert, bis die Politik ihre Meinung änderte. Magst du Nachtisch?«

Ich erinnere mich daran, dass ich die Meinung anderer Menschen nicht beeinflussen kann – und will – und dass jeder selber seine Entscheidungen trifft. Dann beruhige ich mich wieder, und der Zorn hat die Tür hinter sich zugezogen und die Ungeduld mitgenommen.

Der Zorn macht mir Angst. Mein Vater war oft zornig, und das konnte gefährlich werden. Laute, zornige Männer erschüttern das Kind in mir.

Ich lehne den Zorn in mir ab und weiß doch, dass ich mich mit ihm anfreunden muss. Es gibt auch so etwas wie den »gerechten Zorn« – aber mich auf ihn zu verlassen finde ich fahrlässig. Wer weiß schon hundertprozentig, dass »sein« Zorn der »gerechte« ist? Gerade in den religiösen Auseinandersetzungen verlässt sich jeder auf »seinen« gerechten Zorn – und damit will ich überhaupt nichts zu tun haben.

Ich weiß mittlerweile, wann der Zorn in mein Leben stampft. Wenn es etwas gibt, was ich normalerweise gelassen hinnehme, was mich aber wirklich zutiefst irritiert. Zum Beispiel Aussagen mit unterschwelligen Botschaften, die nicht ausgesprochen werden. Zornig werde ich auch, wenn ich spirituelle Schwafeleien höre. Ich bin in einer Berufsgruppe, mit der ich mich nicht wirklich anfreunden kann. Fast jedes Mal, wenn ich im Fernsehen eine angeblich spirituelle Sendung sehe, dreht es mir den Magen um, und ich bin entsetzt, was sich da als spirituell begreift.

Arte hatte einen Thementag »Spirituelles«, und man hätte ihn auch »Kurioses« nennen können. Mir fehlt gelegentlich die Gelassenheit für ein »Ich akzeptiere den ganzen bunten Garten Gottes und alle Glaubensbekenntnisse«. Früher gelang mir das fast immer. Jetzt bringt mich der Zorn schnell und komplett in den Körper zurück. Alles bebt. Jede Zelle kommt mit einem Ausrufezeichen. Ha!

Als ich Journalistin war, ging es mir nicht so. Ich fand unseren Beruf ehrenwert. Gut, das ist dreißig Jahre her, und damals war es auch noch so. Wahrscheinlich geht es den Bankern ähnlich. Die verantwortungsvollen Banker schauen ebenso erschüttert Goldman Sachs zu.

Als ich zum ersten Mal anfing, über die Seele und über Engel zu schreiben, war das Anfang der Neunzigerjahre; und jeder, der mit so einem Thema kam, war entweder naiv oder verrückt. Ich hatte mit der spirituellen Szene immer sehr wenig zu tun, weil ich in den USA lebte und nur ab und zu nach Deutschland kam, um Vorträge zu halten. Ich habe viele wunderbare Menschen bei meinen Vortragsreisen und Kongressen kennengelernt.

Es wäre sehr viel einfacher, wenn ich Buddhistin wäre. Denen wird nicht unterstellt, dass sie naiv sind oder »esoterisch«. In Kalifornien habe ich das nie so erlebt. Es wird die Ernsthaftigkeit beurteilt, mit der jemand forscht.

Manchmal werde ich zornig, wenn ich sehe, wie angeblich spirituelle Lehrer und Lehrerinnen ihre Schüler und Schülerinnen ausnutzen. Seltsame Zertifikate verteilen nach extrem teuren Wochenendkursen. Anderen die Illusion geben, dass sie doch ihr altes Berufsleben aufgeben und sich mit diesem XY-Zertifikat selbstständig machen sollen. Alle paar Jahre kommt eine neue Art von spirituellem »Quick-Fix« und dem Versprechen, dass dies alle Probleme lösen wird. Manchmal braucht es drei, vier Runden mit einem neuen Quick-Fix, bis man versteht, dass auch das nicht allein funktioniert. Das Leben ist zu komplex, wir sind zu komplex, dass man nur das »Gesetz der

Resonanz« verstehen muss, um alles aufzulösen. »Wünschen«
hält uns in der Sehnsucht und in der Zukunft. »Positiv denken«
ist zu oft eine klebrige Soße, die Frustrationen zudecken soll.

»Sabrina.«
»Ach, ja. Der Zorn … irgendwie beiße ich mich in etwas
fest.«
»Ja, das tust du.«
»Wieso mache ich das neuerdings? Ich bewerte schon
wieder. Das ist ja furchtbar. Ich bin … zurückgelaufen …«
»Ja, das bist du. Wenigstens hast du es gemerkt.«
»Es hat aber eine Weile gedauert …«
»Ja. Das hat es. Atme und erinnere dich, wer du bist und
wer die anderen sind.«
»Ja. Ich will nicht bewerten, sondern ich weiß ja, dass jeder
von uns seine eigenen Lernprozesse hat. Danke für die
Erinnerung.«

Zorn.
Geh nach Hause. Oder wo immer du wohnst …

Stärken

Ich bin etwas unsicher, ob ich das mit den bioidentischen Hormonen noch mal probieren soll. Vielleicht falle ich in der Hormonpause wieder in so ein Loch wie beim ersten Mal.

»Du bist schon in einem Loch. Tiefer kann es nicht mehr werden.«

Auch wieder wahr. Also gut.

Bei meinem letzten Bluttest kam heraus, dass ich auch unter akutem Vitamin-D-Mangel leide. Mein Arzt hat mich ins Sonnenstudio geschickt. Das wäre jetzt das Wichtigste, bevor die bioidentischen Hormone kommen.

»Kann ich die nicht einfach einnehmen?«, fragte ich. Ich mag Sonnenstudios noch weniger als Tabletten.

»Nein. Die müsstest du pfundweise essen. Es würde zwar reichen, wenn du dich jeden Mittag für fünfzehn Minuten einer kompletten Sonnenbestrahlung aussetzt, aber …«

»… jetzt haben wir November.«

»Eben.« Er lachte. »Und es genügt auch nicht, das Gesicht oder die Hände in die Sonne zu halten. Das ist zu wenig Fläche. Es muss der ganze Körper sein. Fünf Minuten im Sonnenstudio täglich reichen.«

Ich habe mir eine Jahreskarte gekauft. Ich! In einem Sonnenstudio. Das letzte Mal, als ich in einem Sonnenstudio war – vor circa zehn Jahren –, habe ich mir den Hintern verbrannt. Das

Ding war falsch eingestellt. Ich lebte so lange in Los Angeles, dass ich nie extra Sonne brauchte. Als ich wieder nach Deutschland zog, hatten meine Beine sechs Monate später eine blässliche Farbe angenommen, die ich schon seit Jahren nicht mehr an ihnen gesehen hatte.

Jetzt gehe ich ins Sonnenstudio.

Jeden Tag für fünf Minuten.

»Wollen Sie die Zeit nicht langsam erhöhen?«, fragt mich die braun gebrannte, sehr hellblonde Frau hinter dem Tresen.

»Nein. Ich möchte nur meine Vitamin-D-Produktion anregen.«

Sie nickt, aber ich glaube zu sehen, dass sie nicht wirklich versteht, was ich meine.

Wenn man Sonnenstudios nicht gewöhnt ist, dann ist das ein völlig neuer Kontinent. Die erste Maschine war ausgestattet wie eine Flugzeugkabine.

Ich mag An/Aus-Knöpfe. Ich mag Duschen in Hotels, bei denen man sofort erkennt, wie man das heiße und kalte Wasser dosiert. Ich finde, dass Design nicht über Funktion stehen darf. Hier stehe ich also nackt in dieser kleinen Kabine und versuche, mich mit dieser Menge an Schaltern zurechtzufinden. Sich im November auszuziehen ist ja doch immer eine etwas langfristige Angelegenheit. Sich wieder anzuziehen, um die Assistentin draußen nach Hilfe zu fragen, auch. Diese Sonnenliegen machen einen Riesenkrach und noch lautere Musik, um das zu übertönen. Die meisten haben ein Gebläse auf maximale Leistung eingestellt, sodass ich befürchte, rausgepustet zu werden. Ich brauche für meine fünf Minuten kein Gebläse. Ich werde gerade mal ein bisschen warm. Mir waren es zu viele Knöpfe, und beim nächsten Mal ging ich ein Stockwerk tiefer, wo die älteren Maschinen standen. Die ohne Musikanlage. Die ohne integrierten Hautmesssensor. Die, die mich nicht ansprechen. Die, die einen An/Aus-Schaltknopf haben.

Mein Sonnenstudio hat jedes Mal eine andere Dame hinter dem Tresen. Bei allen scheint es Teil ihres Honorars zu sein, dass auch sie die Sonnenliegen benutzen dürfen. Gesund sieht das nur bei einer aus. Aber die ist gerade erst fünfundzwanzig Jahre alt.

»Ich gehe jetzt auch in ein Sonnenstudio. Vitamin D. Sie wissen ja. Nur wegen Vitamin D. Ich bin quasi nicht freiwillig hier«: Jedes Mal, wenn ich mein Fahrrad vor dem Sonnenstudio parke, schaue ich mich um wie ein verheirateter Mann, der sich in einen Puff schleicht. Ich schleiche rein, und ich schleiche wieder raus. Ich gehe ins Sonnenstudio. Vitamin D.

Wann kommen eigentlich meine Hormone?

~

Ich will nicht regelmäßig Tabletten einnehmen, das habe ich meinem Arzt gesagt. Das muss irgendwie anders gehen.

»Wie ist es mit Lutschbonbons?«, hatte er mich gefragt.

Ich nickte. Das ist machbar.

Es gibt sie in Vanille, Pfefferminz und Orange.

Gestern kamen sie an. Sie haben eine seltsam blässlich weiße Farbe. Gesund sieht das nicht aus. Ich halte sie in meiner Hand wie Alkoholiker ein Glas Schnaps. Soll ich – oder soll ich nicht?

Ich glaube nicht, dass ich ohne Hormonzufuhr krank werde. Ich glaube nicht, dass ich Osteoporose bekomme. Davon abgesehen, dass Osteoporose nur schwer zu diagnostizieren ist, kann es nicht sein, dass die Hälfte der Menschheit plötzlich morsche Knochen bekommt. Viele Krankheiten sind einfach nützlich – für die Pharmaindustrie.

Ich denke mir, wenn mein Körper mit der Produktion der Hormone aufhört, wird er einen Grund haben. Ich will keine eigenen Kinder mehr. Ich will auch nicht ewig aussehen, als könnte ich noch Kinder bekommen. Ich mag die Gesichter alter Leute. Ich werde auch mein Gesicht mögen, wenn ich älter bin. Aber ich will mich nicht weiter so fühlen.

Ich ziehe Bilanz: Diese Besuche im Sonnenstudio haben fast sofort geholfen. Am zweiten Tag schon merkte ich eine leichte Stimmungsaufhellung. Der Tag war nicht mehr gar so dunkel. Die Zukunft nicht mehr so vage. Ich sah wieder Leute auf der Straße lächeln. Mir selbst fiel das Lächeln wieder leichter. Ich bin innerlich entspannter. Das Barfußgehen – ich mache es jetzt jeden Tag in dem Garten im Hinterhof, im Matsch, im Regen, im November – und das Singen haben mir gutgetan. Meine Meditationen sind wieder tiefer.

Mir geht es also jetzt schon besser. Soll ich mit den bioidentischen Hormonen nicht doch noch warten? Ich zögere und entschließe mich für eine Methode, die sich schon oft bewährt hat: Ich probiere es aus. Zwei Monate gebe ich mir. Ich kenne meinen Körper. Er wird mir ein Zeichen geben, wenn er das nicht haben will oder nicht mehr braucht.

Ich schaue mir die Hormonbonbons noch mal an – so, als ob ich auf ein Nicken oder Zuwinken warte –, dann segne ich sie und stecke sie in den Mund. Der Geschmack ist eigenartig. Ich kann keine der angebotenen Geschmacksrichtungen erkennen. Nun ja, Pfefferminz ist es nicht. Das Hormonbonbon soll sich in einer der Backentaschen auflösen. Eine halbe Stunde später war es immer noch nicht aufgelöst.

Vielleicht wundern Sie sich, dass ich immer »bioidentisch« schreibe. Das ist wichtig. Ein Riesenunterschied zu den Hormonen, die sonst verkauft und verschrieben werden. Unsere natürlichen Hormone lassen sich nicht patentieren. Damit ein Pharmaunternehmen sie »exklusiv« vermarkten kann, werden die natürlichen Hormone chemisch verändert. Sie müssen also anders sein als unsere körpereigenen Hormone.

Ich möchte keine veränderten Hormone in meinem Körper haben.

Die letzte große langfristige Hormonstudie (wohlgemerkt keine bioidentischen Hormone) wurde abgebrochen, weil sie höchst ungesunde Reaktionen bei Frauen auslöste und man es nicht mehr verantworten konnte, diese Frauen weiterhin diesem Risiko auszusetzen. Trotzdem werden diese Hormone immer noch verschrieben. Und trotzdem, zu meinem großen Unverständnis, gibt es keine wirklichen sprachlichen Unterscheidungen. Es wird einfach allgemein nur von »Hormonen« gesprochen. Das ist – überspitzt formuliert – so, als würde man die Liebe zu einem Menschen (bioidentisch) und die Liebe zu einer Plastikpuppe (»chemisch anders«) gleich beschreiben.

Meine Freundinnen hören mich schon seit Jahren darüber reden: »Welche Hormone nimmst du? Sind sie bioidentisch?«

»Weiß ich nicht.«

»Wie, weißt du nicht? Erkundige dich.«

»Mein Arzt ist ein Freund der Familie. Er würde nichts tun, was mir schadet.«

Das ist einer der wenigen Momente, in denen die »brave« Sabrina ihre Bravheit verliert. Ich möchte sie schütteln, meine Mädels. Gleichzeitig weiß ich natürlich, dass jeder seine eigenen Entscheidungen zu treffen hat. Es ist *ihr* Körper und nicht meiner. Und trotzdem bin ich in Sorge: Was macht ihr da?

»Meine Ärztin hat mir Hormone verschrieben.«

»Welche?«

»Wie, welche?«

»Ich hoffe, du nimmst bioidentische.«

»Die normalen halt.«

»Das sind keine bioidentischen.«

»Ich schwitze aber nicht mehr so. Das reicht mir.«

Oder:

»Also, ich habe meinen Arzt nach deinen bioidentischen Hormonen gefragt.«

»Und?«

»Er hat abgewinkt. Er hat mit seinen gute Erfahrungen gemacht.«

»Hat er sich denn über bioidentische Hormone informiert?«

»Das habe ich ihn nicht gefragt.«

Meine Freundinnen. Sie machen was mit. Mit mir.

~

Als meine verschriebenen Vitamine und Spurenelemente mit der Post kamen, lag auch so eine Schachtel dabei, Plastik, zum Aufschieben mit der Aufschrift: »Morgens. Mittags. Abends. Nachts.«

Der Sohn einer Freundin saß bei uns am Tisch und meinte: »Mein Opa hat so was auch.«

~

Bei den Vitaminen, die ich über das Internet bestellt hatte, lag auch ein Katalog dabei. Suzanne Somers war auf dem Titel. In den USA ist sie eine Galionsfigur für Jugendlichkeit im Alter und bioidentische Hormone. Das letzte Mal habe ich sie bewusst wahrgenommen, als sie wohl in ihren Fünfzigern war. »Ewig jugendlich« war das Motto. Ihr Buch dazu hieß *The Sexy Years*. Sie meinte die Zeit nach fünfzig. Ich habe damals ihr Buch gelesen und zum ersten Mal etwas über bioidentische Hormone erfahren. Sie sah attraktiv aus und, ja, auch sexy in diesem amerikanischen Barbiepuppentraum. Auf dem Katalog mit den Vitaminen sah sie so aus, als ob sie mehr als nur Vitamine und bioidentische Hormone nimmt. Es sah eher so aus, als ob sie ihr eigenes Set an Skalpellen und Spritzen mit sich herumträgt. Ihre tägliche Routine: sechzig Pillen plus bioidentische Hormone. Ihr Gesicht – sie war mal eine sehr schöne Frau – hat jetzt Bäckchen, die keine Frau über fünfundzwanzig mehr hat. Müssen wir wirklich sexy aussehen mit siebenundsechzig?

Wann hört das auf?

Sexy mit achtzig?

Sexy mit neunzig?

Sexy mit hundert?

Mein Platz ist genau in der Mitte: zwischen der jungen, vitalen und fruchtbaren Frau und meinen älteren Jahren. Genau da, wo ich jetzt stehe, jetzt lebe, bewegt sich das Wasser von der einen zur anderen Seite. Und diese unterschiedlichen Wasserqualitäten treffen sich. Die stürmischen, schockierend kalten jungen Wellen und das entspannte, weichere, wärmere Wasser. Und ich versuche, in meinem Boot die Ruhe zu bewahren.

Ich will nicht meinem jüngeren Selbst nachweinen. Ich will nicht sexy sein müssen. Ich will nicht – und das hat mir selbst als junge Frau nicht besonders gefallen – lüsterne Blicke von fremden Männern auf mir spüren. Gott sei Dank löst sich das im Alter auf, und dafür bin ich wirklich dankbar.

Oft lese ich von Frauen, die ihre Wechseljahre mit den Worten beschreiben, dass sie unsichtbar geworden sind. Wir sind nur unsichtbar, wenn wir unsichtbar sein wollen. Wenn Beige oder Schwarz die einzige Farbe in unserem Kleiderschrank ist, wenn wir nichts Ungewöhnliches und Aufregendes mehr zulassen, dann sind wir unsichtbar. Wenn wir anderen nicht mehr in die Augen schauen, wenn wir uns nicht einmischen, wenn wir nicht lachen, wenn wir nicht auf der Straße singen, dann sind wir unsichtbar. Setzen wir uns einen wilden Hut auf, tragen wir einen außergewöhnlichen Mantel, sind wir sofort wieder da. Schauen wir interessiert und aufmerksam, nehmen wir teil, so werden wir auch gesehen.

Früher waren wir sichtbar, weil wir jung waren. Hormonell gesehen waren wir eben reif: reif für Kinder. Reif für Paarung. Reif dafür, eine Familie zu gründen. Das ist die Zeit, in der man sucht und gefunden werden will. Das Augenmerk liegt biologisch auf Paarung. Als wir jünger waren, haben uns Männer in allen Altersgruppen angesehen. Selbstverständlich schauen mich jetzt keine Fünfundzwanzigjährigen mehr interessiert an. Wozu auch? Mir reichen die gelegentlichen aufmerksamen Blicke meiner Altersgruppe.

Eine meiner Freundinnen ist eine ausnehmend schöne Erscheinung. Ende fünfzig, lange graue Haare, intensivste Augen. Sie trägt ungewöhnliche Hüte, witzige Stiefel, manchmal lange Kleider, bodenlange Mäntel – und in allem, was sie trägt, sieht sie sensationell aus. Sie wird auch in zwanzig Jahren noch sensationell aussehen, denn das ist ihre Ausstrahlung. Sie ist eine hochbegabte Künstlerin und hat die Aura eines Wirbelsturms. Sie wird man niemals übersehen.

»Fünfzig ist nicht das Ende der Welt, aber man sieht es von hier.« Ein Spruch, den ich mal auf einer Postkarte gelesen habe. Ja, wir haben noch mal fünfundzwanzig, dreißig, fünfunddreißig weitere Jahre, die wir füllen können. Früher gab es zwei Lebensbereiche: den bis zu den Wechseljahren und den danach. Der danach ist länger geworden. Viel länger. Wir haben eine Saison hinzugewonnen.

Ja, ich kenne die Aufregung in dem ersten Teil des Lebens. In dem neuen wird es nicht mehr so aufregend sein, weil ich einfach schon zu viel erlebt habe. Es ist nun mal nicht mehr meine erste Reise, mein erster Mann, meine erste Karriere, meine erstes Ausland, mein erster Sex, mein erstes Kind. Vielleicht sollte ich doch nach Frankreich ziehen. »Frankreich?«, fragen Sie. Davon hatte ich ja noch gar nichts erzählt. Ja. Frankreich. Eine Astrologin sagte mir, ich solle mit meinen Liebsten nach Frankreich ziehen. Das ist jetzt fast ein Jahr her. Es zieht mich nichts nach Frankreich. Zur Astrologin auch nicht mehr.

~

Meine Tochter ist endlich da. Mein Liebster hat sich für die ersten Tage zu einer Reise nach Wien entschlossen, damit ich Zeit mit ihr allein habe. Das hat mich sehr berührt.

Wenn meine Tochter und ich spazieren gehen, braucht es eine Weile, bis wir wieder im gleichen Gehrhythmus sind. Wir kochen zusammen. Essen zusammen. Packen uns warm ein und fahren mit dem Rad durch München. Wir sprechen über ihre Oma und das Verhältnis, das ihre Freundinnen mit ihren

Müttern und Großmüttern haben. Ich erzähle ihr davon, dass wir in meiner Generation auf keinen Fall wie unsere Mütter werden wollten. Ich habe sie gefragt, ob sie sich auch manchmal vornimmt, nicht wie ihre Mutter zu werden. Sie hat mich verständnislos angeschaut. Sie ist so frei in sich, dass ihr selbst dieser Gedankengang fremd ist. Wie schön.

Wir haben nur fünf Tage miteinander. Fünf Tage, in denen Oma und Tanten und Onkel und Nichten und Neffen und ihre Freunde und Freundinnen sie sehen wollen. Eine gute Übung, um im Moment zu bleiben. Nicht daran zu denken, dass sie bald wieder wegfliegt.

Es gelingt mir.

Meistens.

~

Wir waren beim Essen, gehen um die Ecke und nehmen noch einen Drink. Ich sehe, wie die jungen Männer die hübschen jungen Frauen betrachten, sie mit einem Seitenblick streifen und die Mädchen so tun, als hätten sie es nicht bemerkt.

Die Kinder (schreibe ich wirklich Kinder bei diesen schönen Frauen?) sind mittlerweile in unterschiedlichen Abständen umzingelt von Männern. Sie robben sich näher ran. Suchen Augenkontakt. Die Mädchen ignorieren die Jungs. Sie haben sich lange nicht gesehen. Sie haben kein Interesse. Manche ziehen ab. Manche hoffen, das ändert sich mit mehr Alkohol.

Ich komme mir vor wie eine gütige alte Dame. Dieses Spiel ist so weit weg. Wirklich, wirklich weit weg. Ich habe Freundinnen und Bekannte, die spielen das noch gerne. Ich nicht. Ich schon lange nicht mehr.

Ich lächle. Ich bin froh, dass diese Zeit für mich vorbei ist.

Es war so zeitraubend. Diese Gedanken an die Jungs und Männer. Wie oft ich damit beschäftigt war. Die Planung für die Zukunft. Wird man irgendwann einmal den richtigen Freund, den richtigen Mann, den richtigen Partner haben? Wird man sich wirklich tief und lange verlieben und lieben. Wird er treu sein? Wird es halten? Wird es Kinder geben? Wenn ja, welche? Wie wird man sich als Paar erleben? Ist der da drüben, der mich gerade anschaut, vielleicht jemand Interessantes? Soll ich reagieren oder nicht?

Ich schaue den »Kindern« beim Spielen zu. Spielen, weil sie in der Lebensphase sind, in der das neu für sie ist.

Ich genieße das Zuschauen. Das ist neu für mich.

~

Oma und Enkelin haben ein inniges Verhältnis. Inniger als das zwischen meiner Mutter und mir. Ich betrachte das immer gerührt: »Omilein«, sagt sie zu ihrer Großmutter.

Das Deutsch meiner Tochter ist perfekt, und sie zeigt ihren Charme auch ihrer Oma. Sie sitzt neben ihr und hält ihre Hand und erzählt ihr von ihrem Leben in Los Angeles. Meine Mutter hat uns oft dort besucht und kennt sich noch ein bisschen aus. Freut sich, wenn sie Wörter oder Straßennamen hört, die sie wiedererkennt.

Meine Mutter strahlt.

Ich sitze lächelnd gegenüber. Wir haben in unserer Familie vieles geheilt. Wir alle haben unseren Teil dazu beigetragen. Manchmal, wenn wir als Familie zusammensitzen, dann lachen wir über unsere Kindheit. Die Geschichten, die damals schmerzhaft, verletzend und dramatisch waren, haben ihren eiskalten Griff verloren. Jetzt sind es Geschichten, die meine Tochter, meine Nichten und Neffen zum Lachen bringen. Wirklich? So war das damals? Das habt ihr so erlebt? Ihre Gesichter zeigen einen kurzen Schrecken, eine Ungläubigkeit, und dann lachen sie, weil wir lachen. Weil wir es so komisch erzählen, dass sie sich darüber amüsieren können, ohne befürchten zu müssen, dass sie uns damit verletzen.

Es hat Jahre gedauert, in denen wir darüber geredet haben, darüber geweint haben, uns darüber mitgeteilt haben – doch jetzt sind wir davon befreit. Wohlig in unserem Familienfeld. Ja, das haben wir gelöst. Wir alle zusammen. Denn allein geht das kaum.

Meine Tochter ist heute wieder zurück in die USA geflogen. Am Flughafen, als sie durch die Gepäckkontrolle ging, winkte ich ihr noch aufmunternd zu. Ich war auch noch gelassen, als ich im Auto saß und Radio hörte. Doch als ich zu Hause ankam, weinte ich.

Ich habe eine halbe Sekunde Zeit, bevor ein Gedanke ein Gefühl wird und das Gefühl mich dann zum Weinen bringt. »Meine Tochter ist wieder weg.« Das ist der Gedanke. Wenn sie hier in München wohnte, wäre sie auch nicht jeden Tag da. Da wäre sie auch »weg«.

Ich möchte, dass meine Tochter dort lebt, wo sie leben will. Ich möchte, dass sie ihr Leben so gestalten kann, wie es für sie passt. Ich möchte nicht eine dieser Mütter werden, die wie Kletten an ihren Kindern hängen und ihnen alles an Abenteuern ausreden wollen – weil es 300 Kilometer weiter weg ist.

Nun gut, in meinem Fall knapp 10 000 Kilometer. Und doch muss ich aufpassen, nicht zu oft darüber nachzudenken, dass meine Tochter am anderen Ende der Welt wohnt. Ein Ende, das mir vertraut ist – aber trotzdem keine Möglichkeit bietet, mal schnell was vorbeizubringen, mal schnell zu trösten, mal schnell vorbeizukommen; mal schnell zu umarmen.

Es dauert mindestens zwölf Stunden. Unser beider Leben trennen neun Stunden Zeitunterschied.

»Du legst dich gerade mit der Realität an.«

Als sie in Boston studierte (sechs Stunden Zeitunterschied), war es leichter. Jetzt, in Los Angeles, können wir nur morgens telefonieren, wenn sie mit dem Auto zur Arbeit fährt – 7.00 Uhr ihre Zeit und 16.00 Uhr meine – und dabei meistens schlecht gelaunt ist, denn sie schimpft über die kalifornischen Autofahrer. Und wenn sie vom Büro nach Hause kommt, ist es 2.00 oder 3.00 Uhr bei mir.

»Denk nicht darüber nach, Sabrina.«
»Ja, ich weiß.«

Es ist, wie es ist. Jede Seele geht ihren eigenen Weg. Ich darf das begleiten. Sie kommt in drei Wochen wieder.

Normalerweise bin ich aufmerksamer – war ich aufmerksamer – mit meinen Gedanken. Jetzt schaffe ich das nicht mehr. Es ist schon seit Monaten für mich ein fast unüberwindbarer Arbeitsaufwand, aufmerksam zu sein.

Ich hatte zum ersten Mal seit fast zwei Jahren zu einem Vortrag zugesagt. Es war ein Frauenkongress. Aufmerksam und liebevoll organisiert. Ich hörte den Frauen zu, die vor mir sprachen. Eine hatte für eine lange Zeit ein Zen-Kloster besucht. Begeistert erzählte sie davon, dass man stundenlang zur Meditation sitzt und das eine Übung ist, um den Verstand zum Schweigen zu bringen. Wenn der Verstand sagt: »Ich kann nicht mehr sitzen«, ignoriert man ihn einfach.

Früher hatte ich das auch geglaubt. Früher hatte ich das auch ausprobiert. Ich dachte, ich meditiere. Aber es war nur mein Verstand, der meinen Körper kontrollieren wollte. Warum soll ich in Schmerzen sitzen? Gibt es dafür irgendeinen wichtigen Grund? Geist über Materie? Wirklich? Das soll gut sein? Ich kann nicht aufmerksam einem Konzert folgen und mich der Musik hingeben, wenn mir mein Hintern auf den harten Holzbänken wehtut.

Ich sehe es als Kontrolle: Wir wollen unseren Körper kontrollieren, und das nennen wir dann »meditieren«. Wir »dürfen« nicht im Liegen meditieren, weil wir da einschlafen und weil die Energie nicht nach oben fließt und weil und weil und weil und weil. Ich meditiere oft im Liegen und schlafe so gut wie nie ein. Warum? Weil ich nicht müde meditiere. Ich bin bewusst wach und aufmerksam. Wenn wir beim Meditieren einschlafen, dann heißt es nur, dass unser Körper dringend Schlaf braucht, und dann ist der Schlaf wahrscheinlich auch ganz gesund.

Mein Gott, wo ist bitte mein Verständnis geblieben? Ich habe mich doch schon so lange nicht mehr so oft festgebissen.

»Ruhe jetzt, verstehst du? Ruhe jetzt!«

Glück. Offensichtlich gab es diese Woche eine ausgerufene »Glückswoche«. Im Fernsehen. Im Radio. In jeder Talkshow wurde über das Glück mit den üblichen Verdächtigen gesprochen. Ich kann es nicht mehr hören.

Glück ist nicht das Ziel! Keine Ahnung, wer das aufgebracht hat. Wenn das so wäre, warum rauchen wir nicht alle Opium und sitzen glücklich in Gruppen unter romantischen Zelten? Die Suche nach dem dauernden Glück ist so irrwitzig wie die Suche nach dem 24-Stunden-Orgasmus. Wer bitte will den haben? Jede Frau – und, ich bin sicher, jeder Mann – würde sich irgendwann einmal umdrehen und sagen: »Bitte pack das weg, ich muss mal was essen.«

Glück – das sind Momente: Momente der Freude. Der Dankbarkeit. Der Glückseligkeit. Aber das ist kein Dauerzustand, denn sonst würden wir, wenn es bei uns in der Wohnung brennt, fasziniert ins Feuer starren und uns an dem Farbenspiel erfreuen. Da ist die Angst ganz praktisch, denn sie sorgt dafür, dass wir Kinder, Tiere und die Fotoalben unter den Arm klemmen und uns schleunigst aus der Gefahrenzone bringen.

Bin ich froh, dass die Glückswoche heute vorbei ist. Darüber bin ich ziemlich glücklich.

Das habe ich auf meine Facebook-Fanseite geschrieben. Als ich es am nächsten Tag wieder las, war ich schockiert von mir. Da war er wieder: der Zorn. Es gab ein paar Kommentare dazu, die überrascht von meinem Ausbruch waren. So kennen sie mich nicht.

So kenne ich mich auch nicht. Glück zu suchen ist wunderbar. Das mache ich doch auch.

Ich beantworte eine Frage zu »Warum sollen wir denn nicht nach dem Glück suchen dürfen?«. (Klar. Logisch. Sorry!) Schwäche meine ersten Sätze von gestern ab. Erkläre mich. Erstaunlich, wie schnell sich die Gefühle ändern können.

Die Hormone scheinen noch nicht ganz zu wirken.

Es ist eben noch ein sehr wackeliges Terrain … die richtige Dosierung der Hormone, meine ich.

Zorn auch.

~

Apropos Zorn.

Da gibt es eine Sache, da kann ich wirklich streng sein. Da kommt der Zorn auch gerne hoch, und das ist auch der Grund, warum ich ein Scheidungs- und Beziehungsbuch über ehrenhafte Trennungen – ein besserer Titel ist mir noch nicht eingefallen – schreiben will.

Obwohl ich einiges an Beziehungen und Trennungen in meinem Leben erlebt habe, so bin ich doch damit nicht leichtfertig umgegangen. Ich glaube nicht, dass das Ziel ist, nur eine »ideale« Beziehung zu haben, und alles andere ist Versagen. Ich glaube, manchmal ist es gesünder – für alle Seiten gesünder –, wenn man etwas, was sich nicht zusammenfindet, dann auch löst.

Nur eines darf man nicht unterschätzen: was es mit den Kindern macht. Natürlich wäre es ideal, wenn die Eltern zusammenblieben – doch das geht nicht immer. Jetzt geht es darum, diesem Schmerz nicht noch etwas anderes hinzuzufügen: ungefiltertes Drama, weil die Eltern es nicht anders schaffen.

Seit einigen Jahren schreibe ich Erlebnisse von Trennungen auf. Ich mache mir Notizen über das, was ich höre, oder wenn ich um Rat gefragt werde. Manchmal mische ich mich auch ein. Besonders wenn Kinder da sind. Der Schmerz der sich trennenden Paare vernebelt die Logik und das Herz.

Ist wirklich alles probiert worden? Therapie? Mediation? Und reagiert man vielleicht nur auf eine Verletzung, die geheilt werden kann? Eine Ehe geht nicht von heute auf morgen in eine schwierige Phase, und es dauert, bis man aus diesen Phasen wieder herauskommt. Eine Therapiestunde reicht da nicht. Da braucht es längere Begleitung und eine andere Art der Nähe. Viele geben zu früh auf.

Wenn eine Beziehung wirklich vorbei ist, dann ist es so klar wie das An- und Ausmachen eines Lichtschalters. Alles an Zweifel, alles an Fragen, alles an »Soll ich oder soll ich nicht?« ist verschwunden. Nichts an Drama ist mehr da.

Wenn es noch Drama gibt, dann ist die Beziehung noch nicht vorbei. Dann gibt es noch einiges, was Lösungen, was Heilung möglich macht. Natürlich geht das nur, wenn beide Partner es wollen. Ist einer innerlich gegangen und nicht zum weiteren Probieren bereit, ist die Ehe vorbei.

Trennungen sind nie leicht. Aber was mich zutiefst verwundert, ist, wenn angeblich spirituelle Leute das Gelernte nicht umsetzen. Sie benutzen die Kinder, das Geld, die Worte, das Drama. Sie halten sich für großzügig, und sie sind es auch – wenn es nicht drauf ankommt. Eine Trennung aber ist der ultimative Test.

Klar ist es schwer.

Das sind Tests immer.

Da kann ich streng werden. Wirklich streng. Da ist nichts mehr übrig von der braven und verständnisvollen Sabrina. Da stehe ich unverrückbar, ohne mich einen Millimeter zu bewegen, wie ein Stopp-Schild davor.

Nein, du kannst nicht mit deinen Kindern sofort von ihrem Vater zu einem anderen Mann ziehen, weil du glaubst, der Neue sei dein lang erträumter Seelenpartner. Du tauschst einfach nur den Mann aus. Was macht das mit den Kindern? Triff dich gefälligst erst allein mit dem Mann, stell über einen langen Zeitraum fest (wie lange? mindestens ein Jahr), ob du den Mann deinen Kindern zumuten willst. Du bist nur verliebt! Du bist ausgehungert. Eine Straßenlampe würde dich in deinem jetzigen Zustand erregen. Lass deinen Kindern Zeit zum Trauern und hör auf, dir sofort eine neue heile Familie zu basteln.

Es ist mir egal, ob du in deinem letzten Leben ein Hohepriester warst. Jetzt geht es um dieses Leben, jetzt geht es um dein Benehmen; und wenn du dich nicht um deine Kinder kümmerst, dann hast du bei dem Hohepriester-Leben anscheinend nicht viel gelernt. Wir sind hier! Auf der Erde. Und da sind deine drei Kinder, die ihren Papa brauchen. Und zerfetze ihre Mutter nicht.

Ich glaube nicht, dass Ihr zehnjähriger Sohn glücklich ist, weil Sie glücklich sind. Er wäre glücklicher, wenn seine Mutter nicht dem schamanischen Heiler gefolgt wäre und er jetzt nicht bei seiner Oma wohnte. Und natürlich zeigt er Ihnen das nicht, weil Sie dann vielleicht gar nicht mehr kommen.

Sie haben eine Affäre hinter dem Rücken Ihres Mannes, und es macht es nicht besser, wenn Sie sich hundertprozentig sicher sind, dass Sie endlich Ihren Seelenpartner gefunden haben. Sie belügen Ihren Mann. Spiritualität hat immer etwas mit Offenheit und Ehrlichkeit zu tun. Und das gilt nicht nur für den Geliebten. Das gilt auch für den Ehemann.

Ich bin fast jeden Tag im Sonnenstudio. Ich werde auch nicht mehr gefragt, ob ich länger als fünf Minuten auf der Sonnenbank liegen will. Und ich muss auch beim Reinkommen nicht mehr dazusagen, dass meine Jahreskarte in der Schublade liegt. Ich kenne jetzt alle Damen, die hinter dem Counter sitzen und die Gäste einchecken.

Letzte Woche traf ich hier einen Freund. Wir beide fingen gleichzeitig an, uns zu entschuldigen. Hätten wir uns beim Bäcker oder in einem Supermarkt getroffen, wäre dies keinem von uns eingefallen. Aber es gibt anscheinend Schuldgefühle im Sonnenstudio.

Ich nehme die Hormone jetzt seit drei Wochen. Mir geht es eindeutig besser. Diese Wirkung ist erstaunlich. Ab dem dritten Tag spürte ich für Stunden wieder Interesse am Leben. Statt mich nur um meine E-Mails zu kümmern, begann ich wieder mit kreativer Arbeit.

Besonders fiel mir das beim Aufwachen auf. Die letzte Zeit wachte ich mit einem Gefühl von »Okay, und nun?« auf. Jetzt freue ich mich wieder auf den Tag, der vor mir liegt. Ein Gefühl, an das ich mich schon gar nicht mehr erinnern konnte.

Über ein Jahr lang im Keller, und nach drei Wochen diversen Sonnenstudiobesuchen, Singen, Barfußgehen und zweiunddreißig Lutschhormonen erkenne ich mich wieder.

Ich habe heute nach zwei Jahren wieder zum ersten Mal geblutet. Mein Arzt hatte mir gesagt, dass das wahrscheinlich passieren würde. Ich hätte mir auch ein weiteres Leben ohne meine Periode vorstellen können, obwohl ich damit nie Schwierigkeiten gehabt hatte. Ich gehöre nicht zu den Frauen, die vorher großen Stimmungsschwankungen unterlagen, und Krämpfe bekam ich auch fast nie.

Als ich noch meine Periode hatte, wollte ich in den letzten Jahren keine Tampons mehr benutzen. Ich fühlte mich danach immer so ausgetrocknet. Und so fand ich Schwämmchen. Man wäscht sie unter dem laufenden Wasserhahn aus. Das ist mein Blut, das da durch meine Finger rinnt. Das war nur die ersten paar Male ungewöhnlich. Schlichtweg auch, weil sich interessante Gedankengänge auftun: Das sieht ja seltsam aus. Ist das eigentlich hygienisch? Sollte es mir jetzt davor grauen?

Menstruationsblut ging einen langen Weg: von heilig zu unheilig. Von natürlich zu unaussprechbar. Von fließen zu verstopfen. Mit den Schwämmchen hatte ich einen Weg für mich gefunden, der mir angenehm war.

Als ich mit Freundinnen darüber sprach, meinte eine ganz entsetzt: »Aber da hängt ja kein Faden zum Rausziehen dran.«

Ich lachte. Das ist wahr. Ohne Berühren geht es nicht.

Es geht auf jeden Fall in die richtige Richtung.

Ich bin dankbar für meine Entscheidung, den bioidentischen Hormonen noch mal eine Chance gegeben zu haben. Dass sie so wirken, habe ich nicht zu hoffen gewagt. Ich lächle wieder.

Mein Charme ist wieder da. Jetzt, wo ich ihn wiederhabe, erfreue ich mich an ihm. Nach einer weiteren Blutuntersuchung haben wir jetzt die Testergebnisse zurück. Mein Arzt meint, wir sollten die Hormonzufuhr drosseln.

Ich bekomme ein neues Set von Hormonen mit der Post geschickt und die entsprechenden Rechnungen: die Rechnung für den Bluttest, die Rechnung für den Arzt und die Rechnung der Apotheke für die Zusammenstellung der Hormone. Ich hatte keine Ahnung, wie oft ich Bluttests brauche. Geht das nicht auch anders? Ich bin privat versichert. Zahlt das die Kasse eigentlich?

Nach meinen sieben Tagen Pause nehme ich die neuen Hormone. Die alten werfe ich dummerweise weg. Da sie individuell für meine Bedürfnisse zusammengestellt wurden, kann sie niemand anders benutzen. Nach ein paar Wochen stelle ich fest, dass ich schlechter schlafe und Zwischenblutungen bekomme. Also doch wieder die Dosis rauf. Ich hatte zu schnell aufgeräumt. Knirschend zahle ich die neue Rechnung für die gleichen »alten« Hormone.

Lehrgeld.

Ab jetzt hebe ich erst mal alle Hormone auf. Ich lerne ja schließlich dazu. Das mit den Hormonen ist auf keinen Fall eine simple Version. Da gibt es nicht nur eine Pille, und das war es dann. Der Hormonhaushalt muss angeglichen und überprüft werden. Und ich frage mich, wie viel Zeit und Aufmerksamkeit meine Hormone – die ich all die Jahre einfach nur so hatte – noch brauchen werden. Jetzt im Moment ist es viel. Aber mein Wohlbefinden ist es mir wert.

Extraspülen

Ich habe beschlossen, dass ich mehr unter die Leute muss. Ich habe mich so zurückgezogen, dass ich mich nicht einmal erinnern kann, wann ich das letzte Mal auf einer Veranstaltung mit Presse war. Ein Teil meines Berufs ist es, sich öffentlich zu zeigen. Wenn man keine Vorträge mehr hält und auf keine Veranstaltungen mehr geht, hat man sich zurückgezogen. Es gibt einen öffentlich nicht mehr. Meine Bücher liegen mir immer noch am Herzen, denn ich hoffe, dass sie unterstützen. Wenigstens für sie sollte ich wieder unter Leute gehen.

Jetzt habe ich eine Einladung angenommen. Morgen Abend.

Die Veranstalter laden mich schon seit drei Jahren jedes Jahr ein, und ich sage jedes Mal ab.

Es ist eher ein Test als ein Vergnügen. Ich will beobachten, ob ich mich wohlfühle oder ob ich mich schon unweigerlich und ohne Wiederkehrmöglichkeit von dieser Art Veranstaltung zurückgezogen habe.

Ich bin gespannt.

~

Mit 16 Jahren

Sie wollte unbedingt eine eigene Party machen. Ihre Eltern konnten es sich nicht leisten. Das Einzige, was sie an Wert besaß, war ihr Tenorsaxophon. Sie verkaufte es für 120 Mark. Sie wollte endlich mal Gastgeber sein. Endlich mal einladen können. Es gab Apfelkorn, Bier und Limo. Ihre Mutter besorgte Wiener Würstchen und Semmeln. An ein Gefühl konnte sie sich noch besonders gut erinnern … nein, es waren eigentlich zwei: Einmal konnte sie sich nicht ganz entspannen, sich nicht wirklich an ihrer ersten Party freuen, denn sie wollte sicher sein, dass die Gäste sich wohlfühlten. Das andere Gefühl war ein Hauch von Bedeutsamkeit. Sie fühlte sich an diesem Abend zum ersten Mal ein bisschen wichtig. Ohne ihre Party hätten sich die anderen nicht so gut amüsiert – selbst wenn es nur an den vier Flaschen Apfelkorn lag.

Auf den ersten »richtigen« Partys, sie muss wohl um die zweiundzwanzig oder dreiundzwanzig Jahre alt gewesen sein, fühlte sie sich unwohl. Besorgt, ob sie dazu passte, ob ihre Kleidung nicht zu billig aussah, ihre Zusammenstellung nicht zu unsicher wirkte. Sie war »Biedermeier« – im Aussehen wie im Benehmen.

Dass sie kein Abitur hatte, empfand sie als Makel. Da gab es weder Reisen noch Fremdsprachen, die sie interessanter machten. Sie war aus dem Münchner Norden, und sie befürchtete, ihre Herkunft konnte man spüren.

Sie wusste aber eins: Sie konnte Stimmungen verändern. Für jede Party fühlte sie sich verantwortlich. Schon damals, als sie in der Katholischen Jugend – einer Organisation innerhalb jeder Gemeinde – Feste organisiert hatte, ging sie eifrig herum, um zu schauen, dass jeder versorgt war. Das wurde ihre Aufgabe: sich darum zu kümmern, dass alles lief. Spaß? Nein, das war kein Spaß, das war Arbeit. Aber eine Arbeit, die ihr gefiel und bei der sie mehr und mehr merkte, wie gut sie darin war. Sie brachte Leute zusammen, und am Ende hatte jeder Spaß – und sie, sie war zufrieden damit. Kann man mehr verlangen?

Sie wurde Fotoredakteurin, und mit vierundzwanzig machte sie sich selbstständig und wurde Pressefotografin. Damit kamen mehr Partys, auf denen sie fotografierte. Sie war charmant und bekam die Fotos, die sie brauchte, auch weil sie mittlerweile hübsch anzusehen war. Sie hatte Kontaktlinsen. Längere Haare. Weniger Babyspeck. Mehr angelernter Geschmack. Sie akzeptierte die Privatsphäre der Prominenten. Der berühmteste Klatschkolumnist jener Zeit bot ihr an, »seine« neue Fotografin zu werden. Eine irrsinnige Chance. Sie dachte einen Tag darüber nach und sagte dann ab. Jeden Tag auf Partys zu gehen, das würde sie nicht überleben.

Auf manchen Partys war sie nur Gast. Das Nichts-zu-tun-Haben war sie nicht gewohnt, und ab und zu machte sie Fotos, um die Gastgeber zu erfreuen. Und dann das Flirten ... der eigentliche Grund für viele Partys in dem Alter. Sie wollte kein Herz berühren, wenn sie es nicht wirklich wärmen konnte. Wenn sie doch gelegentlich flirtete, wusste sie nicht, wie sie mit der Reaktion des Mannes umgehen sollte. Sie war ihr zu stark. Es wurde auf mehr gedrängt, und sie fand sich in einer Verteidigungsposition wieder. Häufig flüchtend. Sie war die Jagd nicht gewohnt. Sie kannte die Regeln nicht.

Dann begann ihre Fernsehkarriere, und damit begann eine andere Art von Partys. Es waren Businesspartys. Es war ihr Job, gesehen zu werden. Mit Leuten zu sprechen, die wichtig waren. Leuten, die Sendungen und Sendeplätze zu vergeben hatten.

Mittlerweile hatte sie gelernt, sich anzuziehen. Wusste, was zu ihr passte und was nicht. Sie ließ nie zu viel blicken, denn sie wollte, dass ihr die Männer in die Augen und nicht in den Ausschnitt schauten. Sie wurde fotografiert, und sie fühlte sich beobachtet. Normale Bewegungen wurden bewusster. Umarmungen vorsichtiger, sonst wurde gleich über eine Affäre getuschelt.

Die Leichtigkeit, die eine Party brauchte, war auch jetzt nicht da. Wie gehetzt machte sie ihre Runden. Ihr Pflichtbewusstsein oder was sie dachte, was von ihr als Fernsehmoderatorin erwartet wurde, drängte sie weg von dem Natürlichen. So wurde wieder »eine weitere Runde gedreht« – wie immer charmant, was sie so gut konnte. Von außen sah das alles selbstverständlich aus: eine Moderatorin, die sich zwischen all den anderen Berühmtheiten bewegt. Geübt. Routiniert. Tausendmal gemacht. Und das war es auch. Aber Spaß, Spaß hat es ihr keinen gemacht.

Mehr und mehr fühlte sie sich wie eine Schauspielerin. Ein Mann kann sich still in eine Ecke stellen und sieht cool dabei aus – eine Frau macht das Gleiche, und sie sieht einsam aus. So tat sie nie, was sie sich eigentlich wünschte: manchmal reden, manchmal lachen, manchmal tanzen und manchmal beobachten. Denn sie wurde beobachtet – und das war ihr zu bewusst. Wenn das Unwohlsein zu groß wurde, wenn es noch nicht spät genug war, um erleichtert gehen zu können, dann verließ sie die Party manchmal für fünfzehn, manchmal dreißig Minuten, manchmal sogar für eine Stunde. Manchmal setzte sie sich im Dunkeln in ihr Auto. Manchmal zog sie sich im Garten in eine Ecke zurück. Manchmal ging sie dick vermummelt spazieren, um dann nach einer Stunde wieder auf der Party zu erscheinen. Sie war froh, wenn sie nicht vermisst worden war, denn verstecken darf man sich nicht. Das ist eine Regel, die auf Partys nicht gebrochen werden darf.

Wenn sie sich einsam fühlte, bevorzugte sie die eigene Einsamkeit. Mit sich selbst war sie immer eins. Entspannt. Angenehm. Was sie nicht mochte, war die Einsamkeit, die sie manchmal fühlte, wenn sie in einer großen Menschengruppe war oder auf einer Party, bei der sie neu war. Auf der sie sich allein irgendwie »dazustellen musste« und damit in Gespräche eindrang, in die sie nicht gebeten worden war. Was, wenn sie ein intimes Gespräch störte? So ging sie lieber und verschwand. Holte Luft für später.

Dann kam ihr Leben in Los Angeles. Eine Geschäftsparty nach der anderen. Ihr Mann sprach auf diesen Geschäftskontakttreffen kaum mit ihr, weil er nicht zum Vergnügen da war. Er suchte: den nächsten Gesprächspartner, die wichtige Geschäftsverbindung. Diese Treffen waren Jobs. Sie ging hinter ihrem Mann her wie ein Hund.

Und dann kam er. Er liebte Partys. Selten hatte sie jemanden getroffen, der mit so viel Selbstverständlichkeit und Freude diese Partys genoss. Es waren Menschen, die er schon seit vielen Jahren kannte. Mit vielen war er aufgewachsen, denn seine Familie hatte einen riesigen Freundeskreis. Sie dachte, hier würde sie die Kunst des Partygenießens lernen. Er nahm sie mit und gab sie an der Garderobe ab, um sie kurz vor dem Nachhausegehen wieder zu suchen. Das schockierte sie. Er verstand nicht, was sie meinte. Man kommt gemeinsam, erlebt getrennt, erzählt sich, was man erlebt hat, beim Nachhausegehen. Für ihn war das normal, und sie war es, die sich seltsam benahm.

Partys.

Oft hatte sie das Gefühl, dass dies ein unpassender Aufenthaltsort für sie ist. Zu selten hat sie dem die nötige Aufmerksamkeit geschenkt.

Partys.

Eine Metapher für das Miteinander. Es gibt sie, wie das Leben, in verschiedenen Varianten: Ein herzliches Zusammensein unter Freunden. Ein Ideenaustausch unter Gleichgesinnten. Ein Zurschaustellen und eine Darstellungsmöglichkeit. Eine

Bestätigung, dass man zu einer bestimmten Gruppe gehört. Eine Möglichkeit, dem Alltag zu entfliehen. Eine Gelegenheit, Kontakte (berufliche, soziale, sexuelle) zu knüpfen. Jemanden in eine Gruppe oder in einen Kreis aufzunehmen. Ein Feld für Klatsch und Tratsch. Eine Gelegenheit, jemanden zu ehren.

Welche Art von Party wählen wir?

Welche Art von Leben wählen wir?

~

Die Einladung fordert: »Be glamourös.« Es ist eine Veranstaltung einer großen Firma, deren Name ich nicht nennen möchte. Um zu sehen, was sie darunter verstehen, schaue ich mir im Internet die Bilder vom letzten Jahr an. Die Gäste waren in großer Ballrobe, als ob sie zur Oscarverleihung gingen.

Eigenartig. Wozu? Reicht ein Cocktailkleid nicht? Muss es große Abendgarderobe sein? Ich ziehe mir ein Kleid meiner Freundin an, der Designerin Nana Muellerschoen. Es ist wie eine Bluse mit Kragen geschnitten, bodenlang und dunkelrot, schimmert seidig, mit langen Ärmeln und vielen Knöpfen, die das Kleid raffiniert vorne zusammenhalten und der weiblichen Form schmeicheln. Es ist ein Abendkleid, ohne ein Abendkleid zu sein. Ich würde mir in einer großen Abendrobe komplett lächerlich vorkommen.

Es wurde mir auch ein Haar- und Make-up-Service angeboten. Die Gäste sollen gut aussehen, wenn sie schon auf dem roten Teppich gehen. Schließlich kann das der Marke nur schaden, wenn ein paar Zerzauste mit nicht fotografierfähigem Make-up rumlaufen. Ich lehne dankend ab.

Mein Liebster und ich werden von einem Fahrservice abgeholt. Fünfundzwanzig Autos sind unterwegs, um die »prominenten« Gäste abzuholen. Ich habe mich dem öffentlichen Leben schon so entzogen, dass ich immer noch überrascht bin, wenn mich überhaupt noch jemand kennt. Wir steigen aus, und vor der Tür stehen Autogrammjäger. Einer dreht sich zu mir, nennt meinen Namen und bittet um ein Foto. Ich nicke. Wahrscheinlich bin ich für seine Kollegen ein Fossil. Etwas, was man früher einmal kannte.

Innen im Vorraum gab es eine große Theke. Dort standen entzückende junge Frauen, die alle aussahen, als ob sie bei einem Modelwettbewerb gewonnen hätten, und legten uns bunte Bänder ums Handgelenk. Dann wurden wir auf den roten Teppich gezwungen – die einzige Möglichkeit, in den Raum mit der Veranstaltung zu kommen. Wir sollten uns anstellen. Bis auf zwei Schauspieler in dieser langen Warteschlange kannte ich niemanden. Wer waren all diese jungen Frauen und gut aussehenden Männer? Bin ich vielleicht doch aus Versehen in einer Castingshow gelandet? Um die Ecke begann der rote Teppich. Mindestens sechzig Fotografen drängten sich dort und fotografierten mit Forderungen: »Schau hierher! Von wem ist das Kleid?« Ich konnte die typischen Gesichtsausdrücke und die entsprechenden Foto-Körperhaltungen sehen. Jeder lächelte. Manche strahlend. Manche sexy. Manche etwas verschreckt. Alles vor der großen Werbefläche des Veranstalters. Jedes Foto, das in einer Zeitung gedruckt wird, macht mit dem prominenten Gesicht auch Werbung für das Produkt und die Firma.

Mein Liebster wirft einen Blick auf das Spektakel und meint: »Kann ich dich da allein durchgehen lassen? Ich würde lieber außen herumgehen.«

Er hatte den Ordner an der Seite entdeckt, der einen schmalen Gang bewachte, durch den man unentdeckt und ohne roten Teppich in den Saal kam.

Ich bin wie in Trance. Was mache ich hier eigentlich? Schon den ganzen Tag war mir komisch.

Ich fühle mich schuldig, eine Einladung angenommen zu haben und dann den roten Teppich zu meiden. Natürlich wird das erwartet. Aber bin ich auch dazu verpflichtet? Moralisch, innerlich verpflichtet? Das brave Mädchen in mir rührt sich wieder. Und auch eine Angst kommt hoch. Ich bin keine A-Prominenz. Ich habe auf diesem roten Teppich nichts verloren. Früher, als ich eine junge Fernsehmoderatorin war und mich niemand kannte, machte ein Fotograf auf einer Veranstaltung ein Foto, weil er mich erkannte. Dann kamen der nächste und der nächste und lichteten mich ab, und sie kamen anschließend zu mir und fragten, wer ich bin. Und dann habe ich gelächelt und meinen Namen gesagt und dass ich Fernsehmoderatorin bin. Immer peinlich berührt, als wenn ich mich irgendwohin eingeschlichen hätte, wo ich nicht dazugehöre. Später, als ich bekannter wurde, fragte keiner mehr nach, und ich war gelassener beim Fotografieren.

Wenn ich einen Vortrag halte, dann wissen die Leute, wer ich bin. Wenn ich dort fotografiert werde, dann muss ich meinen Namen nicht dazusagen. Sechzehn Jahre USA, »nur« Autorin und nicht mehr Fernsehmoderatorin von zwar erfolgreichen spirituellen Büchern, aber nichtsdestotrotz in einem Nischenmarkt (außer man ist der Papst, der Dalai-Lama oder Anselm Grün), haben mich in den Hintergrund der populären Presse gedrängt. Die jungen Fotografen kenne ich nicht. Die alten Hasen grüßen mich noch lächelnd.

Die Vorstellung, auf dem roten Teppich zu stehen und fragend angestarrt zu werden, gehört nicht zu meinen Lieblingsbeschäftigungen. Zu warten, dass man über den roten Teppich darf, auch nicht.

Mein Liebster nimmt mich in den Arm, küsst mich und meint: »Wir sehen uns drinnen.« Ich schaue ihm nach, und kurz bevor er um die Ecke verschwindet, renne ich hinter ihm her. Fast befürchte ich, dass sich eine Hand auf meine Schulter legt und jemand mit tiefer Stimme zu mir sagt: »Aber Frau Fox, hier geht's lang«, um mich dann energisch wieder auf den roten Teppich zu schieben.

Drinnen ist es überschaubar. Ein paar hundert Quadratmeter. Abgehängte Wände (Firmenlogo natürlich), runde Stehtische, eine Bühne, auf der später mit großer Geste und mit der Länge eines RTL-Werbeblocks ein Scheck von 45 000 Euro an eine Stiftung überreicht wird. Ich möchte nicht wissen, was die Party gekostet hat. Die Gäste, die schon da sind, schauen sich um, als würden sie einen Eingang suchen, der den Weg in die richtige Veranstaltung öffnet. Sie scheinen genauso überrascht wie ich. *Das* ist die Veranstaltung? Ich fasse es nicht. Was hat sich denn da in den letzten Jahren getan? Geht es jetzt nur noch darum, dass man gesehen und fotografiert wird? Wurde der rote Teppich zur Veranstaltung und ich habe es nicht gemerkt?

Früher, vor zwanzig Jahren, als ich noch häufiger auf Events dieser Art war, kannte ich gut die Hälfte der Anwesenden. Hier hatte ich das Gefühl, als ob ich in einer Fashion-Pre-Show gelandet wäre. Eindeutig Frauenüberschuss, groß gewachsen, mit perfektem Make-up, Haaren und großer, großer Robe. Es gibt Stehtische, und auf kleinen Tellern werden Köstlichkeiten gereicht. Ein paar Stars sind auch da – eingeflogen und bezahlt – und leise Lounge-Musik im Hintergrund. Es wird nicht einmal getanzt. Wozu, bitte, hat man sich denn so schick gemacht? Um an Stehtischen herumzulungern?

An dem Tisch vor mir steht eine sehr schlanke Dame mit einem tiefen Rückendekolleté. Tiefgebräunt. Eindeutig mehr als fünf Minuten im Sonnenstudio. Als Bildhauerin bin ich begeistert: Jede Sehne, jeder Knochen, jeder Muskel eindeutig zu erkennen. Als Frau finde ich es schade. Sie dreht mir ihr Profil zu, und ich kann ihr ausnehmend apartes Gesicht betrachten. Sie ist wohl in meinem Alter, und in einem anderen Kleid hätte sie umwerfend ausgesehen. Neben ihr steht ebenfalls mit Rückendekolleté eine junge Frau. Meine Augen wandern von einem Rücken zum andern. Ich frage mich, warum wir uns für bestimmte Kleider entscheiden. Nun gut, das ist ein Rückendekolleté. Vielleicht hat die braun gebrannte Dame ihren Rücken ja schon lange nicht mehr betrachtet. Vielleicht wäre sie selbst überrascht.

Was ist es, was mich hierbei stört? Finde ich einen älteren Rücken nicht mehr schön? Bin ich auch dem Jugendwahn verfallen und habe es einfach noch nicht gemerkt? Erwarte ich von uns, dass wir uns altersgemäß kleiden? Früher bedeutete das einen praktischen Kurzhaarschnitt, dezente Farben, Schuhe mit flachen Absätzen. Wir sind die Generation, die mit Miniröcken und Jeans aufgewachsen ist. Sollen wir alles aufgeben, weil das zu jugendlich wirkt? Meine Jeans sind mein hauptsächliches Kleidungsutensil. Das wäre wirklich schwierig. Die sehr kurzen Miniröcke habe ich allerdings vor einer Weile aussortiert.

Ich war immer stolz auf meine Beine. Selbst in Zeiten, wo alles an meinem Körper mir missfiel – auf meine Beine konnte ich mich verlassen. Doch über die Jahre sind sie anders geworden. Ich sehe so aus, als hätte ich Sommersprossen bekommen. Sie sind nicht mehr wie glatt gebügelt. Da gibt es hier und da hervorstehende Adern und eine unterschiedliche Farbskala. Und natürlich den interessanten Faltenwurf beim *Nach unten schauenden Hund*. Vor Jahren habe ich ein Spray entdeckt, mit dem man sich diesen makellosen Teint aufsprühen kann. Da war ich Anfang vierzig. Ideal, endlich ein Produkt wie für mich gemacht. Aber nach der ersten Sauerei in der Dusche – das Hellbraun nicht nur gleichmäßig auf meinen Beinen, sondern auch auf den Fliesen verteilt – benutzte ich es nie mehr. Es war mir den Aufwand nicht wert.

Die junge Frau vor mir dreht sich zu mir um. Ich lächle sie an, und sie lächelt scheu zurück. »Das steht Ihnen gut, Ihr Kleid. Sie sehen wunderschön aus.« Sie wird rot, bedankt sich und meint: »Sie auch.« Den gedachten Nachsatz »für Ihr Alter« hören nur wir beide. Ich bin froh, nicht mehr so jung zu sein. Es gibt keine Zelle in mir, die in ihrem Körper stecken möchte.

Die braun gebrannte Dame geht weg, und wir alle sehen ihrem Rücken nach. An ihren Tisch kommt eine etwa sechzigjährige Dame mit einem ärmellosen hochgeschlossenen Kleid. Es ist knallgrün, sehr witzig geschnitten, und sie sieht sensationell darin aus. Die junge Frau mit dem schönen Rückendekolleté und sie kennen sich anscheinend gut. Vielleicht ist es ja ihre Mutter.

Ich muss an eine Bekannte denken, die sich weigert, kurzärmelige oder ärmellose Sachen zu tragen, weil ihre Oberarme nicht mehr so knackig sind. Einmal hielt ich einen Vortrag (das Licht kam von oben), und als ich die Bühne betrat, sahen mich zwei meiner Freundinnen entsetzt an. Ich sah an mir herunter, ob ich vielleicht Toilettenpapier nachschleife oder irgendetwas unanständig offen war. Da ich nichts entdecken konnte, befürchtete ich, vielleicht irgendetwas zwischen den Zähnen zu haben. Die ganze Lesung über war ich leicht verunsichert, weil der entsetzte Gesichtsausdruck meiner Freundinnen sich nicht wesentlich veränderte. Am Ende erzählten sie mir, dass ich doch bitte in Zukunft keine ärmellosen Blusen mehr tragen sollte, denn meine Oberarme … nun ja … mit dem Licht … nun ja …

das sähe nicht mehr so toll aus. Ich lachte und meinte, dass sie halt mal so aussehen.

Darüber haben sie sich Gedanken gemacht, und ich ließ mich davon irritieren. Ich liebe ärmellose Outfits – und habe trotzdem mein Oberarmtraining nicht entscheidend verbessert.

Warum also fallen mir manche Outfits als unpassend auf und manche nicht? Ich glaube, es liegt daran, ob jemand versucht, sexy zu sein. Zu kurz, zu tief, zu bemüht – das ist es, was mich irritiert. Es ist die Verzweiflung, die da mitschwingt. Dieses Schau-mich-an-ich-bin-noch-attraktiv-Flehen. Ich finde ältere Frauen interessant und großartig, und ich möchte nicht, dass sie sich mit diesem Jüngermachen gleichzeitig kleiner machen. Sie verlieren damit ihren Stolz, ihre Eleganz, ihre Unverwechselbarkeit – und begeben sich in eine Arena des Vergleichs, der wir hoffentlich entwachsen sind. Oft möchte ich sie in den Arm nehmen, um ihnen eine Stola um den tiefen Ausschnitt zu legen und mit ihnen etwas Passenderes einkaufen zu gehen.

Ich war immer schon etwas direkter in dieser Richtung. Wenn Freundinnen etwas trugen und sie fragten mich nach meiner Meinung, dann sagte ich es ihnen. Ich erwarte von ihnen, dass sie es mir umgekehrt auch sagen. Ich hatte nichts dagegen, dass mir meine Freundinnen rieten, keine ärmellosen Blusen mehr zu tragen. Ich war nur nicht ihrer Meinung. Vielleicht sieht das die braun gebrannte Frau mit dem Rückendekolleté genauso? Sie will weiterhin tragen, was ihr gefällt.

Ich betrachte mich und ältere Körper mit einer gewissen liebevollen Nachsicht. Ja, wir werden älter, und das ist auch richtig so. Aber ich will trotzdem noch, dass wir auch im Alter schön aussehen. Dass wir schön für uns aussehen, und das erfordert eine gewisse Pflege und das Wissen, dass wir eine Wahl haben, was wir anziehen und was nicht.

Das mit der Pflege ist so eine Sache. Wollen wir nicht geliebt werden für das, was wir sind? Müssen wir uns da immer herrichten und schön machen? Kann man da nicht auch mal schlampiger sein? Ist das nicht gerade das Schöne am Alter, dass man sich nicht mehr so anstrengen muss? Wünschen wir uns nicht alle, dass man uns auch dann noch liebt, wenn wir eben alt und gebrechlich sind?

Ja, bestimmt, aber müssen wir alt und gebrechlich mit fettigen Haaren werden? Müssen wir alt und gebrechlich mit schlampiger Kleidung sein? Müssen wir alt und gebrechlich ungepflegte Zähne haben? Sich um sich selbst zu kümmern ist immer auch ein Arbeitsaufwand. Aber so, wie wir uns in einer sauberen und aufgeräumten Wohnung besser fühlen als in einer verschlampten – so tun wir das auch in unserem Körper. Wir nehmen uns wichtig. Das ist nicht nur selbstverliebte Oberflächlichkeit, das ist auch ein Zeichen für Achtsamkeit.

Als ich anfing, mich mehr mit Mode zu beschäftigen, hatte ich eine Freundin, die darin großartig war. Alles, was sie trug, hatte Stil. Alles passte perfekt zu ihr. Selbst ich mit meinem untrainierten Blick konnte das sofort erkennen. Um es zu lernen, machte ich es nach. Ich kopierte ihren Stil – und merkte dann, dass ich ihn ändern muss. Ihr Stil war perfekt für sie, an mir sah das häufig anders aus, und so entwickelte ich meinen eigenen. Bin ich stilsicher? Bin ich immer glücklich mit dem, was ich anziehe? Nein. Manchmal wünsche ich mir eine Art Uniform, damit ich mir über das Anziehen keine Gedanken mehr machen muss; und doch spielen wir mit unserem Äußeren. Wir zeigen uns der Welt. Ob Rocker, Bankerin, Punkerin, Hippie, Spießer, wir machen mit unserem Outfit ein Statement. Wir, als Seele, hier in diesem Körper, zeigen uns, wie wir gesehen und betrachtet werden möchten. Vielleicht möchte man schlampig angezogen einfach nur zeigen, dass man auf Äußerlichkeiten keinen Wert legt. Ich verstehe dieses Gefühl. Ich habe es auch gerade. Ich fühle mich nicht besonders gut, und das kann man an der mangelnden Sorgfalt sehen, mit der ich mich tagtäglich anziehe. Ach, die Schlabberhose reicht doch auch. Ich bin doch nur im Homeoffice. Es ist ein Aufwand, sich herzurichten – ein Aufwand, der mir schon seit Monaten zu viel wird.

Ich erinnere mich an meine Jugend, in der ich übergewichtig war. Wie oft war ich verzweifelt, weil mir etwas nicht mehr passte oder etwas an mir nicht gut aussah. Beim Shopping saß ich nicht selten frustriert in der Kabine, den Tränen nahe, weil alles, aber auch alles zu klein war. Meine häufige Reaktion danach? Ich ging nach Hause und aß eine Packung Chips. Jetzt war es sowieso schon egal.

Später habe ich mich bewusst verändert, weil ich bei anderen sah, dass es geht. Es ist ein Aufwand. Faulheit hilft da nicht. Ich wollte mich verändern und verschönern. Weil es auch mich freut, andere strahlende, individuell schöne Frauen zu sehen.

Alle Frauen haben die Möglichkeit, sich schön zu zeigen. In ihrem eigenen Glanz. Ich sehe so oft Frauen, die ich verschönern möchte. Wenn sie nur ein anderes Kleid, eine andere Frisur, einen anderen Gang hätten. Schau mal, die tollen Augen, die müsste man betonen und nicht hinter dieser unvorteilhaften Brille verstecken. Lange Jahre habe ich deswegen mit mir gehadert. Kann ich denn nicht die innere Schönheit sehen? Muss es immer auch die äußere sein?

Eine Meditation beruhigte mich: »Du siehst das Potenzial in Menschen, du siehst eben nicht nur das innere Potenzial, sondern auch das äußere. Schönheit ist nicht, einem gängigen Schönheitsideal nachzuhecheln. Schönheit ist Harmonie, das ist es, was du nicht nur in dir, sondern auch in anderen suchst.«

Immer noch auf dieser Party, beobachte ich amüsiert, wie zwei junge Männer sich langsam den beiden jungen Frauen nähern. Die Dame in Grün ist an einen anderen Tisch weitergezogen. Die Männer tun so, als wären sie nur zufällig in die Richtung der jungen Frauen gespült worden. Kurz danach ergibt sich ein Gespräch zwischen den vieren. Ich erkenne den Blick wieder, mit dem die beiden jungen Frauen die beiden abschätzen. Die Männer werden eingeordnet. Offensichtlich zum Wohlwollen. Der Anzug sitzt. Die Brillen teuer und der Haarschnitt akkurat. Gute Zähne und Charme. Hirsche in ihren Revieren. Die Körpersprache der Rehe ändert sich. Die Köpfe leicht geneigt, die Fußspitzen mit den unglaublich hohen Heels in die Richtung der Männer deutend. Und schon lachen sie herzlich über den ersten Witz.

Sagte ich schon, wie froh ich bin, nicht mehr so jung zu sein?

Mein Liebster und ich schauen uns an. Er hat sich nach einem Jahr Kurzhaarschnitt wieder seine langen Haare wachsen lassen. Er sieht aus, als hätte er noch nie einen Friseurladen von innen gesehen. Und das stimmt auch. Die langen wilden Haare sind für ihn das äußere Zeichen seiner Freiheit. Als Kind wurde er gezwungen, sich die Haare schneiden zu lassen. Der Wunsch nach ungezähmten Haaren liegt tief in seinem Herzen …

… und auf meinem Schönheitsempfinden. Ein Thema, das gelegentlich hochkommt. Vielleicht ist es einfach nur Neid, weil meine Haare immer Unterstützung brauchen. Ich streichle ihm übers Haar. Jeder hat so seine Wahl. Er lächelt. Wir beide nicken uns zu und gehen. Das war unsere Wahl.

Der Zorn steht schon wieder an der Haustür. Dieses Mal lasse ich ihn rein. Schon wieder einen Artikel gelesen, in dem steht, wie schwierig es Frauen fällt, im Alter einen Mann zu finden. Einen Mann, der nicht nach einer jüngeren Frau sucht. Das glaube ich einfach nicht.

Natürlich muss man sich um sein Leben kümmern. Frühzeitig kümmern. Seine Familie. Seine Freunde. Und auch noch, wenn wir älter werden, offen für neue Menschen sein. Aber warum glauben wir eigentlich überhaupt, dass ältere Frauen immer mit einem Mann zusammenleben wollen?

Viele Frauen aus der Generation meiner Mutter sind froh, dass sie mit keinem Mann mehr zusammenleben, denn das war häufig ein Betreuungsjob. Damals konnten viele Männer weder kochen noch bügeln, und sie hatten keine Ahnung, wie man sich selbst versorgt. Die Frauen in der Generation meiner Mutter genossen oft ihre Freiheit. Endlich niemanden, den sie dauernd betütern müssen. Als mein Vater starb, fühlte sich meine Mutter befreit.

Warum gibt es so wenige Männer, die sich darüber öffentlich beschweren, dass sie keine Frau haben? Das Internet ist voll von Männern, die Partnerinnen suchen. In der Generation meiner Mütter gab es wirklich zu wenig heiratsfähige Männer, da sie im Krieg gefallen waren. Und es gab auch wenige Scheidungen. Also, der »Markt« an verfügbaren Männern war äußerst überschaubar. Heute ist das nicht mehr so.

Auch hier geht es nicht nur um unsere Gedankengänge als Individuum, sondern auch um unsere kollektiven. Jedes Mal, wenn so eine Aussage kommt und wir ihr automatisch zustimmen, verstärken wir diesen Gedankengang. In diesem Artikel zum Beispiel wurde die Frau am Ende gefragt, ob sie denn selbst persönliche Erfahrungen damit hat. Hat sie denn selbst erlebt, dass ein Mann sie wegen einer Jüngeren verlassen hat. Sie verneinte.

Sie verneinte!

Eine ganze Seite in einer großen Tageszeitung und dann unten rechts ein winziger Satz (mit einem herzlichen Dank an den Journalisten für die Frage), der alles »infrage« stellt.

Manchmal befürchte ich, es ist eine alte Gewohnheit, dass sich Frauen darüber beschweren. So wie die Gewohnheit, dass die Sommer früher sehr viel länger waren und der Schnee sehr viel höher.

Vielleicht können wir das mal loslassen.

Das Thema ist doch ziemlich durchgekaut, oder nicht?

Ich muss meinen Verstand beschäftigen. Er macht mich wahnsinnig. Seitdem es kein Ziel gibt, dreht er durch. Ich beobachte das mit Sorge. Es reicht, wenn einer von uns durchdreht. Ich bin auf dem Weg zu einem Abendessen und gehe auf der Straße und reime.

Hier, Verstand, hab was zu tun.

Der Mann, der mit dem Fahrrad kommt,
hat sich schon lang nicht mehr gesonnt,
er ist blass, das kann ich sehen,
und er wird bald weitergehen.
Ich frage mich, was kauft er bloß?
Vielleicht sucht er nach einem besonderen Los,
um sich sein Traumauto zu kaufen.
Dann müsst er nicht mehr so oft laufen.

Jetzt kann mein Verstand nicht über mein Wohlbefinden oder Nichtwohlbefinden nachdenken. Er hat sich wie ein Hund an einem Knochen festgebissen. Ich gebe ihm jetzt einen anderen Knochen.

Reime, du Hund, reime!

Ich habe Hunger, das weiß ich schon,
vielleicht esse ich Nudeln auf dem Balkon,
mit Sahnesoße oder mit Trauben,
ein paar Tomaten sollte ich rauben.
Dann mache ich mir einen Drink dazu.
Und …
Und …

Denk an den Reim. Denk an den Reim … Komm schon … dir fällt gleich was ein …

Das reimt sich wenigstens.

Dann mache ich mir einen Drink dazu
Und rufe laut aus dem Fenster: Juhu!

Ich rede leise vor mich hin auf dem Gehweg, und die Leute, die mir entgegenkommen, suchen ein Handy oder einen Ohrstöpsel. Aber es gibt keinen. Vielleicht sollte ich mir ein Telefon ans Ohr halten? Dann fällt es nicht so auf, dass ich hier öffentlich verrückt werde.

Der Jogger hätte mich fast umgerannt.
Vielleicht ist er blind, vielleicht hat es gebrannt.
Vielleicht denkt er ja: Ich will mich bewegen.
Das soll ja gesund sein, so ein bisschen regen.

Die Mütze hat er auf und an den Händen Handschuhe.
Halt die Klappe, denkt er sich, gib doch endlich Ruhe.

Ich lächle. Verstand überlistet. Ha! Das wäre doch gelacht, wenn wir das nicht irgendwie hinkriegen würden.

Gleich bin ich da, und dann wird es wärmer.
Und nach dem Essen bin ich auch ärmer.
Das Restaurant ist gut, und die Speisen sind teuer.
Vielleicht suche ich ein anderes, eines, das ist neuer.
Doch hier gefällt es mir, der Service ist klasse.
Hoch die Gläser und hoch die Tasse.

～

»Hallo, Sabrina, wie geht es Ihnen?«

»Wie geht es *Ihnen*?«

Ich lasse mir meinen Mantel abnehmen und frage den Besitzer des Restaurants, warum er hinkt. Er hat sich wehgetan, erzählt er mir, irgendeinen Nerv eingeklemmt. Ob ich ihn massieren soll, biete ich augenzwinkernd an. Er grinst. »Jetzt nicht, ich muss noch arbeiten«, und er lacht. Unser beider Charme hat sich getroffen. Er ist Mitte sechzig und ein Italiener, der mit Leichtigkeit flirtet. Er flirtet, wie er atmet. So flirte ich auch. Es ist eigentlich kein Flirten – es ist mehr ein Schäkern. Kennen Sie das Wort überhaupt? Es entsteht dabei ein herrlich leichtes Gefühl, in dem beide zwar wissen, dass sie Mann und Frau sind, aber sie nichts weiter voneinander wollen.

»Wie geht es Ihnen?«, fragt er mich.

»Wie geht es *Ihnen*?«, fragte ich zurück, und sofort ändert sich das Thema. Das habe ich mir vor Jahren angewöhnt. Ablenken. Von mir auf den anderen. Es funktioniert zu neunundneunzig Prozent. Das Thema ist dann der andere, und ich kann zuhören, mitfühlen, mitdenken. Ratschläge geben.

O Gott, ich bin so gut im Ratschlägegeben. Ich kann mich selber nicht mehr hören.

Auch das ist jahrelanges Training.

Mist.

Spülstopp

Mein Liebster und ich sprechen über das Haus auf dem Land. Es gibt Neuigkeiten. Seine zwanzigjährige Tochter und er wollen zusammenwohnen. Deshalb geht es nun doch nicht mit dem Haus auf dem Land, das weit, weit draußen ist. Denn weit, weit draußen ist für seine Tochter zu weit. Sie braucht einen Zug oder eine S-Bahn, um zu ihrer Ausbildungsstelle und später zur Uni nach München zu kommen. Ich bin froh darüber, denn ich war auch nicht besonders begeistert, zwei Stunden mit dem Auto fahren zu müssen, um ihn in der Einsamkeit zu besuchen.

Es ist interessant, wie lange es manchmal dauert, bis es wirklich klar ist, was man will. Nach gefühlten zwanzig Häusern auf dem Land, weit weg von allem, suchen wir jetzt etwas mit einer Zugverbindung. Ich bin dankbar und erfreue mich daran, dass unser Seelenweg dafür gesorgt hat, dass wir vorher nichts gefunden haben.

Als wir uns auf die neuerliche und etwas veränderte Suche nach dem Haus begaben, war es erstaunlich, was für Reaktionen kamen. Oft wurde von unserer Trennung ausgegangen. Für viele sind getrennte Schlafzimmer schon schwer hinnehmbar und nur dann vertretbar, wenn einer wirklich ungehörig schnarcht. Aber getrennte Wohnräume? Das alte Bild – wie »man« zu leben hat – ist noch sehr präsent. Ich habe mir vor Jahren abgewöhnt, stur an Glaubenssätzen festzuhalten. Ich habe zwar eine »Vorstellung«, eine »Idee«, wie etwas sein könnte, aber dann lasse ich alles andere zu. Das Ergebnis allerdings ist für mich ein hohes Ziel: Es muss meiner Entwicklung nützen. Ich muss mich letztendlich mit diesem Zustand wohlfühlen. Er muss zu mir und meinem Leben passen.

Das erinnert mich auch an eine Geburt. Die können wir »natürlich« durchleben, müssen es aber nicht. Wir können unsere Kinder in der Badewanne gebären oder uns Schmerzmittel erlauben. Wir können uns in ein Krankenhaus legen oder in unseren Privaträumen unser Kind zur Welt bringen. Wir können das Erlebnis mit dem Vater des Kindes teilen – wenn er es denn möchte –, müssen es aber nicht. Manche Frauen wählen einen Kaiserschnitt aus Gründen, die für sie wichtig sind. Auch danach gibt es Wahlmöglichkeiten: Stille ich oder nicht? Schläft das Kind bei mir im Bett oder nicht? Nehme ich es überallhin mit oder nicht? Und die größte von allen: Will ich überhaupt ein Kind?

Ich habe viele Freundinnen, die kinderlos sind. Bei manchen gab es einen Zeitpunkt beim Älterwerden, wo sie das bedauert haben. Zu wissen, dass es jetzt einfach nicht mehr gehen wird, dass man jetzt nicht mal mehr die Wahl hat, war in der Unverrückbarkeit erschreckend. Alle sind beruflich erfüllt und erfolgreich. Manche haben Firmen aufgebaut und großgezogen. Nicht alle haderten mit ihrer Entscheidung der Kinderlosigkeit. Einige sind auch jetzt noch ganz einig damit. Alle sind großartige Tanten und haben Neffen und Nichten, Kindern von Freunden, um die sie sich kümmern, mit ihnen auch verreisen, deren Schul- und Universitätsabschlüsse sie feiern, und so haben sie ihr Bedürfnis nach Kinderkontakt auch gestillt.

Es ist gar nicht so einfach, jedem von uns seine Wahlmöglichkeiten zuzugestehen. Manchmal hängen wir fest an der Idee, dass es nur »eine« richtige Möglichkeit gibt. Gerade im Spiritu-

ellen ist das nicht selten verbreitet: die »richtige« Art zu meditieren, die »richtige« Art zu essen, die »richtige« Art zu leben.
Und doch ist jedem von uns erlaubt, die Wahl zu treffen, die für
ihn zu diesem Zeitpunkt richtig ist. Es gibt auch Wahlmöglichkeiten, die wir uns manchmal nicht gönnen, weil wir glauben,
dass es vielleicht den anderen nicht gefällt, oder wir die Bedürfnisse unserer Mitmenschen höher ansetzen als unsere eigenen.
Ein Thema, das in meinem Leben immer wieder vorkommt.

Diese großen Lebensthemen, die jeder von uns hat, mit denen
wir hier in dieses Leben gekommen sind, um sie zu verstehen
und zu heilen, diese Lebensthemen zeigen sich in den Wechseljahren wie ein Stau auf der Autobahn: Hier kommst du nicht
vorbei, außer der Grund des Staus löst sich auf. Egal, wie wir
vorher damit umgegangen sind – ob wir sie ignoriert oder bearbeitet haben –, in dieser Phase wollen sie noch mal gesehen
werden. Ich mache mir Notizen über meine. Was sind immer
noch Herausforderungen von mir?

1. *Darauf zu achten, was ich brauche.*
Ich weiß nicht, wie viele Generationen von meinen weiblichen Vorfahren damit zu tun hatten – es müssen eine Menge
gewesen sein! –, und ich bin mir nicht sicher, dass es bei mir
aufhört, aber ich werde mein Möglichstes tun.

2. *Beim »Geben« nicht zu übertreiben.*
Ich bin gern großzügig, und doch gebe ich zu oft über mein
Wohlbefinden hinaus.

3. *Meinen Platz einzunehmen.*
Ich ziehe mich häufig zurück, um anderen mehr Platz zu
lassen. Ich bin sorgfältig darauf bedacht, nicht zu sehr im

Mittelpunkt zu stehen, nicht zu viel an Aufmerksamkeit auf mich zu ziehen. Da muss es ein Mittelmaß gehen. Wie beim Improv-Singen.

4. *Mich nicht zu sehr meinen Liebsten anzupassen und auf meiner Straße zu bleiben.*
In jeder Liebesbeziehung sieht man etwas am anderen, was man bewundert, was man schätzt. Mein Liebster lebt sehr im Moment. Das bewundere ich an ihm. Und so versuchte ich das auch und merkte, wie ich das Planen liebe und auch brauche – denn sonst bekomme ich meine Projekte nicht fertig.

5. *Mir zu erlauben, so zu leben, wie ich will.*
Ich möchte in meiner jetzigen Lebensphase wieder meine eigene Wohnung, meinen eigenen Raum. Ich liebe die Stille um mich herum, und da ich mich zu oft und zu gerne um andere kümmere (siehe Punkt 4), ist es auch noch ein zusätzlicher Selbstschutz.

Es wurde mir klar, warum ich mich in der letzten Zeit so oft verletzte. Ich dachte, mein Körper will mehr Ruhe und Stille von mir. Aber ich hatte ihm schon so viel Stille gegeben, dass dies der Grund nicht sein konnte. Ich war, das sah ich jetzt ganz klar, irritiert von dem, was ich in meinem Leben erschaffen hatte. Diese Irritation ließ mein Energiefeld unregelmäßig und unbeständig werden – das waren nicht nur die fehlenden Hormone. Ein irritiertes, ein nicht aufmerksames, ein nicht harmonisches Energiefeld ist wie ein Magnet. Es zieht Irritationen an. Deshalb meine Verletzungen. Die Entscheidung, dass mein Liebster und ich uns das suchen, was wir jetzt zurzeit brauchen – er sein Haus auf dem Land, ich meine Wohnung in der Stadt –, entspannte mein Energiefeld wieder, denn jetzt spürte ich, dass ich mein Leben wieder so ordnete, damit ich mich darin wieder wohlfühle. Diese Entscheidung und diese Klarheit, die daraus entstand, schubste mein Leben wieder an. Ich hatte meine Lebensumstände überprüft und neu geordnet. Es war nicht »mehr« Rückzug, der von mir gefordert wurde, sondern eine massive Richtungsänderung: Zurück auf meinen Weg.

Es gibt viel zu tun.

Endlich!

~

Meine Mutter hat einen Rollator. »Rollwagerl«, sagt sie dazu. Ein bisschen mit bayerischem Einschlag, obwohl sonst nichts an meiner Mutter bajuwarisch ist.

Ich habe sie gefragt, ob sie mit mir zur Handwerksmesse fahren will. Ich versuche, mit ihr Ausflüge zu machen, die nicht nur aufs Essengehen und Theaterbesuche beschränkt sind. Meine Mutter mag es, einzukaufen, und sie war schon Schnäppchenjägerin, bevor es das Wort überhaupt gab. Nichts liebt sie so, wie etwas billiger zu bekommen. Stimmt nicht, sie liebt es noch mehr, wenn sie etwas kauft und noch ein Geschenk dazubekommt. »Das gibt es fünfzig Prozent billiger, und zusätzlich bekommen Sie von uns noch diese großartige Tragetasche/diesen Füllfederhalter/diesen Kalender/diese Schmuckschatulle/diese Nachtcreme dazu.«

Jetzt, mit sechsundachzig kann sie nicht mehr so lange ohne ihr Rollwagerl gehen. Ich miete für sie einen Rollstuhl auf dem Messegelände. Wir fahren durch die Handwerksmesse und schauen uns Sachen an. Wir essen. Wir fahren weiter. Nach einer Weile wird sie unruhig, und ich frage sie, was sie braucht.

»Ich muss aufstehen und gehen. Meine Beine tun mir weh.«

Ich halte den Rollstuhl an, und meine Mutter steht auf. Sie macht das wie immer langsam. Sie hat Schmerzen nach zu langem Sitzen. Ein Hüftproblem, das sie nicht mehr operieren lassen möchte. Vor fünf Jahren hatte sie nach einer missglückten Darmzystenentfernung mehr oder weniger ununterbrochen sechzehn Monate im Krankenhaus oder in der Reha verbracht. Künstlicher Darmausgang rein, künstlicher Darmausgang wieder raus. Jede Nacht wurde sie künstlich ernährt, denn ihr Körper konnte auf natürlichem Wege nichts mehr aufnehmen. Meine Mutter, die es liebt, zu kochen und zu essen, konnte beides nicht mehr. Ihre Lebenslust wankte, und ich an ihrer Stelle wäre wahrscheinlich nicht am Leben geblieben. Vor ihrer letzten Operation, bei der uns der Arzt von einer Überlebenschance von zwanzig Prozent erzählt hatte, saß ich bei ihr am Bett im Krankenhaus und spürte ihre Angst.

»Mama, weißt du, ich glaube nicht, dass jemand einfach so aus Versehen stirbt. Deine Seele weiß, ob du hier fertig bist. Was meinst du? Bist du fertig?«

»Ich weiß es nicht.« Mama schaute verzweifelt.

»Sollen wir mal nachschauen?«

»Ja.«

Ich bat sie, die Augen zu schließen, und machte ein paar Atemübungen mit ihr. Dann sprachen wir ein gemeinsames Gebet. Nach dem Gebet bat ich sie, tief in sich selbst hineinzugehen, so als ob sie ein See wäre, und wenn sie am Grund angekommen sei, dann soll sie nicken.

Nach einer Weile nickte sie.

»Und jetzt, Mama, frage dich selber: ›Bin ich fertig mit diesem Leben?‹«

Es war still für eine Weile. Ich hörte das Ticken der Uhr. Draußen auf dem Gang ging jemand auf und ab. Ein paar Vögel zwitscherten im Krankenhausgarten.

Mutter machte die Augen auf und sagte energisch: »Nein. Ich bin noch nicht fertig. Ich möchte noch ein paar Jahre bleiben.«

Sie lächelte und war sich ganz sicher.

Die Operation verlief wunderbar. Mama kam zwei Wochen später nach Hause und konnte sogar wieder in ihrer Wohnung leben – ein Wunsch, der wieder erfüllbar war.

Sie ist jetzt – fünf Jahre nach dieser unglaublichen Tortur – wieder in guter Verfassung und hat nichts von dem Gefühl verloren, noch ein paar Jahre leben zu wollen. Ich beobachte ihr schmerzverzogenes Gesicht, wie sie sich an dem Rollstuhl festhält und ihr Bein ausstreckt. Es dauert immer eine Weile, bis sie nach dem Aufstehen wieder schmerzfrei ist. Schmerzmittel nimmt sie keine. Sie hat Angst, dass sie abhängig wird. Wir versuchen, ihr das auszureden – aber es hilft nichts.

Ein Lebensthema von ihr ist: »Schmerz muss ausgehalten werden.«

Das kenne ich auch.

»Nichts anmerken lassen« ist ihr zweites. Das hatte ich auch übernommen und früher oft damit gerungen. Jetzt kommt dieses Lebensthema kaum noch hoch. Aber es kommt. Wie alle Lebensthemen. Die hören nicht auf – man kann sie nur annehmen, abschwächen, aufmerksamer damit umgehen.

Da wir ihren Gehwagen nicht dabeihaben, muss sie sich am Rollstuhl festhalten, und da muss sich jemand reinsetzen, damit er nicht umkippt. Und dieser Jemand bin ich. Damit es meiner sechsundachtzigjährigen Mutter besser geht, muss sie mich im Rollstuhl durch die Handwerksmesse schieben. Mir geht es nicht besonders gut damit.

Die engen Gassen mit den vielen Menschen öffnen sich vor uns wie das Rote Meer vor Moses. Ich sitze im Rollstuhl, und am liebsten hätte ich ein Schild vor mir, das die Situation erklärt.

Ich sitze halb schräg, damit man sieht: Ich brauche ihn nicht. Auch ein Lebensthema von Mama und mir: »Was werden die Leute von uns denken?« Ich versuche, irgendwie lässig darin auszusehen, und merke, wie lächerlich ich bin. Offensichtlich ist es mir immer noch wichtig, was die Leute von mir denken.

Ich drehe mich energisch nach vorn um und setze mich so in den Rollstuhl, als wäre es meiner. Ich klappe die Fußstützen nach unten und lege meine Füße ab. So!

»Die arme alte Frau muss jetzt auch noch ihre Tochter im Rollstuhl herumfahren.« Das sehe ich in den Augen der Menschen, die mir entgegenkommen. Das bilde ich mir ein, in den Augen der Menschen zu sehen. Ich lache über mich selbst. Ich erinnere mich daran, mal gelesen zu haben, dass die meisten Rollstuhlfahrer sich darüber beklagen, dass man sie nicht anschaut.

Mir passiert das nicht.

Wir sind ein zu interessantes Paar. Ich schaue jeden lächelnd an, der mir entgegenkommt. Die Leute schauen sich uns beide mit einem Gesichtsausdruck an, den man bei dem Bilderrätsel »Was stimmt nicht an diesem Foto?« hat. Meine Mutter entwickelt eine erstaunliche Geschwindigkeit. Die hatte sie schon immer, aber der Rollstuhl – mich im Rollstuhl zu schieben – setzt ungeahnte Kräfte frei. Erinnert sie sich an das Kinderwagenschieben und wie aktiv sie damals war?

Langsam fühle ich mich wohler. Ich lasse mich von meiner Mutter zu ein paar interessanten Ständen fahren, und die Händler oder Künstler beantworten aufmerksam meine Fragen. Ich bekomme wahrscheinlich mehr Aufmerksamkeit, als wenn ich stünde. Ich will unbedingt ein Foto für meine Tochter und meine Schwestern von uns haben. Wir bitten eine Dame, uns zu fotografieren. Natürlich erkläre ich ihr ungefragt, warum ich im Rollstuhl sitze und nicht meine Mutter. Ihr ist es egal. Sie will nur schnell das Foto machen.

Immer wieder frage ich meine Mutter, ob sie sich nicht setzen will. Sie will nicht. Als ich mich ihr wieder mehr zuwende, spüre ich ihre Erschöpfung.

»Mama, lass uns stehen bleiben, und du setzt dich jetzt bitte wieder hin.«

»Ja. Ich fahre uns um die Ecke, da sieht uns keiner.«

Wir lachen beide, als uns bewusst wird, was wir da wieder gerade versuchen. »Ist doch egal«, sagen wir fast gleichzeitig.

Wir tauschen die Plätze. Kaum sitzt sie, fällt sie in sich zusammen. Es war zu lange. Ich hätte mehr aufpassen müssen. Ich weiß ja, wie sie ist.

»Möchtest du nach Hause, Mama?«, frage ich sie.

Sie nickt. Sagt nichts mehr.

»Das war ein bisschen zu lange, nicht wahr?«

»Ja. Ich denke immer, ich kann noch länger, und dann passe ich nicht auf.«

»Ja, Mama. Ich weiß. Es ist aber schon viel besser geworden.«

Sie nickt.

Wir fahren nach Hause.

Die Lebensthemen meiner Mutter. Ich kenne sie. Ich kenne sie so gut. Kennt sie meine und sieht sie, dass ich versuche, sie für die zukünftigen Generationen loszuwerden?

Als ich meine Mutter fragte, wie denn ihre Wechseljahre waren, antwortete sie, keine Sekunde zögernd: »Ich hatte keine Probleme damit. Ich bekam meine Periode mit vierzehn Jahren, und sie hörte mit vierundfünfzig Jahren auf.«

»Woher erinnerst du dich denn noch so genau?«

»Weil es genauso war, wie es normal war: Vierzig Jahre lang hatte ich meine Periode, und dann war sie vorbei.«

»Vierzig Jahre sind normal?« Das war mir neu.

»Ja«, meine Mutter nickte zufrieden. »Genau so, wie es sein soll.«

Normal ... normal sein. Wie wichtig das war. Ist?

Meine Mutter sieht immer gleich aus. Natürlich ist sie älter geworden, aber das war es auch. Sie hat die gleiche Frisur. Das gleiche Lächeln. Fast die gleiche Figur. Sie sah »normal« aus. Wie Frauen damals eben auszusehen hatten. Kurzhaarfrisur. Wasserwelle oder Dauerwelle vom Friseur. Kostüm am Sonntag. Küchenschürze unter der Woche. Sensible Absätze. Kein Ausschnitt, denn sonst wurde man zur Schlampe. Anständig musste eine Frau sein. Hausfrau sollte sie sein. Ein sauberes Haus haben. Die Kinder ordentlich angezogen und mit guten Manieren.

Sie erzählte mir mal, wie sie an der Grenze von jungem Mädchen zu junger Frau gegen den Willen ihrer Eltern ihre langen, eher dünnen Haare abschnitt, um auch so einen modernen Kurzhaarschnitt zu haben. Das war ihre erste Rebellion. Vielleicht ihre wichtigste. Sie spricht heute noch darüber.

Wenn ich Fotos von ihr als junge Frau sehe, dann finde ich sie schön. Aber als Mutter erkenne ich sie so nicht. Als sie mich mit dreißig Jahren gebar, sah sie kurz danach so aus, wie sie jetzt auch aussieht.

Meine Mutter und ich sehen uns nicht ähnlich. Ich komme

nach meinem Vater. Meine Mutter und Königin Elisabeth sehen sich ähnlich. Beide haben eine Vorliebe für farblich passende Kostüme und Hüte. Auch meine Mama liebt ihren Balkon.

Die Wechseljahre in ihrer Generation kamen und gingen dann wieder. Darüber wurde wenig gesprochen. Durchhalten eben.

Das kenne ich auch. Nicht so wie sie. Aber ich kenne das auch. Meine Mutter.

Eine Frau, die viel ausgehalten hat in ihrem Leben.

Nah und doch auch fern.

Gestern sah ich eine Talkshow im Fernsehen, in der sich wieder zum gefühlten tausendsten Mal eine Frau in meinem Alter darüber beschwert hat, dass sich unsere gleichaltrigen Männer jüngere Frauen suchen.

Lasst sie doch!

Wenn jemand in seinen Fünfzigern partout eine Fünfundzwanzigjährige heiraten will, meinen Segen hat er. Ich finde jüngere Frauen toll – verstehen Sie mich bitte nicht falsch –, es wäre jedoch eine erschreckende Vorstellung für mich, einen fünfundzwanzigjährigen Mann heiraten zu müssen. Ein enger Freund von mir – mein Alter – hatte vor ein paar Jahren eine Endzwanzigerin als Freundin. Eines Abends rief er mich an und sagte erschüttert: »Sie kennt Joachim Fuchsberger nicht.«

Ich musste laut lachen.

Wenn ein Mann eine jüngere Frau haben will, dann interessiert er mich sowieso nicht. Sein Augenmerk liegt woanders. Es gibt aber auch Männer, die sehen das Alter der Frau nicht. Die suchen sich nicht aus Prinzip eine junge Frau, sondern sie finden eine bestimmte Frau faszinierend, und die kann eben achtundzwanzig oder auch achtundfünfzig Jahre alt sein. Ein Freund von mir – mittlerweile sechzig Jahre alt – hatte in den letzten zehn Jahren drei oder vier Freundinnen. Alle unterschiedlichen Alters – aber alles faszinierende Frauen.

Männer sind keine Mangelware. Da gibt es genug davon. Und ich komme auch wunderbar mit mir selbst aus.

Bitte lasst uns aufhören, Männern vorzuwerfen, wenn sie jüngere Frauen wählen. Das mag verschiedene Gründe haben. Einmal haben sie vielleicht ihrer ersten Familie nicht genügend Zeit gewidmet und wollen das nachholen und brauchen dafür eine Frau im gebärfähigen Alter. Oder sie fühlen sich alt und erhoffen sich von einer jüngeren Frau neue Impulse. Oder sie wünschen sich noch mal Kinder, ohne auf Enkelkinder warten zu müssen. Oder sie haben sich einfach verliebt, und da ist es egal, welches Alter der andere hat.

Manchmal allerdings sehe ich auch, was es für Frauen bedeutet, die jetzt in meinem Alter sind und vor vielen Jahren einen älteren Mann geheiratet haben. Nun sind sie lebhafte fünfzig und mit einem unter Umständen gebrechlichen Achtzigjährigen unterwegs.

Trocknen

Ich meditiere morgens gleich nach dem Aufwachen noch im Bett, nachmittags auf meiner elektromagnetischen Matte und am Abend kurz vorm Einschlafen.

Seit über zwanzig Jahren habe ich einen Hausaltar. Als ich anfing zu meditieren, brauchte ich einen auserwählten Platz, den ich der Stille widmete. Ich war nicht in der Lage, überall Stille zu erschaffen. Je öfter ich vor meinem Hausaltar meditierte, desto leichter fiel es mir.

Mein Hausaltar hat sich über die Jahre verändert. Manchmal sah er wie ein Gemischtwarenladen aus, manchmal wie ein geologisches Experiment, manchmal wie eine indianische Museumsfläche. Mit den Jahren wurde er puristischer.

Ich setze mich auf mein Meditationskissen, überkreuze die Beine und zünde mir die Kerze an. Dann entzünde ich den gebundenen Salbei in der Flamme. Dazu spreche ich mein Gebet. Ist dieses Ritual beendet, schließe ich die Augen und konzentriere mich auf meinen Atem. Meine Konzentration ist meinem Körper gewidmet. Ich fühle das Kribbeln meiner Lebensenergie und eine wohlwollende Weite.

An diesem Morgen spüre ich, dass es wichtig ist, mit Zarathustra zu sprechen. Es gibt bestimmte Fragen, die ich an die Engel stelle, andere an Zarathustra, wieder andere an meinen Körper. Da gibt es keine Regel. Wie man vielleicht automatisch mit einer Frage zu Mutter oder Vater geht – je nachdem, von wem man sich mehr Erfahrung erwartet.

Ich schließe die Augen und stelle mir die Feuerstelle zwischen uns vor. Erst dann – wenn alles in mir ruhig ist und ich ihn vor mir erspüre – stelle ich meine Frage: »Was passiert hier gerade in meinem Leben?«

Ich warte auf die Antwort. Das heißt, ich »überlege« mir nicht, was kommen könnte, sondern ich erschaffe Stille. Absolute und komplette Stille. Und in dieser Stille erwacht ein Satz, ein Gedanke, dem ich einfach nur zuhöre, und dann beginne ich – falls notwendig – einen inneren Dialog.

»Du stehst nun schon seit einer langen Weile an einer Bushaltestelle und wartest auf den Bus. Der Bus kommt aber nicht. Was hättest du normalerweise schon längst getan?«
»Ich wäre schon längst losgegangen«, antworte ich.
»Aber jetzt stehst du immer noch an der Bushaltestelle und wartest. Warum?«
»Vielleicht weil ich überrascht werden will, welche Art von Bus denn dieses Mal kommt?«
»Nein. Du bist fünfundfünfzig Jahre alt, weißt genau, an welcher Haltestelle du stehst, und weißt auch genau, welcher Bus dort vorbeikommen wird. Stimmt doch, oder?«
»Ja.«

Der Dialog ist beendet. Das Feuer verschwindet. Nach einer Weile öffne ich die Augen und lasse meinen Blick in der Flamme der Kerze ruhen. Ich atme ein paarmal ein und aus und genieße den Geruch von verbranntem Salbei. Ich bedanke mich bei Zarathustra und bei meinem Körper, und mit den ersten Bewegungen meiner Zehen bewegt sich auch wieder mein Verstand.

Weiß ich wirklich, welche Art von Bus kommt? Mein »Ja« war schnell und automatisch. Natürlich weiß ich, dass ich nicht plötzlich Bäcker werde. Oder Reiseleiter. Oder Abenteurer. Oder IT-Experte. Ich bin kein Kandidat für ein Interview in der Zeitschrift *Viva*.

Mein Beruf ist das Schreiben. Meine Berufung ist, Verständnis zu vermitteln. Ich kann schwierige Zusammenhänge vereinfachen. Ich kann beruhigende Ordnung herstellen. Ich kann zuhören. Ich kann reden. Ich erkenne das Potenzial in Menschen. Ich habe Humor. Ich bin kreativ. Ich kann singen. Ich kann improvisieren. Ich habe einen Blick für Klarheit.

Ich habe mich geändert und mein Berufsleben mehr als einmal angepasst. Ich war bisher Sekretärin. Fotoredakteurin. Pressefotografin. Fernsehmoderatorin. Autorin. Referentin. Bildhauerin. Ich war immer schon beweglich, und – was mir jetzt wirklich klar wurde – ich habe meine Sehnsüchte erfüllt und sie nicht auf später verschoben. Ich weiß, welcher Bus kommt.

Und? Was heißt das jetzt?

Wahrscheinlich soll ich aufhören, nach dem neuen Abenteuer zu suchen, sondern einfach wieder mit dem anfangen, was ich kann. Oft höre ich, dass nach solchen Auszeiten die »alte« Aufgabe neu und erfrischt kommt. Anders kommt. Wird das auch bei mir so sein?

~

Ich liebe die Stille. Früher habe ich mit allen möglichen Geräuschen dagegen angekämpft: Fernseher. Radio. Hintergrundmusik. Stundenlange Telefonate.

Heute kann ich ohne meine täglichen Stillezeiten nicht mehr sein. Es gibt nichts, was ablenkt. Keine Musik, der mein Fuß wippend folgen will. Nichts, was zum Mitsingen anregt oder zum Zuhören. Gerade mal ein gelegentliches gedämpftes Geräusch eines Autos, das unten vorbeifährt. Das Klappern der Tastaturen. Das Summen der Glühbirne. Das überraschende Gurgeln in der Heizung. Ich habe Ohrstöpsel neben meinem Bett und in meiner Handtasche. Sie sind aus Silikon und meinem Gehörgang nachgeformt. Sie sorgen für Stille, wenn ich sie brauche – besonders in Flugzeugen und Zügen. Ich höre meinen Herzschlag. Meine Mutter kann das nicht ertragen. Ihr eigener Herzschlag ist ihr unheimlich.

Ich verstehe, wenn es einem vor den eigenen Ausscheidungen ein wenig graut, aber vor dem eigenen Herzschlag?

Manchmal frage ich mich, ob die Frauen in meinem Alter alle gleich sind, ob wir nur alle die gleichen Erfahrungen machen oder ob ich nur gleiche Frauen anziehe. Eine meiner Freundinnen hat diesen Monat Geburtstag. Die erwachsenen Kinder erwarten, dass sie mit ihnen feiert. Ihre Eltern erwarten es. Ihr Freund erwartet es. Selbst wir, ihre Freundinnen, rufen an und fragen, was ihre Pläne sind. Natürlich sind wir es, die ihre Pläne akzeptieren. Feiert sie nur mit den Kindern oder der engen Familie? Geht sie auf eine Reise? Möchte sie mit uns, ihren Mädels, feiern? Alles ist gut mit uns. Wir wollen nur wissen, ob wir etwas für sie organisieren sollen.

Sie will allein sein. Eigentlich will sie in ein Schweigekloster, wie sich in unserem Gespräch herausstellt. Ihre Augen leuchten, während sie davon erzählt. Für unsere Kinder ist die Vorstellung, einen Geburtstag allein zu feiern – feiern zu müssen! –, eine Katastrophe: Der Tag, allein verbracht, würde ihnen sagen, dass sie keine Freunde haben und niemanden, der sie liebt, niemanden, der mit ihnen die Zeit verbringen will. Wir Mütter haben schon einige Geburtstage hinter uns, und bei manchen hätten wir uns gewünscht, ihn allein verbracht zu haben. Der fünfundfünfzigste Geburtstag ist nicht mehr so aufregend wie der fünfundzwanzigste. Verständlich, dass unsere Kinder das noch nicht nachvollziehen können.

Wird sie sich durchsetzen mit ihrem Wunsch nach einem Schweigekloster? Es wird schwierig werden. Sie ist es gewohnt, sich immer um die anderen zu kümmern. Wenn die Kinder und ihre Eltern mit ihrem Wunsch, allein zu sein, ein Problem haben, macht es die Entscheidung für sie schwerer.

Wir Frauen – wir Mütter? – sind es gewohnt, uns um andere zu kümmern. Wir sind es so gewohnt, dass die Frage »Was will *ich* eigentlich?« häufig überhaupt nicht mehr gestellt wird.

Es ist interessant, zu sehen, wie viele Frauen allein leben wollen oder mit dem Gedanken spielen, allein zu leben. Die Idee hat nichts Erschreckendes, sondern sie beruhigt. Es gibt das eigene Nest. Den eigenen Platz. Das hat nichts damit zu tun, dass diese Frauen »unvermittelbar« sind – sie sind meistens sehr attraktiv, interessant, lebenslustig und haben genug Anwärter. Aber sie genießen ihren eigenen Raum. Ihren eigenen Platz.

Ich verstehe das so gut. Die Jahre vorher, die Jahre der Familie, des Sich-um-den-Clan-Kümmerns, der steten Sorge dafür, dass der Kühlschrank voll ist und es genügend Zahnbürsten für Gäste gibt – das alles macht glücklich, doch irgendwann einmal ist es Routine, und man will die Freiheit genießen, sich eben nicht darum kümmern zu müssen.

Du bist wertvoll als Frau, wenn du einen Mann hast, der dich »will« – das ist tief in uns verwurzelt. Die Idee, dass man in einer Partnerschaft die eigenen Wünsche erfüllen darf, ist häufig noch Neuland. Eine meiner Freundinnen ist seit drei Jahren mit einem wunderbaren Mann zusammen. Er hat bestimmte Vorstellungen davon, was »richtig« und was »falsch« ist. Sie wacht immer schon früh auf und möchte dann auch aufstehen – für ihn nicht nachvollziehbar. Er bevorzugt es, lange zu schlafen. Für ihn ist ihr Verhalten nicht normal.

Allein leben. Meinen eigenen Raum haben. Meinen Liebsten in seinem eigenen Raum zu besuchen. Ich fühle mich wieder wohler in mir. Ich spüre, dass mich die Vorstellung, das bald zu erleben, begeistert. Ein Zeichen, dass ich auf dem richtigen – meinem – Weg bin.

Habe ich jetzt wirklich gelernt, langfristig gelernt, meine Karten auf den Tisch zu legen? Ich habe lange auf die Karten in meiner Hand gestarrt. Jetzt – beim Zurückblicken – bin ich gnädiger mit mir. Wir, mein Liebster und ich, sind einig darin, dass wir andere Karten in der Hand haben. Und obwohl diese Beziehung uns beiden Freude bringt, können wir nicht zusammen Karten spielen. Er ist wie ein See, und ich bin eher wie ein Schiff. Mein Leben ist viel weniger stationär als seines. Unser beider Lebensentwürfe zu leben, ohne uns einzuschränken und aneinander anpassen zu müssen, das zu erkennen und zu erlauben, das war unsere Herausforderung. Und als wir es erkannt hatten, war es plötzlich ganz klar.

Mein Leben fängt an, sich wieder zu bewegen. Ich beobachte mit Freude und Dankbarkeit, wie mit dieser neuen Entscheidung auch anderes – was schon seit Monaten klemmt und unbeweglich ist – plötzlich angenehme Lösungen findet. Ja, so kenne ich das: Etwas verstanden zu haben heißt, etwas bewegt sich. Das Haus wird jetzt auch nicht mehr lange auf sich warten lassen.

Meine Meditationen werden wieder tiefer, und ich löse mich von den Gedankenschlaufen. Es gibt wieder mehr Weite und Stille in meinem Kopf. Es fällt mir wieder leichter, aufmerksam meine Gedanken zu beobachten. Es fühlt sich an, als ob ich nach einem erschöpfenden Marathonlauf wieder in meinem eigenen Bett, in meiner eigenen Wohnung liege. Das Ergebnis meines jahrelangen Gedankentrainings – Dr. Yanqing Wellenhofer-Li nennt es »Gedankenhygiene« – war wieder sicht- und erlebbar.

Endlich.

Eine Woche später finden wir ein Haus in Fußgängernähe zu einem Bahnhof. Mit dem Zug eine halbe Stunde zum Hauptbahnhof in München. Es hat einen ausgedehnten Garten und einen großen Atelierraum mit einer riesigen Terrasse davor. Die zwei Bäder sind renoviert. Die Küche ist zwar noch nicht eingerichtet, aber die Arbeit und die Kosten sind überschaubar. Das Haus hat genügend Platz. Mit uns interessieren sich noch gefühlte fünfzig Familien dafür.

Die Vermieter, so erklärt uns eine Maklerin, suchen eine Familie mit kleinen Kindern. Das sind wir nicht.

Eindeutig nicht.

Wir verstehen den Wunsch der Familie völlig, und doch bleibt in mir das Gefühl, dass dieses Haus zu bekommen ist.

Es fühlt sich ein bisschen schwer an. Es ist nicht das ideale Haus auf dem Land, das sich mein Liebster wünscht, aber dort zu wohnen ist für ihn und seine Tochter machbar. Zum ersten Mal ein Haus, das funktionieren kann. Ich meditiere am Abend und stelle mir das Haus vor. Frage, ob das Land mit uns einverstanden wäre. Ich spüre ein Ja.

Wir schreiben einen Brief an die Vermieter und stellen uns vor. Erzählen, dass wir zwar keine Familie mit kleinen Kindern sind, aber schon lange suchen und trotzdem noch gern schaukeln. Bitten darum, uns vorstellen zu dürfen.

Eine Woche vergeht.

Zwei Wochen vergehen.

Jeden Tag in meinen Meditationen bitte ich vier Engel, an den Ecken des Grundstücks zu sein und es aufzuhellen. Ich bin immer noch sicher, dass wir das Haus bekommen können. Zwischendrin sende ich kurze E-Mails an die Maklerin. Sie reagiert mit der Bitte um Geduld.

Dann endlich der ersehnte Anruf: Ja, wir können in drei Tagen die Vermieterfamilie kennenlernen. Wir und noch eine andere Familie sind in der engeren Auswahl.

An diesem Abend bete ich, dass die andere Familie innerhalb der nächsten zwei Tage ein besseres Haus für sich findet. Die Idee, um ein Zuhause konkurrieren zu müssen, behagt mir nicht. Ich möchte nicht, dass jemand enttäuscht wird, damit wir zufrieden sein können.

Am nächsten Morgen findet mein Liebster eine E-Mail von einer anderen Maklerin. Da gibt es ein Haus, das ihm besonders gut gefallen hat, aber auch da waren viele Interessenten gewesen, und die Besichtigungstermine wurden erst einmal eingestellt. Offensichtlich hatte sich der ideale Mieter noch nicht gefunden, und wir wurden eingeladen. Besichtigungstermin am selben Nachmittag. Obwohl wir uns auf das andere Haus konzentriert haben, beschließen wir, uns dieses letzte doch noch anzusehen. Kurzfristig kommt bei mir der Gedanke hoch, ob wir es vielleicht sind, die ein besseres Haus finden.

Wir wandern durch das Haus und durch den Garten. Am Schluss zeigt uns die liebenswürdige Maklerin einen Bach, der am Ende des Grundstücks verläuft. Ich lache. Die jetzigen Mieter ziehen nach Berlin und sind uns sofort sympathisch. Das Haus fühlt sich leichter an als das andere. Man merkt, dass hier eine glückliche Familie lebt. Ich sage es ihnen. Sie freuen sich darüber.

Wir werden allein gelassen und stehen in einem alten, riesigen Gewölbe, das als Abstellplatz benutzt wird und danach ruft, ein Atelier zu werden.

Das hier ist das richtige Haus.

Wir erklären der Maklerin unsere Situation und wie begeistert wir sind. Sie strahlt uns an und meint, dass es doch schön wäre, wenn das Haus wieder so nette Mieter wie die jetzigen bekäme. Wir rufen seine Tochter an, erklären ihr die Situation. Dieses Haus ist in ihrer bevorzugten Richtung; und obwohl sie es nicht gesehen hat, vertraut sie uns. Vertrauen wir darauf, dass wir es auch bekommen? Alles in uns sagt Ja. Wir reden beim Wegfahren über den Vorstellungstermin für das andere Haus. Wir wollen die andere Familie nicht länger warten lassen. Wir freuen uns, dass sie jetzt das Haus bekommen. Wir hoffen auf unseres. Wir rufen vom Auto aus an und sagen den Termin ab.

Dieses Mal brauchen wir keine zwei Wochen zu warten. Wir treffen die Vermieter zwei Tage später am Samstag. Auch wir waren uns sofort sympathisch. Die Zusage kam am Montag.

Danke, danke!

Bügelfeucht

Sex.

Nichts wird so mit den Wechseljahren gleichgesetzt wie die verlorene sexuelle Lust. Vielleicht habe ich deshalb keine Lust, darüber zu schreiben. Es ist schon so viel geschrieben worden.

Sex.

Manchmal hat man mehr Lust und manchmal weniger. Die Hormone sind nicht immer der Grund. Müdigkeit ist einer. Lustlosigkeit. Eine Abschwächung der Leidenschaft. Eine Kühlung der Beziehung. Eine Langweile, wenn es automatisch wird. Eine Langeweile, wenn es nur körperlich ist.

Sex.

Manchmal habe ich Lust und manchmal nicht. Ich bemühe mich, aufmerksam in meinem Öffnen und in meiner Hingabe zu sein. Akzeptiere, wenn ich anders empfinde. Zwinge mich nicht auf Lust, die ich nicht habe. Es ist beruhigend, wenn der andere genauso empfindet. Nur das Sprechen darüber ist wichtig. Damit wir beide wissen, wo wir stehen mit unserer Lust. Viel habe ich darüber gelernt.

Sex.

Wenn man jünger ist, dann liegt das Augenmerk auf dem Orgasmus. Na, komm schon! Es eilt irgendwie. Wenn man zu lange braucht – und Frauen brauchen meistens länger –, drängt man sich, und dann geht gar nichts mehr. Dann tut man vielleicht so, um Enttäuschungen zu vermeiden. Was natürlich unpraktisch ist. Das lernt man später. Wenn man älter ist.

Sex.

Wenn man älter ist, dann genießt der ganze Körper. Der Fokus geht von den Geschlechtsorganen auf den gesamten Körper über. Man genießt das gemeinsame Atmen. Das gemeinsame Erspüren. Die Wärme der Haut. Das In-die-Augen-Schauen. Die Nähe. Das Zulassen. Die Lust kommt, und die Lust geht. Man hört auf, ohne dass man »fertig« ist – denn man zielt nicht mehr darauf, mit einem Orgasmus abzuschließen. Man genießt die Zeit davor. Länger. Ruhiger.

Sex.

Übrigens, dem Mann ist es egal, ob man Cellulitis hat.

~

Eigentlich wollte ich es dabei belassen. Mein Schreiben über den Sex. Und dann habe ich mich mit einigen meiner gleichaltrigen oder älteren Freunde darüber unterhalten. Männern wie Frauen.

Es gibt einige Paare, die in Liebe miteinander verbunden sind, aber in unserer Altersgruppe oder älter zurzeit kaum noch Sex haben. Keiner von ihnen hat dies ungefragt zur Kenntnis genommen. Manche waren besorgt. (»Was passiert hier mit mir? War es das jetzt?«) Andere hatten unterschiedliche Zeiten, in denen sie ihre Lust verloren. (»Ich hatte noch ein paar Jahre länger Lust als mein Partner, und jetzt verstehe ich erst, dass er in dieser Situation einfach schon ein bisschen früher als ich war.«) Manche erinnerten sich an frühere Paarsituationen. (»Als junge Frau hat mich mal mein damaliger Mann über fünf Jahre nicht mehr angelangt, ich war in Panik, dass das jetzt wieder kommt.«) Manche zwingen sich. (»Wir haben zwar Sex, aber die Lust stellt sich erst während des Miteinanderschlafens ein und nicht vorher wie früher.«) Alle aber, die in einer erfüllten langfristigen Beziehung sind, sprechen von einer anderen Art der Zärtlichkeit und Aufmerksamkeit. Im täglichen Leben wie im Bett.

Einer meiner Lehrer erzählte mir mal, dass Sexualität eine Art Spiel ist. Das manche eben gern spielen, manche weniger gern. Manche sind süchtig danach, manche müssen die Lustgrenze immer weiter nach oben – oder nach unten – schieben, weil es nur um Reizerlösung geht und nicht um Nähe.

Miteinander alt werden. Wahrscheinlich so individuell wie miteinander aufwachsen. Es ist wichtig, darüber zu reden und ehrlich zu sein, wie die momentane Empfindungs- und Lustlage ist. Und auch hier ist das, was »normal« ist – oder offensichtlich normal zu sein hat –, nicht wirklich maßgebend. Was passt und was passt als Paar nicht? Wozu hat man Lust und wozu nicht? Wenn einer darunter leidet, sollte eine gemeinsame Lösung gefunden werden.

Jedes Paar trifft seine eigene Entscheidung … allerdings am besten miteinander.

Ich hörte von einer Frau, die sich mit achtzig Jahren nach über fünfzig Jahren Ehe scheiden lassen wollte. Als ihr Anwalt sie fragte, warum, antwortete sie: »Viagra.« Auf den überraschten Blick ihres Anwalts sagte sie mit einem Seufzen. »Ich mag nicht mehr. Ich dachte, das hört irgendwann einmal auf. Bei mir hat es aufgehört. Doch jetzt mit Viagra wird es bei ihm künstlich verlängert, aber ich mag nicht mehr.«

Sex.

Ein interessantes Thema.

Ich lächle wieder, wenn ich mich im Spiegel sehe. Ich begrüße mich wie eine lang vermisste Freundin. Es ist noch ein vorsichtiges Lächeln – wie man eben jemanden begrüßt, den man lange nicht mehr gesehen hat.

Ist sie noch so, wie ich sie in Erinnerung habe?

Nach einem Theaterbesuch sitzen eine Freundin und ich noch bei mir zu einem Glas Wein zusammen. Wir haben uns lange schon nicht gesehen. Wir landen nach einer Stunde bei unseren Wechseljahren, denn wir sind fast gleich alt. Ich erzähle von meinem tiefen Tal im letzten Jahr und meinem Weg daraus mithilfe der bioidentischen Hormone.

Sie erzählt von ihrem: »Ich benutze eine Hormoncreme. Die Menge, die nach zweimaligem Pumpen herauskommt. Meine Homöopathin sagt zu mir, dass ich das Brennen beibehalten soll. Also diesen Zustand der Unruhe behalten soll, weil ich schließlich damit irgendwann einmal fertig werden will.«

»Ich verstehe das nicht.«

»Der Eingriff in die Natur soll so milde wie möglich sein. So, dass ich mich zwar besser fühle, aber so, dass ich noch in diesem Wechsel bin.«

»Es geht einem also nicht wirklich richtig gut, und das ist der Plan?« Irgendwie begreife ich das nicht.

»Ja, so ungefähr. Sie will auch, dass ich bald mit dieser Creme aufhöre. Der Wechsel ist ein natürlicher Zustand, und wir sollen mit so wenig Einmischung wie möglich dadurch.«

»Ja, das dachte ich auch mal. Aber warum sollen wir ohne Unterstützung durch die Wechseljahre gehen, wenn uns das nicht guttut? Ich dachte auch, ich komme da leicht durch, und selbst als ich durch den Verlust der Hormone in ein Tal rutschte, wollte ich erst einmal abwarten, weil ich annahm, dass es sich von selbst löst. Aber das hat es nicht. Ich würde immer noch warten.«

»Meine Homöopathin sagt, dass, wenn man dann später die Hormone absetzt, wird es mindestens genauso schlimm sein wie jetzt. Und jetzt bin ich ja schon zur Hälfte durch.«

»Hm. Ich weiß natürlich nicht, ob das so sein wird, aber es klingt eher nach einer Bergbesteigung. Später habe ich mich verändert. Ich werde wieder mehr verstanden haben, und mein Körper wird anders reagieren. Weißt du, ich verstehe, wenn man sich entschließt, gar nichts machen zu wollen. Aber wenn man bewusst dafür sorgt, dass es einem nicht wirklich besser geht, das ist für mich eine eher ungewöhnliche Entscheidung.«

~

Die Generation meiner Mutter hatte sich über die Wechseljahre kaum Gedanken gemacht. Es gab ja auch keine Alternativen. Man bekam sie. Sie gingen vorbei, und dann wurde man alt. Irgendwann einmal kam auch bei ihnen die Lebenslust wieder zurück, weil der Körper realisierte, dass es noch nicht ans Sterben ging. Aber erinnern wir uns: Es gab keine Alternativen. Das waren die Wechseljahre. Punkt. Schluss. Basta.

Heute sind wir eine andere Generation Frauen. Wir erwarten von uns selbst – dazu haben wir uns entwickelt –, dass wir auch nach unseren Wechseljahren und unserer aktiven Zeit der möglichen Kinderzeugung nicht verschrumpeln und bald danach sterben. Wir erwarten eine bestimmte Attraktivität. Wir erwarten Lebenslust und Lebensfreude. Wir erwarten noch große Aufgaben, spannende Berufswechsel, interessante Reisen. Wir freuen uns zwar auf die Enkelkinder, aber sie werden nicht unser Lebensinhalt sein.

Wir erleben jetzt einen Quantensprung in der weiblichen Entwicklung. Unsere DNA-Strukturen verändern sich mit uns. Wir Frauen, die jetzt in den Wechseljahren sind, werden durch unser Erleben der zukünftigen Generation von Frauen ein Leitbild mitgeben. Die Generation meiner Mutter war mit fünfzig Jahren relativ alt. Wir sind das nicht mehr. Wir fühlen uns jünger und aktiver. Doch unser Hormonhaushalt hat sich dem noch nicht angepasst.

Was wollen, was können wir also tun? Wir können uns der damaligen einzigen Variante hingeben (»Das ist von der Natur so festgelegt, und das stehe ich durch«), oder wir unterstützen unseren Körper in irgendeiner Form. Und dabei gibt es Möglichkeiten. Ich habe mich für das Letztere entschieden.

Flusenausspülen

In drei Tagen ist Weihnachten. Eine meiner Schwestern hat dieses Jahr eingeladen. Einen Tag vorher kommt meine Tochter. In den USA gibt es zehn Urlaubstage im Jahr. Nicht einmal einen pro Monat. Vier davon muss sie hergeben, um Weihnachten mit ihrer Mutter und ihrer Familie zu verbringen. Das wird ihren Sommerurlaub ruinieren.

Ich möchte nicht, dass meine Tochter jeden Urlaub mit ihrer Mutter verbringt. Sie ist 24 Jahre alt! Sie soll mit ihren Freunden verreisen und Freunde besuchen. Ich möchte nicht, dass die Sehnsucht nach ihrer Mutter ihren Urlaub ruiniert. An meinem Nachmittag, ihrem Morgen, telefonieren wir miteinander. Ich frage nach den vier Urlaubstagen. Sie antwortet vage.

»Was hältst du davon, wenn ich statt deiner komme?«

Ich habe Freunde in Los Angeles, die gerade durch schwere Zeiten gehen. Eine Freundin, deren Mann sich nach einer Lungentransplantation mit einem neuen Leben anfreundet. Eine andere Freundin, die durch eine extrem anstrengende Scheidung geht. Ich spürte schon die ganze Zeit, dass ich dieses Jahr noch mal in mein zweites Zuhause kommen sollte.

Julia ist erleichtert. Mein Liebster großzügig. Meine Familie auch. Und ich bin sehr dankbar, Menschen in meinem Leben zu haben, die mir kein schlechtes Gewissen machen, dass ich selbst zwei Tage vor Weihnachten meine Pläne umschmeiße.

Jetzt muss ich nur noch dafür sorgen, dass ich es auch nicht habe.

Ich fliege über Zürich nach Los Angeles. Ich reise am Morgen des 24. Dezember ab und komme nach zwölf Stunden Flug rechtzeitig am Heiligen Abend in Los Angeles an. Das Flugzeug ist zu meiner Überraschung voll.

Es gibt eine Auswahl an Essen, eins davon ein Weihnachtsmenü. Entenbrust, Kastanien, Knödel, Blaukraut. Genau, was ich jetzt mag. Da ich als Letzte gefragt werde, gibt es das nicht mehr. Ich merke, wie ich Tränen in die Augen bekomme. Ich weine? Wegen ein paar Knödel? Die Flugbegleiterin schaut mich sorgenvoll an.

»Es gibt kein Weihnachtsmenü mehr?« Ich schaue sie an, als ob sie mir gerade gesagt hätte, dass ich die dringend benötigte Bluttransfusion nicht bekäme.

Sie schüttelt den Kopf. Besorgt. Nicht wegen der Knödel, sondern wegen mir. Werde ich womöglich ein Problemfall hier im Flieger werden? »Wenn sie ein nicht vorhandenes Weihnachtsmenü schon so aus der Bahn wirft, was wird sie dann erst bei der ersten Windbö machen?«

Ich beobachte, wie es in meinem Hals kratzt, wie ich schluchzen will. Beobachte, wie ich mich zusammenreiße. Und mir innerlich beruhigend zurede: Dann nimm doch ganz einfach die Nudeln. Die sind bestimmt auch okay. Das ist doch wirklich nicht so schlimm. Die Ente hättest du sowieso nicht gegessen, weil du nicht weißt, wo sie herkommt.

Himmel noch mal! Was ist denn hier schon wieder los? Bin ich immer noch so instabil, dass mich das schon aus meinem Wohlgefühl wirft? Ich entschließe mich schnell für das vegetarische Gericht und versuche ein Lächeln. Offensichtlich ist mein Hormonhaushalt noch nicht im grünen Bereich.

Die Flugbegleiterin zögert kurz, bevor sie sich dem nächsten Passagier zuwendet. Ich nicke ihr mit einem Ich-schaffe-das-schon-Lächeln zu.

Dann blicke ich aus dem Fenster und versuche zu verstehen, was da in mir abläuft. Ich, die gelernt hatte, mit überraschenden Dramen und Lebensumständen normalerweise gut zurechtzukommen, verzweifle an ein paar Knödeln. Ich glaube, das Wort »normalerweise« trifft es besonders. Ich bin noch nicht in meinem normalen Zustand, und so reagiere ich auch nicht normal.

Ich beobachte meinen Atem – sieben Sekunden einatmen, sieben Sekunden ausatmen –, und dann sinke ich tief in mir ein. Es ist ruhig da drin. Langsames Einatmen, Einspüren in den Körper, langsames Ausatmen, Einspüren in den Körper …

»Entschuldigen Sie, aber ich habe noch ein Weihnachtsmenü für Sie gefunden.« Die hübsche Flugbegleiterin ist zurück und strahlt mich an.

»Danke schön«, ich lächele zutiefst gerührt zurück, »das ist mein Weihnachtsgeschenk.« Ich bin dankbar, dass sie sich die Mühe gemacht hat, noch nach einem zu forschen. Wahrscheinlich muss jetzt der Pilot oder die Pilotin auf ihres verzichten. Ich schicke einen Dank an den großzügigen Spender.

Ich kenne viele dieser Augenblicke, in denen ich mich in meiner Welt aufgehoben fühle. Das ist wieder so ein Augenblick. Es ist, als ob die Welt deine Familie ist und sich darum kümmert, dass du versorgt wirst.

Danke, flüstere ich noch mal aus der Flugzeugluke in den weiten Himmel.

Danke.

»Geht's dir besser, Mami?«, fragt mich meine Tochter, als sie mich am Flughafen abholt und wir uns lange in den Armen halten.

»Ja, Engelein. Mir geht's besser.«

»Dann bin ich aber froh.«

»Ich auch, Engelein, ich auch.«

~

Ich habe in Los Angeles einige Freundinnen, die um einiges älter sind als ich. Ich frage sie nach der Zeit nach den Wechseljahren. Gab es da ebenfalls ein Loch, in das sie gefallen waren? Am Anfang jedes Gesprächs wird das eher verneint – aber später wird sich erinnert. Das hat mich beruhigt. Offensichtlich bleibt diese Phase nicht so sehr im Gedächtnis.

Ich bin auch interessiert daran, ob meine Theorie, dass die Lebensthemen zur Wechseljahrzeit noch mal energisch hochkommen, richtig ist.

Meine Freundin Sally ist mittlerweile fast siebzig Jahre alt. Sie war eine aktive Frau, eine Koryphäe auf ihrem Arbeitsgebiet. Sie war lange – zu lange – mit einem Mann verheiratet, der es nicht ertragen konnte, dass sie so beliebt und erfolgreich war. Wir Freundinnen haben das über all die Jahre mit Sorge betrachtet – aber sie wollte es nicht ändern. Ich kann die vielen Gespräche darüber gar nicht zählen. Ich habe schmerzhaft lernen müssen, dass man dem anderen nur das wünschen kann, was er sich selbst wünscht. Und wenn jemand seine Lebenssituation nicht ändern möchte, dann gibt es nichts, was man als Freundin tun kann. Erst als sie sehr krank wurde und erkannte, dass es ihr nicht besser gehen wird, wenn sie diese Situation nicht löst, hat sie sich zu dem Schritt der Trennung entschlossen.

Was sie in dieser Ehe gehalten hatte, waren auch finanzielle Bedenken. Sie hatte früher sehr gut verdient, als sie jedoch kränker wurde, wurden die Einnahmen geringer, und sie war auf ihren Mann angewiesen. Sie ist immer noch nicht völlig auf dem Damm, als wir uns treffen. Sie ist schwach. Sie geht wenig aus dem Haus, und nur ihr Lächeln ist das gleiche wie früher.

Wir fünf Freundinnen sitzen bei ihr im Wohnzimmer. Ich bin die Jüngste, und so frage ich sie nach ihren Lebensthemen und ob sie in den Wechseljahren noch mal extrem hochgekommen sind.

Sally seufzt. »Weißt du, ich habe so eine Lebenstraurigkeit bekommen. Und ich weiß auch, weswegen.« Sie wird still und schaut aus dem Fenster. »Ich habe mich in meiner Ehe von meinem Mann kleinmachen lassen, bis ich allen Mut verloren hatte. Ich traute mich kaum noch aus dem Haus. Ich habe früher mit großer Freude Vorträge vor Hunderten von Menschen gehalten, und jetzt, wenn ich zum Einkaufen gehe, bekomme ich aus Angst keine Luft mehr.«

Ich bin wie erstarrt. Mein Liebster macht mich nicht klein, und das war es auch nicht, was mich so aufhorchen ließ. Sondern sie hatte sich nach den Wechseljahren zurückgezogen. Genau wie ich. Wäre das mein weiterer Weg gewesen? Sehe ich an Sally, was ich mir auch hätte auswählen können?

Was passiert, wenn man in den Wechseljahren resigniert? Wenn man sich einredet, dass es das jetzt eben war? Wenn man nichts tut? Nichts mehr macht? Schlapp genug ist man sowieso. Es ist einfach. Fast wie ertrinken aus Erschöpfung. Dies hier ist nicht das Ende unseres Lebens – selbst wenn es sich so anfühlt. Wir können uns anders entscheiden. Einfach ist das nicht. Aber es geht. Im Gegensatz zu unseren Großmüttern haben wir Alternativen. Wenn wir es wollen.

Ich weiß, dass Sally wieder nach draußen gehen und ihre Arbeit wiederaufnehmen möchte. Aber sie ist noch nicht gesund genug. Ihr Körper braucht noch alle Aufmerksamkeit. Aufmerksamkeit, die sie ihm in der meisten Zeit ihres Lebens entzogen hatte.

Wir kochen, und als ich den Fisch in die heiße Pfanne lege, habe ich vergessen, ihn vorher abzutrocknen. Das spritzende Fett verbrennt meine Hand. Mein Energiefeld ist offensichtlich immer noch erratisch. Die Enden sind immer noch ausgefranst. Ich halte meine Hand unter das fließend kalte Wasser. Wie interessant, dass man an den Verletzungen erkennen kann, wie stabil man ist.

Ich treffe eine langjährige Bekannte auf einer Hochzeit. Wir sprechen über Lebensthemen. Sie ist eine gebildete, selbstsichere Galeristin, die einen berühmten Bildhauer vertritt. Seit Jahren schon organisiert sie weltweit Ausstellungen. Wir setzen uns in eine ruhige Ecke, und sie erzählt mir, was mit ihr in diesem Hormonloch geschah. »Ich konnte von heute auf morgen nicht mehr aus dem Haus gehen. Ich war wie erstarrt. Ich fürchtete mich vor der Welt. Das war tief körperlich. Wenn ich ans Telefon musste, hatte ich Schweißausbrüche. Ich dachte, ich drehe durch. Ich war hochdepressiv. Das hat zwei Monate gedauert und wurde dann langsam besser.«

Ich kann mir das bei ihr gar nicht vorstellen.

Sie lächelt schmerzlich. »Ich fühlte mich wie ein Auto mit einem stockenden Motor.«

Ihr Lebensthema? Sie wünschte sich mehr Ruhe, aber fühlte sich beruflich gezwungen, immer aktiv nach außen zu gehen.

Als sie das erkannt hatte, veränderte sie einiges in ihrem Leben. Unter anderem holte sie sich eine Assistentin, die genau das liebte und dann auch diesen Bereich übernahm.

Eine Bekannte setzt sich dazu. Sie ist zehn Jahre älter, und ich habe sie seit zwanzig Jahren nicht mehr gesehen. Sie wirkt entspannt und glücklich. Als sie von unserem Gesprächsthema hört, erzählt sie uns, wo sie die letzten Jahre war. »Ich bin von der Stadt in die Einsamkeit gezogen. Ich hatte alles verkauft und lebte in einer fünfunfzwanzig Quadratmeter großen Hütte im Wald. Weit weg von jeder Zivilisation. Ich fühlte mich schon als Kind im Wald immer am wohlsten, und dahin bin ich geflüchtet. Ich konnte Menschen nicht mehr ertragen. Zehn Jahre habe ich dort gelebt. Mein Lebensthema war, dass ich mich nicht sicher fühlte. Jetzt erst komme ich aus meinem Wald heraus. Ich fühle mich viel besser und bin auch wieder neugierig auf Menschen. Diese langen Jahre in der Natur haben mir ein Vertrauen in mein Leben und in meine Sicherheit zurückgegeben.«

»Es gibt nicht viele, die sich im Wald sicher fühlen würden.«

»Ja, das stimmt. Aber ich bin als kleines Kind immer schon in den Wald geflüchtet, wenn es bei mir zu Hause zu anstrengend war, und deshalb fühle ich mich unter den großen Bäumen, den Tieren und den Waldgeistern zu Hause. Jetzt freue ich mich, dass ich auf einem Fest bin und tanzen kann und mit euch zusammensitze. Übrigens suche ich hier in der Gegend eine Wohnung. Falls ihr was hört, lasst es mich wissen.«

Ich besuche eine andere Freundin am Meer. »Ich war zweiundfünfzig Jahre, und alle meine Lebensthemen kamen hoch. Wirklich alles: Dafür zu sorgen, dass es mir gutgeht, das war immer noch nicht bearbeitet. Das ganze Finanzthema war noch nicht annähernd geheilt. Vertrauen war auch noch so ein Thema. Ich fiel die Treppe herunter, verletzte mich und zog anschließend noch ein Virus an, sodass ich überhaupt nichts mehr machen konnte. Ich musste alles absagen, was mir bei meinem Pflichtbewusstsein wirklich schwerfiel, aber ich hatte keine andere Wahl. Ich konnte nur noch schlafen und nachdenken. Dieser extreme Zustand der völligen Erschöpfung dauerte über ein Vierteljahr, und dann ging es mir langsam besser. Natürlich auch nur, weil ich endlich auch eingesehen hatte, dass ich dringend einiges in meinem Leben verändern muss.«

Wahrscheinlich sind wir in dem Alter geschwächt genug, dass diese Lebensthemen ohne große Abwehr in unser Bewusstsein kommen können. Es bleibt uns gar nichts anderes übrig, als sie anzuschauen. Natürlich sind wir auch weiser geworden. Aber das ist nicht alles. Wir sind auch weicher geworden. Und in dieser Weichheit erlauben wir uns dieses Anerkennen.

Schön eigentlich.

Wenn es nicht so schmerzhaft wäre …

Ich stelle bei einigen meiner Besuche mit Erschrecken fest, dass manche meiner älteren Freundinnen innerlich in Rente gegangen sind. Geht das schon seit einer Weile so – und warum fällt es mir erst jetzt auf?

Sie bewegen sich nicht mehr außerhalb vom Supermarkt zur Küche zum Computer zu Familientreffen zu Freunden zum Arzt zur Nachbarin.

Neues ist lange her. Wenn mein Besuch das einzig Aufregende in ihrem Leben ist, dann stimmt da was nicht. Sie hören mir zu, und das, was sie erzählen, habe ich schon die letzten Jahre gehört. Wir haben uns immer gegenseitig inspiriert – und das war jetzt weg. Sie sind in ihrem Leben, soweit ich das beurteilen kann, nicht entspannt, gelassen, freudig. Sie haben sich im Alter eingenistet wie in einem Schutzbunker. Alles ausgesperrt, was lebt, was sich bewegt, was Veränderung bringt.

Das ist es, was mich so verwundert: Manche wollen nichts mehr verändern. Sie befürchten, dass alles nur noch schlimmer wird, und beschließen vorsichtshalber, sich nicht mehr zu bewegen.

Ich weiß nicht, was ich machen soll.

Ich versuche es mit Vorschlägen, die alle abgewehrt werden.

»Akzeptiere das, Sabrina.«

»Okay. Gut. Dann mache ich das. – *Nein!* Das ist nicht gut.«

»Doch. Das macht man so, wenn man das Leben der anderen akzeptieren will.«

»Ja, aber das sind meine Freundinnen.«

»Und?«

»Wir haben uns was versprochen.«

»Was habt ihr euch versprochen?«

»Dass wir uns in unserem Wachstum unterstützen.«

»Und?«

»Das ist kein Wachstum.«

»Woher willst du das wissen?«

»…«

»Also? Woher willst du das wissen?«

»Das spüre ich. Sie stecken fest.«

»Ich dachte, du willst jeden seine eigenen Erfahrungen machen lassen?«

»Ich erwarte, dass meine Freundinnen, wenn ich in so einer Situation wäre, mich aufrütteln.«

»Aha. Dann versuch es doch mal.«

»Ich habe es schon versucht.«

»Und?«

»Es ist nichts passiert.«

»Na also. Sag ich doch.«

~

Ich sitze im Flieger zurück nach München und schreibe. Ungestörte elf Stunden liegen vor mir. Ich bin konzentriert und glücklich. Ich merke, wie ich wieder lächle. Einfach nur für mich. Einfach nur aus Dankbarkeit und weil es mir gut geht.

Ich sitze nicht normal auf meinem Sitz. Ich habe das Kissen unter meinem Po, meine Füße in Socken auf dem Sitz, die Beine angewinkelt in der Hocke. Vor mir das ausgeklappte Tablett, auf dem der Computer steht. Das ist kein »anständiges« Sitzen. Ich bin in den Sechziger- und Siebzigerjahren aufgewachsen, in denen es nur »anständig« und »unanständig« gab. Es gab nur, »was man machte« und »was man nicht machte«, und wehe, man blamierte die ganze Familie damit.

Mein Gott, sind wir frei geworden. Hier einfach so zu sitzen, weil es mir guttut, weil ich das gewöhnt bin und weil ich flexibel bleiben will, ohne einen missbilligenden Blick meiner Mitreisenden zu ernten, was für ein herrliches Gefühl.

Nach einer Weile fühle ich mich beobachtet und drehe mich um. Ein junger Mann schaut mich neugierig an und grinst, als er meinen Blick bemerkt. »Sie halten das ganz schön lange aus«, meint er nickend.

»Ich halte nichts aus. Ich sitze oft so«, lächle ich zurück. »Ich will schließlich auch mit achtzig noch meine Schuhe zubinden können.«

Es fällt mir auf, wie oft ich das sage. Schon seit Jahren sehe ich die Probleme meiner Mutter beim Schuhebinden. Seit zwei Jahren suchen wir Winterschuhe für sie. Winterstiefel, die breit genug für ihre Knöchel sind und in die sie, ohne sich zu bücken, rein- und rausschlüpfen kann. Alle drei Töchter sind immer wieder in die unterschiedlichsten Schuhgeschäfte – normale, besondere, ganz besondere – gegangen, um Winterschuhe für unsere Mutter zu finden. Reißverschluss geht nicht. Klettverschluss auch nicht. Den kriegt sie zwar zu, wenn sie mit dem einen Fuß über den anderen streicht, aber nicht wieder auf. All die übrigen Hilfsmittel für solche Fälle will sie nicht. Sie hat viel erlebt und viel ertragen. Eine Kriegsgeneration eben. Als sie ihrer Enkelin vor Jahren ihre Erlebnisse als junges Mädchen im Krieg und danach erzählte, fing meine Tochter zu weinen an. Sie konnte sich so etwas gar nicht vorstellen. Die Selbstverständlichkeit, mit der junge Frauen damals sexuell benutzt wurden. Die Unmöglichkeit, sich zu wehren. Die Angst davor, dazwischen, danach.

Meine Mutter. Vieles vertraut, vieles fremd. Ihre Art zu denken ist mir fremd. Ihre Lebensentscheidungen sind mir fremd, und doch haben sie mich geprägt. Ich habe einen Hang zur Obrigkeitshörigkeit. Das habe ich von meiner Mutter. Aufgesaugt auch den Wunsch, die Idee, es »richtig« machen zu müssen. Und dann habe ich noch, weiß der Himmel, woher, diesen Mut mitbekommen. Vielleicht von meinem Vater, der zwanzig Jahre ohne Führerschein fuhr, weil er Auto fahren konnte und keinen Grund sah, sich das mit einem Papier bestätigen zu müssen. Er war hart mit sich. Bestand darauf, dass sein Zahnarzt ihm an einem Tag sämtliche Zähne zieht. Er war für schnelle Lösungen. Heute unvorstellbar. Jeder Zahnarzt würde sich weigern. Ich erinnere mich noch, dass wir still sein mussten und mein Vater ungewöhnlich schwach im Wohnzimmer saß. Er rauchte trotzdem. Er starb zwanzig Jahre später, ein Bein weniger, halbseitig gelähmt, immer noch rauchend nach seinem fünften, sechsten oder siebten Schlaganfall.

Ich war erleichtert, für meine Mutter. Er war ein anstrengender und zorniger Mann gewesen. Enttäuscht von vielem. Ich war die Älteste und sehe aus wie er. Aber er hatte Mut. Talente. Fähigkeiten. Charme. Heute lächle ich, wenn ich an ihn denke. Das hat Jahre gedauert – das Verstehen und Vergeben.

Aber ich wollte eigentlich vom Schuhebinden erzählen. Vor vier Jahren war ich mit dem Fahrrad unterwegs in Vietnam. Nicht zu empfehlen übrigens. Jeder Autofahrer hupt dich an, und mehr als einmal hatte ich um mein Wohlergehen gefürchtet. Die Vietnamesen sind ein neugieriges Volk und sehr direkt. Etwas, was man uns Deutschen nachsagt, aber wir sind nichts dagegen. Oft genug standen wir an einer Ampel oder saßen in einem Zug, und um mich herum ergab sich ein lebhafter Dialog. »Was sagen sie?«, fragte ich meinen Übersetzer. Wildfremde, die sich darüber unterhalten, wo ich denn herkomme, ob ihnen meine Hose gefällt oder ob ich meine Haare anders tragen sollte. Sie diskutieren untereinander, warum ich alleine reise, ob ich wohl Kinder habe, verheiratet bin. Wenn ich mich dann einmische und mein Übersetzer erzählt, was ich dazu sage, beginnt ein meist fröhlicher Austausch.

Ich hatte mir angewöhnt, nach Nebenstraßen zu suchen. Fast jedes Haus hat dort zur Straße hin ein kleines Café. Niedrige bunte Plastikstühle, die zum Hocken zwingen. Hängematten. Kleine Tische. Getränke. Süßigkeiten. Abgepacktes. Dies war das vordere Zimmer. Der hintere Zimmer war privater. Zum Schlafen. Zum Sein. Wir machten auf unseren Fahrrädern des Öfteren Pausen. Auf dieser Strecke war eine Freundin dabei, die Fotografin ist. Wir kamen dank unseres Übersetzers immer ins Gespräch. Kaum saßen wir, wurde der Rest der Familie aus dem hinteren zweiten Zimmer geholt.

Die Großmutter kam. »Oma« wäre ein völlig unpassendes Wort für sie. Sie hatte etwas Königliches, obgleich sie vielleicht nur eins sechzig groß war. Schmal. Schlank. Kurze graue Haare. Ein wunderbar zerfurchtes Gesicht. Wache Augen. Sie setzte sich auf den niedrigen Stuhl und zog ihr Knie an. Ihre Hände ruhten auf ihrem Bauch. Ich machte ihr ein Kompliment, wie beweglich sie ist. Sie erzählte mir stolz, dass sie 85 Jahre sei. Sie war barfuß, und selbst wenn sie Schuhe angehabt hätte, hätte sie nicht das geringste Problem, sie zuzubinden. Das war es. Diese Frau. Diese Haltung – die ähnlich meiner Lieblingshaltung ist: niedrig sitzend. Ein Bein nach oben abgestellt. Ich habe immer noch den Ellenbogen auf dem Knie. Ich sah mich in ihr.

Ja, so will ich auch mit 85 noch sitzen können.

~

Meine Mutter, die aus der Oberpfalz kommt, hat mir drei Vornamen gegeben: Sabrina, Ursula, Jeanette. Jeanette für Frankreich. Ursula für Deutschland und Sabrina für die Welt. Hat sie geahnt, dass Flugreisen für mich so normal wie für sie Busreisen sind? Hat sie geahnt, dass ich mal in den USA leben werde? Hat sie geahnt, dass ich viel unterwegs sein werde und enge Freunde habe, die 10 000 Meilen weit weg wohnen? München–Los Angeles ist für mich ein ganz normaler Trip. So wie mit dem Auto nach Italien fahren.

Ich denke gelegentlich daran, wie es überhaupt gekommen ist, dass ich vom In-der-Küche-Schlafen zu meinen großen Wohnungen gekommen bin:

2,5 Quadratmeter:	Bett und kleiner Nachttisch in der Küche.
27 Quadratmeter:	erste eigene Wohnung.
70 Quadratmeter:	Wohnung meiner ersten Ehe.
90 Quadratmeter:	Wohnung allein nach Scheidung.
125 Quadratmeter:	Wohnung mit dem nächsten Freund.
250 Quadratmeter:	Haus in Los Angeles mit Ehemann.
350 Quadratmeter:	Haus mit Ehemann und Kind.

Zurück nach München : 200 Quadratmeter

Ich wollte mich schon ein paarmal verkleinern, aber ich kann das nicht. Wenn ich es muss, dann werde ich es auch können, aber noch brauche ich Platz. Wirklich viel Platz.

Ist es die Erinnerung an die Kindheit, dass der einzige Platz, den man mal für sich allein hatte, das Klo war? Und dann immer mal wieder jemand klopfte, damit man es aufmachte? Der einzige wirkliche Privatraum war unter der Bettdecke, und selbst den hat in unserem Etagenbett meine Schwester liebend gerne gestört, indem sie mit den Füßen nach oben den Lattenrost hochdrückte und dann runtersausen ließ.

Es gibt so eine Annahme, dass spirituelle Leute mit wenig Platz auskommen müssen. Zwanzig Quadratmeter. Ein Tisch. Ein Bett. Klösterlich eben. Nur hat man vergessen, dass da noch ein ganzes Kloster mit riesigen Räumen dranhängt. Eigenartig eigentlich. Der Papst hat Vatikanstadt. Es gibt großzügige Tempel. Moscheen. Synagogen. Riesige wunderschöne Gebäude, in denen Menschen leben, die beten. Mein Schlafzimmer brauche ich auch nicht groß.

In der kleinen Wohnung meiner Tochter habe ich eine winzige Ecke für meine Kleidung. Und wenn ich packe, verstaue ich alles in handliche Plastiktaschen mit Reißverschlüssen. Hosen,

T-Shirts, Blusen, Yoga-Klamotten. Alles hat eine eigene Plastiktasche. Unterwäsche ist in einem Stoffsäckchen. Unter ihrem Bett sind meine Schuhe, und wenn ich mich anziehe, entnehme ich etwas der Plastiktasche und staple sie am Ende wieder auf. Wenn ich dort arbeite, dann setze ich mich an den winzigen Küchentisch.

Ich kann klein. Nur Spaß macht es keinen.

Auch jetzt bei meiner Wohnungssuche in München finde ich nichts Kleineres. Meine Seele und mein Herz schauen sich um und sagen ganz simpel: Wir brauchen Platz.

Ja. Sag ich da. Und versuche meinen Verstand und mein schlechtes Gewissen zu beruhigen.

Zurück in München habe ich plötzlich Lust, den Film über Stanko fertig zu machen. Ich öffne zu meiner eigenen Überraschung am nächsten Morgen auf meinem Computer das Filmschneideprogramm und mache es auch nicht nach zwei Minuten hilflosem Daraufstarren wieder zu. Die ersten Klicks, und ich merke, dass ich mich noch erinnere, wie es funktioniert. Na also, geht doch!

»E-Mails müssten beantwortet werden.« Ein Gedanke versucht abzulenken. Ich ignoriere ihn.

Ein bestimmtes, gelassenes und altvertrautes Gefühl kommt in mir hoch. Das Gefühl, genau das Richtige zum richtigen Zeitpunkt zu tun. Das Gefühl, dass das, was ich jetzt gleich machen werde, für mich interessant sein wird.

Ich schaue mich heimlich um.

Bin ich wieder da?

Bin ich wirklich wieder da?

Die nächsten sechs Tage bin ich kaum mehr von meinem Computer wegzukriegen. Bis tief in die Nacht schneide ich. Ich begebe mich nur nach draußen, um ins Sonnenstudio zu gehen und ein bisschen barfuß in unserem Hinterhofgarten zu stehen. Dann zieht es mich wieder nach oben in mein Büro.

Ich kann mich kaum erinnern, wann ich das letzte Mal so einen Schwung gefühlt habe. Vor einem Jahr? Vor zwei Jahren?

Ich singe, während ich arbeite. Spüre, wie die Lust bleibt. Einfach bleibt. Ich gehe nachts um drei ins Bett und stehe morgens um sieben hellwach und glücklich auf.

Ich bin wieder da.

Hurra!

Ich bin wirklich wieder da!

Julian, mein junger Computerexperte, kommt, um einiges an meinem Computer aufzuräumen. Mein Server hängt, und ich kriege das nicht selber hin. Ich erzählte ihm von der fertigen Dokumentation »Ein Meer von Farben« und öffne den YouTube-Link.

»Wow«, sagt er nur. »Ich versuche, meiner Mutter seit drei Jahren beizubringen, wie man E-Mails schreibt, und du benutzt ein professionelles Schneideprogramm.«

»Fünfundfünfzig«, grinse ich.

»Cool«, sagt er. »Echt Cool.«

Ich habe eine Freundin, ein paar Jahre jünger, die mir erklärte, dass sie mich leider nicht vom Flughafen abholen könne, weil sie nicht mehr Auto fahren will. Sie wohnt ja sowieso in einer Großstadt.

»Weißt du, der Verkehr … das ist ja alles doch jetzt recht anstrengend …«

Den Sturm von mir hatte sie nicht kommen sehen.

»Du musst mich wirklich nicht abholen. Ich nehme die S-Bahn, aber mit dem Autofahren aufhören, das ist jetzt nicht dein Ernst, oder? Du bist nicht mal fünfzig Jahre alt. Du bist doch keine neunzig! Nichts da! Das muss trainiert werden wie alles andere auch. Ich fahre dich mal nicht rum, wenn du alt bist, das sage ich dir jetzt schon. Nur damit du später nicht überrascht bist.«

Am Tag meiner Abfahrt bekomme ich eine SMS, dass ich auf sie warten soll. Sie holt mich ab.

Wir umarmen uns, und ich setze mich zu ihr ins Auto. Ich sage so nonchalant wie möglich: »Du fährst wieder Auto? Ist der Verkehr hier jetzt nicht mehr so anstrengend?«

»Der Verkehr hat sich beruhigt.« Sie macht eine Kunstpause und grinst. »Dafür habe ich jetzt eine anstrengende Freundin.«

Schranktrocken

Immer wenn ich eine Einnahmepause von einer Woche mit den bioidentischen Hormonen mache, beobachte ich mich aufmerksam. Wie fühlst du dich? Wie geht es dir? Was macht die Lebenslust? Was die Stimmung?

Ich merke keinen großen Unterschied. Offensichtlich sind die Depots wieder so aufgefüllt, dass sie die sieben Tage gut aushalten.

Puh! Danke.

~

Ich habe mir heute ein E-Piano gekauft. Ich hoffe nicht, dass das wieder einer meiner Rückfälle war. Eines mit dem richtigen Pianoanschlag. Die sind dann auch gleich sehr viel teurer. Und ich freue mich, dass der Musiktheoriekurs in der Musikschule, in der ich mich angemeldet hatte, bald losgeht. Die Musik hat mich über die Zeit gerettet. Eigentlich habe ich gar keine Zeit dafür (wie schön, dass meine Tage wieder voller sind!), denn ich schreibe dieses Buch fertig, und dann möchte ich das nächste Projekt – das Trennungsbuch – anfangen. Gleichzeitig wird die Website erneuert.

Aber ich will die Musik nicht wieder in den Hintergrund schieben. Das bleibt mir jetzt wichtig. Musik hat mich gerettet.

~

Die Lebenslust ist wieder da. Sie ist jeden Tag ein bisschen mehr gewachsen, bis sie jetzt wieder so ist, wie ich sie kenne. Die Stimme in mir hatte recht, als sie mir sagte, dass ich mit meinem Lehren noch nicht fertig bin.

Ich habe wieder Lust, Ja zu sagen: Ja zu Anfragen. Ja zu Vorträgen. Ja zu neuen Projekten. Mithilfe enger Freunde finde ich sofort eine neue Firma, die sich um die Abwicklung der Seminare kümmert. Finde sofort eine wunderbare Assistentin, die damit Erfahrung hat. Ich spüre den Aufwind. Die Lust an Bewegung. Am Mitteilen. Am Teilen. Am Leben eben. Mein Gott, bin ich dankbar dafür.

Das, was ich vor zwei Jahren weggelegt hatte, kommt jetzt wieder hoch. Anders wieder. Leichter wieder. Danke. Wirklich und herzlich danke.

Ich fange an, den Umzug aufs Land zu organisieren. Mir fällt auf, wie viel Spaß mir das macht. Ich plane, schreibe Listen, kümmere mich um Details. Ich liebe es, Ordnung zu schaffen. Ob es ein Umzug, ein Vortrag, ein Gedankengang, eine Schublade ist. Wir sitzen zu dritt zusammen, besprechen die Aufgaben, was gemacht werden muss, wie wir was machen wollen. Mit jeder Aufgabe wächst meine Kraft.

Ich strahle wieder. Ich lebe wieder.

~

Meine englische Freundin Nora ist irgendwie untergetaucht. Sie meldet sich normalerweise, wenn sie wieder aus England zurück ist. Man verliert ein bisschen den Überblick, wer von uns wo ist. Aber jetzt ist es doch schon eine Weile her, dass ich sie gesehen habe.

»Bist du hier?«, schreibe ich ihr.

»Ich bin schon seit ein paar Wochen in München. Ich habe London abgesagt.«

Komisch, dachte ich mir.

Nora kommt zum Abendessen. Ich erzähle ihr, wie gut es mir geht und wie vertraut ich mir wieder bin.

Sie lächelt. Es passt nicht zu dem, wie sie sich anfühlt. Ich spüre eine Schwere.

»Geht's dir nicht gut?«

Sie schüttelt den Kopf und schaut auf ihre Hände.

»Nicht so ganz.«

Dann wird sie still, und mir wird klar, dass sie genau da ist, wo ich im letzten Jahr war.

Sortieren

Ein Jahr kann lang sein. Wirklich lang. Ich hatte meine Flügel verloren. Sie wurden schwächer und waren irgendwann so nah an meinem Körper angelegt, dass sie wie verschwunden waren.

Als junge Frau hatte ich mal gehört, dass nach den Wechseljahren eine wundervolle Zeit anbricht: ein Zustand von Freiheit und Leichtigkeit, ein ähnliches Gefühl, wie wir es vor unserer Pubertät hatten. Ich freute mich darauf. So ein paar Hitzewallungen werden mich nicht davon abhalten. Mich nicht!

Und dann kam das Loch.

Es war nicht nur das Fehlen der Hormone, was mich in diese Situation brachte, sondern auch meine Auszeit, die ich intuitiv genau vorher eingeläutet hatte. Beides zusammen brachte mich an den Grund meines Seins und half mir, mich besser zu verstehen. Der immer nach vorne schreitenden Sabrina wurde für eine Weile der Stecker herausgezogen, um zu sehen, was sich dahinter zeigt.

Trotz aller Herausforderungen, trotz aller Schwierigkeiten habe ich mein Grundgefühl – mein Vertrauen in mich als Seele, mein Vertrauen in meinen Seelenweg – nie verloren. Das ist schön zu wissen.

In mir durfte sich Sanftheit entwickeln – auch mir selbst gegenüber. Ich war viele Jahre sehr streng mit mir. Meine Ahnin schob mich nach vorn, und diese Ungeduld hatte ich übernommen. Als ich in die Wechseljahre kam, durfte ich die zukünftige alte weise Frau in mir erleben. Ihr Lebensgefühl war entspannter als das, was ich bisher gewohnt war. Ich spürte, wo ich landen werde, und konnte dieses Gefühl sehr viel häufiger in mein Jetzt ziehen. Auch dafür bin ich dankbar.

Ich bin doch mehr als vermutet im Jetzt angekommen. Ich habe mir mein Leben wieder so gestaltet, wie ich es mag. In meinem Jetzt gebe ich wieder Workshops und halte Vorträge, doch diese fühlen sich anders an. Früher hatte ich häufig nach Vorträgen oder Workshops ein Gefühl der Erschöpfung. Das ist völlig verschwunden. Ich genieße diesen Austausch mehr, als ich ihn jemals genossen habe.

Es hat sich ein anderes Zeitgefühl eingestellt als vorher. Damals fühlte ich mich oft gehetzt von meinem Terminkalender. Es war ein Gefühl von »Erledigen, ohne mit dem Erreichten zufrieden zu sein«. Jetzt genieße ich meinen vollen Terminkalender – der natürlich nie so voll wird, dass ich nicht auch ausreichend Ruhezeiten mit einplane. Dieses angestrengte Gefühl von »O Gott, das habe ich ja auch noch zu erledigen!« und »Hören denn meine To-do-Listen niemals auf?« hat sich gewandelt. Ich erkenne jetzt, wie sehr ich meine Listen schätze. Sie sind mir eine große Unterstützung.

Ich hatte meine Fähigkeiten für eine Weile verloren und bin jetzt umso dankbarer dafür. Ich bin dankbar für meine Fähigkeit, zu organisieren. Dankbar dafür, dass ich gut planen kann. Dankbar, dass ich Ordnung schaffen kann, die Platz für Freiheit lässt.

Wie wir mit unseren Krisen umgehen, zeigt uns, ob und wie wir uns entwickelt haben. Das heißt nicht, dass wir nicht durchgeschüttelt werden dürfen; das heißt nicht, dass wir nicht in Löcher fallen dürfen; das heißt nicht, dass wir nicht frustriert sein dürfen, aber wenn wir es schaffen in dieser Zeit – *trotz* dieser Zeit –, uns immer noch daran zu erinnern, dass wir eine Seele sind, die hier eine menschliche Erfahrung macht, dann haben wir schon viel geschafft. Wenn wir immer wieder den Kopf hochheben und uns die Situation aus der Distanz anschauen, dann werden wir uns in diesen anstrengenden Zeiten nie ganz verlieren. Meine Frage, die ich während der Wechseljahre immer wieder im Hinterkopf behielt, war die gleiche Frage, die ein Bergsteiger im Hinterkopf behält: Ist dieser Schritt richtig für mich? Bringt es mich meinem Ziel näher? Mein Ziel ist klares Bewusstsein.

Die Idee, die Wechseljahre ohne Unterstützung zu schaffen, hat mir lange gefallen. Ich bin gewohnt, das meiste selber zu machen. Es bestätigte meine Jahre der Meditation, mein Gedankentraining, mein Yoga, meine gesunde Ernährung, meinen Dialog mit meinem Körper, mein aufmerksames Leben. Davon abgesehen ist es hoch angesehen, »natürlich« durch die Wechseljahre zu gehen. Gut, ja, mal ein paar Globuli; vielleicht die eine oder andere Bachblüte, und schließlich gibt es doch auch Hormon-Yoga – das muss reichen.

Wenn wir uns also für etwas anderes entscheiden, glauben wir nicht selten, dass wir einen Fehler machen und nicht entwickelt genug sind, weil wir Unterstützung brauchen. Ich möchte nicht auf Unterstützung verzichten. Ich bekomme sie von meiner Familie, von meinen Freunden, von Menschen, die ich treffe, und natürlich von meinen geistigen Lehrern. Selbst mein Fahrrad bekommt Unterstützung. Ohne ein gelegentliches Aufpumpen und Kettenschmieren würde es nicht lange halten. Ich will auch länger halten.

Als ich mich für bioidentische Hormone entschloss und sich meine Hormondepots wieder zu füllen begannen, spürte ich mich wieder. Wenn ich es nicht selber ausprobiert hätte, ich hätte es nicht geglaubt. Meine Flügel lösten sich von der Verpuppung, füllten sich mit Lebenskraft und fingen an, sich wieder zu bewegen. Ich kam wieder sehr viel leichter aus meinen Gedankenschleifen heraus. Etwas, was ich im letzten Jahr nur mit viel Bewegung und viel Konzentration geschafft habe. Ich sah die Welt wieder so, wie ich es von mir gewohnt war: ein aufregender Ort mit interessanten Menschen. Die Lust am Leben und an meinen Projekten kehrte zurück.

Selbst in dieser Dankbarkeit überlegte ich mir am Anfang immer wieder, die Hormone abzusetzen. »Jetzt geht es mir doch schon besser. Vielleicht halte ich das doch noch aus.«

In einer Meditation dazu stellten mir meine Engel zu dieser Frage eine einzige Gegenfrage: »Wozu?«

Ja, wozu? Um zu »beweisen«, dass es auch ohne Hilfe geht?

Es wäre so schön gewesen, wenn man nur durch Meditation und gute Wünsche durch die Wechseljahre segelte. Ja, es wäre schön gewesen, war es aber nicht. Mein Körper sagt mir, dass er sich jetzt wohlfühlt. Warum soll ich das abbrechen? Wenn ich zuckerkrank wäre, würde ich Insulin nehmen. Wenn mir Zähne fehlten, würde ich mir Implantate besorgen. Es ist eine Frage des Gleichgewichts – und eine Frage der persönlichen Wahl.

Eine Frau, die viel reist und gern unterwegs ist, braucht in ihrer Nähe einen Bahnhof und einen Flughafen. Sie kann natürlich auch im hintersten Flecken der Erde leben und dann drei Tage zu Fuß oder mit dem Rad brauchen, bis sie zu einem schnelleren Transportmittel kommt, aber nützen wird das ihrem Leben nicht. Es macht es schwieriger. Und genauso sehe ich das auch: Macht es mein Leben leichter oder macht es mein

Leben schwieriger? Eine einfache Frage mit einer immensen Wirkung.

Jeden Morgen wache ich wieder so auf, wie ich es gewohnt war: dankbar für mein Leben und neugierig auf den Tag. Mein Zorn hat sich durch unsere Freundschaft wieder beruhigt. Er wurde von mir gehört. Jetzt scheint er gelassen mit meiner ehemaligen Freundin, der Ungeduld, in einem Straßencafé zu sitzen und die Sonne zu genießen.

Ich war zu meinem großen Schrecken in den letzten zwei Jahren bewertender geworden. Ich hatte die Welt wieder in Gut und Schlecht eingeteilt. Der Unterschied zwischen Bewerten und Bemerken ist ein einfacher: Wenn ich es bewerte, dann habe ich eine Emotion dabei. Etwas stört mich. Im Gegensatz dazu kommt ein Bemerken völlig emotionslos. Ich hatte meinen Rückfall schon eine ziemlich lange Zeit bemerkt, war aber fast unfähig, etwas dagegen zu tun, außer mich immer wieder darauf hinzuweisen. Meine Gedankenschleifen waren in dieser Zeit schwieriger abzustellen.

Ich weiß, dass wir zwar in einer Dualität leben, aber dass wir – als Menschen, als Bewohner dieses Planeten – ein Ziel haben: Unser Ziel ist es, Frieden und Bewusstsein zu erschaffen. Das mag nicht immer so aussehen, als ob es gelingt. Aber ich weiß tief in mir, dass alles, was hier auf diesem Planeten passiert, dazu da ist, um Bewusstsein zu erschaffen. Manchmal schmerzhaft. Manchmal langsam. Manchmal so aussehend, als ob wir in archaische Zeiten zurückfallen. Und doch hat sich die Welt noch nie so verbunden angefühlt.

Ich sehe in meinem Leben und in meiner Umgebung nur höfliche, warmherzige, großzügige Menschen. Menschen, die etwas aufheben, wenn jemandem vorher etwas heruntergefallen ist. Menschen, die Türen aufhalten. Menschen, die einen vorlassen. Menschen, die einem zulächeln. Daran erinnere ich mich, wenn mir die Nachrichten eine zu einseitige Sicht der Welt vermitteln.

Meine Seele hat mich auf eine Fortbildung geschickt. Es gab viel zu lernen. Ich weiß ganz genau, dass ich mit dem Leben auf keinen Fall fertig bin. Ich habe mehr Mitgefühl entwickelt, weil ich erlebt habe, wie das Fehlen von Hormonen jemanden bis zur Unkenntlichkeit verändern kann. Ich habe noch tiefer verstanden, wie Gedankenschlaufen ablaufen und wie viel an Aufmerksamkeit es braucht, sie sauber zu halten. Ich habe mich trösten lassen und Hilfe angenommen. Ich habe diesen Zustand anerkennen können, und jetzt, wo er vorbei ist, bin ich sogar dankbar dafür. Zugegeben etwas spät. Ich hoffe, ich werde mich bei der nächsten Krise daran erinnern. Ich habe Karten spielen gelernt und sehe meinen Weg wieder klarer. Mein Liebster und seine Tochter sind in ihr Haus auf dem Land gezogen und erfreuen sich jeden Tag an der Weite und Natur. Und ich freue mich bei jedem Besuch daran. Diese Veränderung hat unsere Beziehung vertieft. Wir haben beide gespürt, wie wichtig es ist, auf seinem Weg zu bleiben.

Wie wirklich wichtig es ist, auf seinem Weg zu bleiben.

Wichtig ist mir auch, dass hier nicht der Eindruck entsteht, ich sei zu einer Vertreterin für bioidentische Hormone geworden. Ich möchte lieber eine Vertreterin für die persönliche Wahl sein und darauf aufmerksam machen, dass bioidentische Hormone nicht die einzige Wahlmöglichkeit sind.

Zum Beispiel hat meine englische Freundin Nora eine wunderbare Homöopathin gefunden und arbeitet mit ihr sehr erfolgreich an ihren Wechseljahr-Herausforderungen. Sie fühlt sich sehr aufgehoben. Eine gute Bekannte verehrt ihre chinesische Ärztin, und auch sie erlebt die Zeit des Wechsels gut betreut. Eine andere Freundin kommt mit Akupunktur sehr gut zurecht.

In meiner Hausapotheke befinden sich seit dreißig Jahren homöopathische Mittel. Ohne Hepar sulfuris und Ferrum sowie einige Bachblüten wäre meine Hausapotheke nicht vollständig.

Es gibt nicht nur *eine* richtige Wahl, und bei der Lektüre meines Buchs mag vielleicht der Eindruck entstehen, dass das in den Wechseljahren nicht mehr zutrifft. Dies hier ist meine Erfahrung. Alles, was ich mir wünsche, ist, dass Sie offen für neue Erfahrungen sind und das tun, was Ihnen guttut. Ich wünsche mir, dass Sie sich um *Ihr* Wohlbefinden kümmern.

Das ist nicht immer einfach. Das weiß ich.

Es gibt viele Möglichkeiten und viele Herausforderungen, diese neue Saison – diese hinzugewonnene Saison – zu erleben. Bitte geben Sie nicht auf. Bitte glauben Sie nicht, dass dieses Unwohlsein jetzt für den Rest Ihres Lebens bleibt. Es bleibt nicht – aber wir müssen uns selbst darum kümmern. In den Wechseljahren geht es darum, sich selbst wichtig zu nehmen, und gerade für Frauen ist das häufig eine Herausforderung.

Es ist unsere Reise. Unsere Frauenreise. Und obwohl wir gemeinsam verreisen, hat jede von uns ihre eigenen Erfahrungen. Die einen ändern das Transportmittel und gehen vom Zug auf das Schiff. Die anderen entscheiden sich für ein paar Extraaufenthalte hier und da. Wieder andere schauen dem Sonnenuntergang zu oder beobachten die Aussicht. Manche suchen sich einen gewohnten Platz und machen es sich dort bequem.

Jeder von uns kommt an.

Wo?

Bei uns: als weise alte Frau. Als *crone*. Sie erinnern sich? Das Wort kommt vielleicht von »Krone«. Und die haben wir uns dann auch verdient.

Dort werden wir uns alle wieder gemeinsam treffen. Und uns von unseren Erfahrungen erzählen. Jede von uns mit der Weisheit, den anderen Mitreisenden ihren Weg zuzugestehen und sie zu achten. Ich freue mich auf Sie.

Anhang

Mein Buch ist keine wissenschaftliche Abhandlung. Es geht um Erfahrungen und die Wichtigkeit, persönliche und individuelle Entscheidungen zu treffen. Wir treffen unsere Entscheidungen oft auf zwei Ebenen: der Ebene der Informationen von außen (Fakten, Daten, Meinungen) und der von innen (Intuition, Bauchgefühl et cetera).

Mein Buch ist aus meiner persönlichen Erfahrung geschrieben, und in dieser Erfahrung habe ich meinen Arzt Dr. Martin Gschwender, München, immer mal wieder um Rat gefragt. Da seine Ausführungen im laufenden Text zu umfangreich gewesen wären, habe ich ein separates Interview mit ihm geführt, das ich im Folgenden wiedergebe.

Es war mir sehr wichtig, nicht nur eine Meinung über die Begleitung der Wechseljahre in meinem Buch vorzustellen. Deswegen habe ich meine chinesische Ärztin Dr. med. Yanqing Wellenhofer-Li, München, ebenfalls gebeten, ihr Wissen über die chinesische Heilkunst darzulegen. Sie hat mir geholfen, meine Allergie auf Esche loszuwerden. Obwohl ich seit vielen Jahren Akupunktur-Patientin bei ihr bin, habe ich sie nicht wegen meiner Wechseljahre gefragt. Hauptsächlich deswegen, weil ich die typischen Wechseljahrbeschwerden als nicht so beschwerlich empfand. Mit meinen Hitzewallungen und Schlafstörungen konnte ich sehr gut umgehen. Mir war am Anfang nicht wirklich klar, dass meine Antriebslosigkeit und meine

Schwäche mit den Wechseljahren zu tun hatten. Ich dachte, sie wären mein persönlicher Transformationsprozess, der mit meiner Auszeit eingeleitet wurde. Ihr Interview kommt im Anschluss. Ich hoffe sehr, dass beide Interviews Sie anregen, sich weiter zu informieren.

~

Interview mit
Dr. med. Martin Gschwender

Sabrina: Martin, du bist unter anderem Experte für bioidentische Hormone und arbeitest seit vielen Jahren damit. Da du ja offensichtlich keine Frau bist – was hat dich daran so fasziniert?

Dr. Gschwender: Ich war ursprünglich ein erklärter Hormongegner. Prinzipiell schaue ich mir aber gern Dinge an, die ich eigentlich ablehne oder denen ich kritisch gegenüberstehe. Aus diesem Grund habe ich mich 2004 zu einer Weiterbildung bei Dr. Rimkus rund um bioidentischen Hormonersatz angemeldet. Er hat als Gynäkologe mehr als dreißig Jahre praktische Anwendungserfahrung mit diesem Verfahren.

In seinem Buch *Die Rimkus-Methode. Eine natürliche Hormonersatztherapie für die Frau* (Verlag Mainz, 2. Auflage, 2009) hat er das von ihm entwickelte alternative Therapiekonzept einer hormonellen Behandlung in den Wechseljahren beschrieben. Er ist viele Jahre lang belächelt, kritisiert und sogar angefeindet worden, obwohl seine Erfolge belegbar waren. Nach dieser hochinteressanten Fortbildung war ich aber immer noch nicht hundertprozentig von der Methode überzeugt und immer noch unsicher wegen

der doch wiederholt von »offizieller Seite« behaupteten Nebenwirkungen wie Anregung von Tumorbildungen oder Gefäßprob-
lemen. Im Rahmen einer Fortbildung bei meinem Freund und
Kollegen Dr. Thomas Rau, Chefarzt der Paracelsus-Klinik in der
Schweiz und ausgewiesener Experte in naturheilkundlichen Tumor-
therapien, lernte ich aber eine andere Sicht dieser Dinge kennen.

Sabrina: Das erinnert mich an die langfristige amerikanische
»Hormonstudie« mit synthetischen, also nicht bioidentischen Hormonen, der Women's Health Initiative, die abgebrochen wurde,
weil Schlaganfälle und Herzanfälle und, ich glaube, auch noch Lun-
genkrebs bei den teilnehmenden Frauen zugenommen hatten.
Damals gab es einen lauten Aufschrei gegen die Hormonersatztherapie. Mit Recht natürlich. Allerdings handelte es sich bei den
dabei verwendeten sogenannten »Hormonen« um neu konstru-
ierte, völlig körperfremde »chemische Keulen« und nicht die bioidentischen Hormone.

Dr. Gschwender: Das war immer das, was uns allen erzählt worden ist: Wenn man »Hormone« zuführt, dann erhöht man das
Tumorrisiko. Punkt. Was diese »Hormone« eigentlich sind und wie
sie biochemisch aussehen, darüber sprach man schon nicht mehr.
Ob bei einem Menschen eine Tumorerkrankung vorliegt, sieht man
ihm in der Regel »nicht an seiner Nasenspitze an«, und ich wollte
als Arzt natürlich kein Risiko eingehen, einer Frau zu einer Hormontherapie zu raten, wenn sie möglicherweise dadurch eine
Tumorerkrankung entwickeln könnte. So habe ich bei meiner
Weiterbildung Dr. Thomas Rau nach seiner Einschätzung und seinen Erfahrungen bezüglich Hormontherapien bei Tumorthemen
gefragt, und er lächelte und sagte: »Gerade bei Tumorpatienten
arbeiten wir seit geraumer Zeit auch mit bioidentischen Hormo-

nen, weil es das Ansprechen auf unsere Therapien verbessert hat.«
Das war natürlich eine beruhigende Information aus dem Munde
eines Arztes, der langjährige Erfahrung in diesem ganz speziellen
und sensiblen Bereich der Medizin aufweist. Für mich war es das
bisher fehlende Puzzlestück, um guten Gewissens als Naturheil-
kundler bioidentische Hormone einzusetzen. Dr. Rimkus selbst hat
sich mit diesem Thema natürlich auch auseinandergesetzt, und er
hat interessanterweise laut seinen eigenen Praxisaufzeichnungen
circa dreißig bis vierzig Prozent weniger Tumorpatienten in seiner
Praxis gesehen, als er den deutschen Durchschnittswerten zufolge
hätte haben müssen.

Sabrina: Zwei meiner Freundinnen, die schon Krebs hatten, machen sich darüber große Sorgen und lehnen alle Zufuhr von Hormonen ab – eben weil ihnen ihr Arzt dringend davon abrät. Aber
wenn die natureigenen Hormone schlecht wären, dann würde
man doch auch einer jungen Frau bei egal welchem Krebs immer
gleich die ganze Gebärmutter und die Eierstöcke mit rausnehmen,
um sie »künstlich« in die Wechseljahre zu schicken. Das macht
natürlich keiner. Also können die eigenen Hormone doch nicht
schlecht sein.

Dr. Gschwender: Die körpereigenen Hormone sind auch nicht
»schlecht«. Gerade das Tumorrisiko ist nicht in unserer »Hormon-
blüte« bis etwa zum fünfundzwanzigsten Lebensjahr am größten,
sondern interessanterweise danach – wenn die körpereigene
Hormonproduktion eben weniger wird. Das Wissen und auch die
Erfahrung rund um bioidentische Hormone sind bisher bei (zu)
wenigen Ärzten bekannt. Eigentlich dürfte man die heute verwendeten »chemischen Keulen« gar nicht Hormone nennen. In der
Therapie nach Brustkrebs werden die Frauen durch sogenannte

Aromatasehemmer auch noch zusätzlich »chemisch kastriert«. In der Annahme, wo nichts mehr stimuliert werden könne, könne auch nichts mehr wachsen, sollen diese Mittel die Tumorweiterentwicklung stoppen. Biologisch gedacht, ist das aber nicht unbedingt ein logischer Ansatz. Damit wird ein Geschehen lediglich »festgehalten«, aber nicht geheilt.

Sabrina: Der Körper kann sich quasi nicht mehr selber heilen?

Dr. Gschwender: Mehr oder weniger – ja. Einfach ausgedrückt, hat sich bei uns die Idee festgesetzt, entweder Krebs und Tumoren zu bekämpfen, zu zerstören oder sie in ihrem Wachstum »einzufrieren«.

Sabrina: In beiden Fällen ist eine »wirkliche« Heilung schwierig.

Dr. Gschwender: Ja. Das ist für mich nur eine symptomatische Lösung, denn nur das Ergebnis wird bekämpft, aber nicht die Ursache gesucht beziehungsweise angegangen. Wir haben in der Krebstherapie – allen vermeintlichen »Erfolgsberichten« in den Medien zum Trotz – in den letzten dreißig, vierzig Jahren keinen wirklich großartigen Fortschritt in Bezug auf die Überlebenszeiten gemacht. Den »Gewinn« gab es vor allem beim »Geldverdienen« rund um moderne Diagnose- und Therapieverfahren. Das ist sicher eine provokative Aussage, aber gemäß Untersuchungen von Professor Hölzl aus der Uni München-Großhadern, für die er massiv angegriffen wurde, die ich jedoch sehr wegweisend finde. Er hat konstatiert: Was sich in der Krebstherapie wirklich verbessert hat, sind die Medikamente zur Linderung der Nebenwirkungen. Das, was uns als »verbesserte Krebstherapie« verkauft wird, ist eigentlich »nur«, dass wir die Diagnose heute dank feinerer Diagnoseverfahren früher als vor zwanzig Jahren stellen können und uns dadurch die gefühlte Überlebenszeit viel länger erscheint. Aber du leidest eben auch unter Umständen »länger«.

Das Problem dabei ist ein existenzielles: Arzt und Patient sind rund um das Thema »Krebs« von fast »panischer« Angst getrieben: Jeder versucht, mit so vielen »Waffen« und so schnell wie möglich auf den Krebs zu schießen – in der Hoffnung, dass etwas davon funktioniert.

Wie neue Studien zeigen, ist es interessant, dass die Medizin sich meist auf Zahlen, Daten, Fakten wie Überlebenszeiten fokussiert, während der Patient sein Hauptaugenmerk vor allem auf der Lebensqualität hat. Wie Arbeiten von Prof. Dr. Al-Batran und Kollegen aus Frankfurt zeigen, ist das am meisten den Patienten Belastende rund um »Krebs« nicht die »Überlebenszeit« oder zum Beispiel Schmerzen. Für den Patienten ist oft das bestehende »bleierne Erschöpfungsgefühl«, die sogenannte Fatigue, die größte Belastung. Erst an zweiter Stelle kommen die Gedanken »Wie geht es weiter?« beziehungsweise depressive Themen. Doch darum kümmert man sich insgesamt gesehen sehr wenig. Gerade dieses bleierne Erschöpfungsgefühl entsteht auch, wenn dem Körper die Hormone fehlen – auch wenn kein Krebs vorliegt.

Sabrina: Bei einer Krankheit begreift man einen Erschöpfungszustand. Ich war nur völlig überrascht, dass ich ähnlich erschöpft war – nur durch den Wegfall meiner eigenen Hormone.

Dr. Gschwender: Hormon heißt frei übersetzt aus dem Griechischen »Antreiber«. Hormone sind emotionale und Stoffwechselantreiber. Ohne sie funktioniert in unserem Körper fast nichts mehr – wir werden »antriebslos«. Bei »Antriebslosigkeit« sind oft – der Einfachheit halber – unter anderem sogenannte »Aufbauspritzen« an der Tagesordnung. Gerade wenn man *keine* Hormonersatztherapie durchführen will.

Sabrina: Aufbauspritzen? Hört sich nach Vitaminen und Mineralstoffen an.

Dr. Gschwender: »Aufbauspritzen«, das sind zumeist spritzbare Psychopharmaka. Diese sind wie viele andere psychotrope Substanzen sehr effektiv, führen aber auch gerne in eine »Abhängigkeit«, und Absetzversuche führen oft zu hässlichen Entzugssymptomen. Ich habe selbst als junger Arzt diese Spritzen in einer Landarztpraxis kennengelernt. Mir wurde damals der Auftrag erteilt, einer Patientin regelmäßig ihre »Aufbauspritze« gegen ihre Wechseljahrbeschwerden und ihre »Schlappheit« zu geben. Das funktioniert gut – bis sie auf einmal, als sie wegen eines Urlaubs einige Tage »zu spät« zum »Nachspritzen« erschien! Da war sie »auf Cold Turkey«, wie man in der »Szene« sagen würde. Normalerweise fragen Frauen nicht nach, was in den Spritzen drin ist. Sie sind froh, dass sie etwas bekommen, was hilft, und vertrauen ihrem Arzt. Natürlich schaute ich als Arzt genauer nach, was ich denn da verabreiche oder verabreichen soll. Damals war es Imap®.

Sabrina: Was ist Imap®?

Dr. Gschwender: Das ist Fluspirilene – ein Mittel, das eigentlich zur Behandlung von Psychosen eingesetzt wird.

Sabrina: Aber Wechseljahre sind doch keine Psychosen!

Dr. Gschwender: Das stimmt! Im Grunde fehlen nur die Hormone – die »Antreiber«. Aber gerne werden gerade diese »Störungen« mit

Psychopharmaka behandelt. Ich lehne es ab, mit Psychopharmaka als Mittel der ersten Wahl an Patienten bei dieser Problematik heranzugehen.

Mein Ansatz ist es, zuallererst nach Stoffwechseldefiziten zu fahnden und diese, wenn vorhanden, zu behandeln. Erst dann – wenn das alles wieder im grünen Bereich ist – schaue ich nach, ob der Patient eventuell noch etwas anderes braucht.

Sabrina: Also, ich muss sagen, ich bin ziemlich entsetzt über dieses Vorgehen mit den »Aufbauspritzen«!

Dr. Gschwender: Ja, ehrlich gesagt, war ich das auch.

Sabrina: Erkläre doch bitte den Unterschied zwischen bioidentischen und synthetischen Hormonen.

Dr. Gschwender: Bioidentische oder *natur*identische Hormone sind vom chemischen Bauplan, der sogenannten »Strukturformel«, zu hundert Prozent identisch mit den Hormonen, die sich natürlicherweise in deinem Körper befinden. Per Gesetz können »Naturprodukte« nicht von Unternehmen patentiert werden, und deshalb geht man her und verändert sie »leicht« in ihrer Struktur, um sie dann patentierbar zu machen. Das siehst du hier ganz gut an dieser Zeichnung.

Oben siehst du das natürliche Hormon in seiner chemischen Zusammensetzung und unten Präparate, wie sie heute als »Hormontherapie« verkauft werden. Die Mediziner bezeichnen alle diese drei Stoffe »der Einfachheit halber« als »Östrogene«, weil sie alle eine einzige (kleine) Gemeinsamkeit aufweisen. Diese ist in der Zeichnung die markierte Stelle und entspricht dem Andockpunkt am Östrogenrezeptor unserer Körperzellen. Der Mediziner sieht in

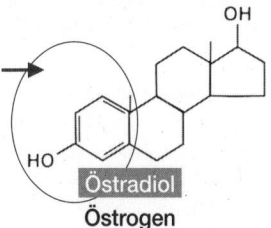

Östrogen

Natürliches Östradiol

Östradiolvalerat   **Östrogen???**

Synthetisches Derivat

(Mit freundlicher Genehmigung von Dr. med. Volker Rimkus)

Das synthetisch hergestellte Hormon hat eine völlig
andere chemische Struktur als das natürliche Hormon.
Beiden gemeinsam ist nur der Phenolring.

den drei – biochemisch völlig verschiedenen – Substanzen nur
»eine« einzige Substanz – mit allen Konsequenzen.

Frage ich den Biochemiker aber, ob es sich hier um identische
Substanzen handelt, würde er mir sagen, dass das drei völlig verschiedene Substanzen sind, die sich auch in ihrer Wirkung und
Nebenwirkung möglicherweise völlig beziehungsweise erheblich
unterscheiden.

Sabrina: Ich kenne diese Zeichnung, und als ich sie zum ersten Mal gesehen habe, war ich schockiert. Ich habe dann erst verstanden, welche Veränderungen das wirklich sind. Das Ding sieht sich ja nicht einmal mehr ähnlich.

Dr. Gschwender: Der Grundbaustein links ist der gleiche, doch dann wurde er verändert. Ich erkläre das gerne mit einem »Schlüssel-und-Schloss-Beispiel«. Damit ein Schlüssel in sein Schloss passt und es sperrt, müssen zwei Eigenheiten gegeben sein: Zuerst muss er einmal ins Schloss passen, und dann muss er auch greifen, also, man muss ihn drehen können, damit das Schloss auch sicher und unbeschadet aufgeht. Viele kennen dieses Problem, wenn sie mal einen Schlüssel haben nachmachen lassen und ihn verwenden. Manchmal sperrt dann das Schloss und/oder der Originalschlüssel nicht mehr – weil man das Schloss mit diesem nachgemachten Schlüssel verändert/beschädigt hat. Plötzlich funktioniert nichts mehr richtig.

So ähnlich ist es wohl auch, wenn wir nicht mit dem »Originalschlüssel« der Natur an Hormonrezeptoren des Körpers arbeiten. So ist es eigentlich nicht verwunderlich, wenn wir mit den »chemischen Keulen« arbeiten, dass dabei »Kollateralschäden«, sprich Nebenwirkungen, entstehen.

Warum arbeiten wir aber mit diesen Kunstprodukten statt mit den bioidentischen Hormonen? Grundsätzlich haben wir die Herstellungsmöglichkeit für einen »Originalschlüssel« in Form der sogenannten bioidentischen Hormone im Rahmen des nicht patentierten und damit jedermann zugänglichen Markert-Verfahrens. In diesem Verfahren werden bioidentische Hormone auf Basis der wilden Yamswurzel hergestellt. Leider kann die Yamswurzel selbst, als Pflanze eingenommen, uns nicht die Wirkung geben, die wir bei den bioidentischen Hormonen haben. Aus der Yamswurzel muss erst der Stoff »Diosgenin« extrahiert werden, dieser bildet dann die Ausgangsbasis für die Herstellung der Hormonprodukte. (Unser Körper kann das nicht!) Die Yamswurzel beziehungsweise das Diosgenin sind Naturprodukte und damit nicht patentierbar, daher sind sie für die kommerzielle Vermarktung wenig interessant. Nur die patentierten Substanzen, die »chemischen Keulen«, bringen »richtiges Geld«, deshalb ist es üblich, die Substanzen pharmazeutisch etwas »abzuändern«, um sie dann wieder patentieren zu können.

Natürlich muss die neue Substanz, sprich der »nachgemachte Schlüssel«, immer noch ins Schloss passen, aber dabei entstehen eben gerne »Nebeneffekte«. Das Pharmaprodukt macht quasi das »Andocken« richtig, und der Schlüssel passt auch ins Schloss – aber man kann ihn quasi nicht richtig umdrehen: Das Schloss geht nicht ordnungsgemäß auf – es hakt.

Das sehen wir häufig bei Frauen: Wenn diese von synthetischen zu bioidentischen Hormonen wechseln, dann läuft eben nicht alles gleich rund. Denn wie man heute weiß, muss der Körper die alten »blockierten« Rezeptoren oft ersetzen und neue bilden, bevor die bioidentischen Hormone wieder ausreichend gut wirken können. Diese »Übergangszeit« dauert mindestens sechs Monate.

Sabrina: Also, wenn dann die Patienten Schwierigkeiten bei der Umstellung haben, kann es schlichtweg daran liegen, dass die synthetischen »Hormone« Schaden angerichtet haben?

Dr. Gschwender: Ja, so kann man das sehen.

Sabrina: Ich nehme meine Hormone als Lutschbonbons. Die meisten verschreibst du als Kapseln. Warum?

Dr. Gschwender: Hormone werden vom Körper am besten aufgenommen, wenn sie zunächst den Leberkreislauf umgehen, denn die Leber würde einen Großteil der Hormone, bereits bevor sie überhaupt wirken können, eliminieren. Man spricht hier vom sogenannten »First-Pass«-Effekt. Daher werden Hormone idealerweise heute über Häute, Schleimhäute oder die Lymphe aufgenommen. Deshalb gibt es Cremes, Gels, Lutschtabletten und Kapseln, die die Hormone in Olivenöl mikronisiert enthalten. Erstere werden über die Haut und die Schleimhäute absorbiert, der Inhalt der Kapseln wird als »Fettsubstanz« über die Lymphe absorbiert und belastet daher nicht den Leberstoffwechsel.

Welche Darreichungsvariante ich wähle, unterliegt der individuellen Patientensituation. In der Arbeit mit bioidentischen Hormonen sehe ich, dass jeder Mensch ganz individuell seine Dosierungen der jeweiligen Hormone (Östradiol und Progesteron) braucht. Aus diesem Grund habe ich mir eine Art »Baukastensystem« zur ersten Einstellung zu nutzen angewöhnt. So habe ich jederzeit die Möglichkeit, relativ kurzfristig zu sagen, wir nehmen hier etwas weniger oder hier etwas mehr. Eine »Kombipille« gibt es erst dann, wenn die Patientin »passend« eingestellt ist. Die Einstellung dauert erfahrungsgemäß zwei bis drei Monate, die Produktion der Kombipille circa zwei Wochen. Morgens und abends eine Kombipille stellt für mich die einfachste Einnahmeform dar. Cremes und Gels mag ich nicht so sehr, weil sie gerne »abfärben«, sprich Reste auf Mitmenschen übertragen können, wenn diese mit den entsprechenden Hautarealen in Kontakt kommen. Das ist bei Erwachsenen zumeist nicht weiter schlimm, bei Kindern wiederum kann das ein Problem sein.

Sabrina: Wie viel Unterstützung brauchst du von deinen Patientinnen bei der Zusammenstellung?

Dr. Gschwender: Es ist von großem Vorteil, wenn die Patientin ein Gefühl für sich und ihren Körper hat, wie du es ja auch hast. Dann werden Veränderungen oder Stimmungsschwankungen erspürt und mir auch vermittelt. Die Patientin weiß, wie sie sich normalerweise fühlt und was fehlt. Denn oft ist das Empfinden des Patienten wichtiger für eine gute Dosisfindung als Laborwerte. So gibt es neben den Untersuchungen und Tests auch einen erhöhten Kommunikationsbedarf. Kein Arzt kann unterstützend arbeiten, wenn er keine Rückmeldung bekommt.

Sabrina: Wie exakt ist die Hormonforschung denn eigentlich?

Dr. Gschwender: Sie ist noch eine »junge Disziplin« der Medizin. Sie begann etwa um 1920. Bis Ende des 19. Jahrhunderts kannte kein Arzt »Wechseljahre«, denn die meisten Menschen kamen nicht in die »Wechseljahre«, weil sie vorher schon verstorben waren. Jetzt haben wir plötzlich zwanzig, dreißig Jahre Lebenserwartung dazugewonnen und erleben deshalb diese »neuen« Probleme des »Hormonmangels«.

Sabrina: Wie lange dauern die Wechseljahre durchschnittlich?

Dr. Gschwender: Die »Wechseljahre« beginnen eigentlich schon im Alter von fünfundzwanzig Jahren bei Mann und Frau. Bis dahin haben wir steigende Hormonspiegel, und danach beginnen bereits die meisten Hormone einen langsamen »Sinkflug«. Bei der Frau ist das gefühlt alles wesentlich dramatischer, weil ein Hormon, das Östrogen, quasi innerhalb kürzester Zeit – einige Jahre vielleicht – dramatisch »abstürzt« und auch der Zyklus ausbleibt. Die Reproduktionsfähigkeit fehlt plötzlich. Aber der Prozess des »Wechsels« ist eigentlich ein viel längerer Zeitraum.

Sabrina: Kein fliegender Wechsel.

Dr. Gschwender: Nein, das ist kein fliegender Wechsel. Bei der Frau ist es offensichtlicher, aber die berühmten Midlife-Krisen der Männer sind eigentlich die Wechseljahre der Männer. Diese Veränderungen kann man heute im Blutbild sehen. Mit zunehmendem Lebensalter sind immer weniger Hormone da. Irgendwann gibt es nur noch winzige Mengen an Hormonen. Diese Menge reicht nicht mehr aus, um dir die Lebensqualität und Lebensfreude und Energie zu geben, die du von dir gewohnt bist.

Sabrina: Ja, wie bei mir. Ich war mir fremd geworden.

Dr. Gschwender: Etwas Entscheidendes passiert im Körper in dieser Zeit. Die Wechseljahre sind wesentlich mehr als nur eine »Hitzewallung«. Auch wenn man keine Hitzewallungen hat, hat man trotzdem Wechseljahre. Die Hormone sind unter anderem wichtig für das Flüssigkeitsmanagement unseres Körpers. In typischer Weise, wenn wir älter werden, schrumpelt alles an unserem Körper. Die Menschen werden wieder kleiner. Die meisten meinen, dass die Knochen der Wirbelsäule an Höhe verlieren, aber das ist nicht ganz korrekt. Wenn man zum Beispiel die Zellen in der Vaginalwand anschaut, schrumpft nicht nur die Wirbelsäule, sondern es schrumpft jede einzelne Zelle in unserem Körper. Warum? Weil plötzlich die Hormone fehlen. Sie verlieren einfach Flüssigkeit, wie bei einem Luftballon, dem die Luft entwichen ist. Deshalb werden wir im Alter alle kleiner und schrumpeliger. Gerade über die bioidentischen Hormone füllt man die Zelle wieder mit Flüssigkeit auf und verbessert so die Funktionalität des großen Gesamtsystems »Körper«.

Sabrina: Manche sagen, man soll mit den Wechseljahren natürlich umgehen und gar nichts nehmen.

Dr. Gschwender: Wenn mir jemand sagt: Ich habe gerne hohes Cholesterin, hohen Blutdruck, mag Herzrhythmusstörungen, unruhige Beine, bin gerne depressiv/aggressiv/emotional labil, nehme gerne um die Mitte rum ein paar Kilo zu und mag auch nicht mehr gut schlafen. Und dann noch sagt, er fühlt sich wohl in diesem Zustand, dann ist das für mich absolut in Ordnung und akzeptabel.

Wenn er sich dabei völlig in seiner Mitte fühlt und mir berichtet, dabei quasi kurz vor der Erleuchtung zu stehen, akzeptiere ich das mit großem Respekt, und dann braucht man auch absolut nichts zu machen. Dann hat sie/er sich super mit den »Wechseljahren« arrangiert.

Mein Praxisalltag sieht aber meist anders aus! Da kommen Patienten mit obigen Beschwerden und sagen: »Helfen Sie mir bitte! ... Und wenn's geht, bitte schnell und möglichst natürlich!«

Sabrina: Wann sagst du, ist jemand mit den Wechseljahren durch?

Dr. Gschwender: Durch die Wechseljahre gibt es kein »Durch«. Es gibt nur, dass der Hormonhaushalt auf so einem niedrigen Level ist, dass man keine »Hitzewallungen« mehr hat und man denkt: »Da ist man jetzt durch.« Letztlich ist man durch die Wechseljahre endgültig durch, wenn man tot ist – Männer wie Frauen. Eine erloschene Hormonfunktion, kein »Antrieb«, das ist das Ende des Lebens.

Sabrina: Buddhistinnen, Nonnen, viele Naturvölker machen überhaupt keine Hormontherapie. Wie machen die das denn?

Dr. Gschwender: Viele Menschen haben den Wunsch, mit »Würde alt zu werden«. Dies funktioniert gut, je näher ich an der Natur lebe und je jünger ich damit anfange, es zu praktizieren. Es ist viel leichter für Menschen, die sehr regelmäßig und überschaubar leben. Es gibt Menschen, da würde man gar nicht daran denken, eine Hormonersatztherapie zu machen. Eine buddhistische, eine christliche Nonne hat in der Regel einen ordentlichen, klar geregelten Lebensablauf. Meditation. Essen. Schlafen. Arbeiten. Meditation. Das ist ein ganz regelmäßiger Lebenszyklus. Da gibt es kein Hamsterrad, keine »Lifestyle«-Zwänge. Die Lebensumstände sind sehr viel klarer, gelöster als die, die heute ein moderner aktiver Mensch erlebt. Das hat mit unseren Lifestyle-Herausforderungen zu tun. Da gibt es eine Miete, die bezahlt werden muss, ein Haus, das gebaut oder abbezahlt wird, Kinder, Eltern, Schwiegereltern, Kollegen, Herausforderungen in der Arbeit, Sorgen um die Zukunft, zwischenmenschliche Herausforderungen, wenig freie Zeit.

Chinesische, ayurvedische und indianische Medizin kennen diesen Zustand natürlich auch. Chinesen sprechen von Mangel an Yin und/oder Yang. Seit Jahrhunderten werden Kräuter gegeben, die Ernährung angepasst, Akupunkturnadeln gestochen und Tees verabreicht. Es gibt viele Möglichkeiten zur Unterstützung. Aber sie passen oft nicht in unseren »Lifestyle«, weil sie Zeit, Wissen, Aufwand, Geduld und Können erfordern – dafür haben wir doch keine Zeit! Die Menschen mit den geregelten Lebensabläufen nehmen sich beizeiten diese Zeit, daher ist ihr Bedarf an »Notfall«-Maßnahmen in einem späteren Lebensabschnitt deutlich geringer. Sie haben sich einfach weniger »verbraucht«.

Sabrina: Warum sind die bioidentischen Hormone teurer beziehungsweise muss man sie selbst zahlen?

Dr. Gschwender: Das liegt an unserem System der Krankenkassenabrechnung. Klassische chemische Produkte – die man von der alten Hormonschule verschrieben bekommt – werden bezahlt. Die aufwendige Einzelrezeptur, wie sie bei bioidentischen Hormonen zur Anwendung kommt, steht auf der »schwarzen Liste«. Die privaten Krankenkassen zahlen die bioidentischen Hormone gelegentlich, die gesetzlichen KK zahlen nicht. Dadurch ist natürlich der eigene Geldbeutel belastet. Der etwas höhere Preis für die Produkte ergibt sich aus der Tatsache, dass sie im Einzelauftrag immer einzeln händisch hergestellt werden müssen. Es gibt und darf per Gesetz in diesem Fall keine Massenproduktion stattfinden. Letztlich sehe ich es heute als Frage des »Selbstwertes« an. Ich weiß, was diese Therapie kann, und genau deshalb habe ich den Weg eingeschlagen, diese Möglichkeit mehr Menschen verfügbar zu machen. Ob jemand sie will oder nicht, ist seine freie Entscheidung, da rede ich ihm nicht rein. Ich biete nur meinen Rat und mein Wissen. So wie du es ja auch erlebt hast.

Sabrina: Ja, das habe ich. Um die bioidentische Hormonzufuhr richtig einzustellen, braucht es einiges an Bluttests. Warum?

Dr. Gschwender: Jede Therapie bedarf auch einer Kontrolle! Interessanterweise können wir mit den synthetischen Hormonen teilweise gar keine Blutkontrollen machen, weil wir gar keine Messmethoden dafür haben. Wir sehen oft nicht, was sie im Stoffwechsel »anstellen«. Sie haben eine Wirkung, die wir nicht quantifizierbar messen können. Das ist auch bei der »Pille« so, da gibt es keinen direkten Blutwert, der dir sagt, ob das die »richtige Dosierung« oder das richtige Präparat ist. Diese künstlichen Hormone haben quasi eine »Diplomatenspur« im Hormonstoffwechsel, deren Auswirkungen ich zwar spüre, aber nicht wirklich messen kann und sich daher unserem Zugriff entzieht. Deswegen »brauche« ich da keine Blutkontrollen, sondern schaue nur ab und zu: Wie sieht die Leber aus – gibt es da schon Veränderungen, gibt es Tumorgeschehnisse?

Ganz anders bei den bioidentischen Hormonen: Weil sie eben genau so sind wie die körpereigenen, kann ich sie auch im Blut sehr genau messen. Es gibt durch die Erfahrung gewisse Richtwerte (vor allem für FSH, Östradiol und Progesteron), an denen wir uns in der Dosierung der Therapie ausrichten. Dr. Rimkus als der deutsche Pionier der naturidentischen Hormontherapie bezieht sich in seinen Aussagen ausschließlich auf Blutmessungen.

Sabrina: Und was ist mit Speichelmessungen?

Dr. Gschwender: Speichelmessungen sind sehr bequem, weil ich sie von zu Hause aus durchführen kann, aber aus der Erfahrung heraus zeigen sie häufig sehr stark schwankende Hormonpegel, die eine gute und notwendige Therapiesteuerung eher schwierig machen. Wir haben versucht, damit zu arbeiten, aber es hat nicht wirklich gut funktioniert.

Sabrina: Wie siehst du die Zukunft der Hormontherapie?

Dr. Gschwender: Ich weiß es noch nicht, wo der Weg hinführt. Die bioidentische Hormontherapie wird von vielen Lobbys, Institutionen und Kollegen gar nicht gerne gesehen, weil sie mit nicht patentierbaren Natursubstanzen arbeitet. Bioidentische Hormone rücken die Eigenständigkeit und Individualität des Menschen in den Vordergrund. Unser (gesundheitliches) Gesamtsystem versucht meist, den Freigeist in die Massenideologie einzupressen. Man möchte keinen mündigen Patienten oder Bürger. Das soll mit allen Mitteln verhindert werden, und so wird ein Querdenker (egal ob Arzt oder Patient) im Gesundheitssystem schnell zum Feind des Systems, den es zumindest ruhigzustellen gilt.

So gibt es heute für bioidentische Hormontherapie oder alt-bewährte naturheilkundliche Medikamente viel mehr gesetzliche Auflagen als für viele andere »neue« Therapeutika. Keiner widmet sich der Erforschung dieser Natursubstanzen im großen Stil. »Grundlagenforschung kostet nur Geld, bringt aber keins« ist hier der Tenor. Nur kleine Firmen/Apotheken verdienen damit ein bisschen Geld, aber auch das ist vielen Lobbys schon wieder ein Dorn im Auge.

Am schlimmsten für »das System« sind aber die Fragen, die sich plötzlich im Sinne von »Warum künstlich, wenn es natürlich ginge?« stellen.

Sabrina: Ich wundere mich, dass meine Freundinnen zum Beispiel Gynäkologen haben, welche bioidentische Hormone komplett ab-lehnen.

Dr. Gschwender: Das liegt zumeist am Nichtwissen oder Nicht-wissen-Wollen. Ich habe oft Patienten, die zu mir kommen und sagen, dass ihr Gynäkologe begeistert ist von den Ergebnissen, also den Untersuchungsbefunden (Schleimhaut, Gebärmutter, Hormone et cetera).

Doch wenn ihnen dann unsere gemeinsame Patientin von der bioidentischen Hormontherapie erzählt, sagen sie zwar: »Machen Sie weiter, das tut Ihnen offensichtlich gut«, aber mehr wollen sie darüber gar nicht wissen.

Sabrina: Woran liegt das deiner Meinung nach?

Dr. Gschwender: Die bioidentische Hormontherapie ist unterm Strich aufwendiger und erfordert individuelle Auseinandersetzung. Das ist heute in unserer zeit- und effizienzgesteuerten Medizin unökonomisch. In der momentanen Abrechnungssituation ist es für einen Gynäkologen finanziell erheblich besser, wirklich um einiges besser, sich nicht um bioidentische Hormone zu kümmern, sondern die »üblichen« Routinechecks zu machen. Das kostet weniger Zeit- und Erklärungsaufwand, bringt pro Zeiteinheit mehr Einkommen und schützt davor, sich möglicherweise über eine alternative Sichtweise in seinem gesamten Tun hinterfragen zu müssen.

Sabrina: Es scheint ja immer eine Weile zu dauern, bis sich Neues wirklich durchsetzt.

Dr. Gschwender: Ja, keiner will sich gerne die Mühe machen, sich nach einem hart erkämpften »Status« noch mal ganz grundlegend auf die Schulbank zu setzen. Ich verstehe meine Kollegen nur zu gut. Weiß ich doch selber, wie viel Zeit ich in die Ausbildung, die Recherche et cetera hineingesteckt habe.

Wenn ich heute eine neue Patientin habe, verbringe ich mindestens eine Stunde damit, sie zunächst auf den möglichen Wissensstand der Hormontherapie zu bringen und ihr die Zusammenhänge zu erklären, damit sie wenigstens ein kleines Wissen hat, worum es dabei eigentlich alles geht. In der Zwischenzeit hat mein Kollege schon mindestens drei oder vier Patienten bei der Vorsorge »durchgeschleust«. Außerdem bedeutet ein Verändern auch immer ein Hinterfragen: Der Gynäkologe müsste vielleicht sein gesamtes System umstellen – das ist aufwendig und macht letztlich »Angst«. Da ist es leichter und ökonomischer, zu sagen: »Das mit den bioidentischen Hormonen ist doch alles Quatsch!«

Sabrina: Was rätst du denn Frauen, die mit bioidentischen Hormonen bei ihrem Arzt, den sie schätzen und den sie lange kennen, einfach nicht weiterkommen?

Dr. Gschwender: Ich rate ihnen nachzufragen: »Warum haben Sie diese negative Meinung? Wie viel Erfahrung haben Sie denn damit?« Bitte genau zuhören, was dann als Antwort kommt. Lassen Sie sich nicht so leicht ins Bockshorn jagen. Hat jemand wirklich »Erfahrungen«, wird er besonnen auf Sie eingehen. Wimmelt man Sie ab oder wehrt man es mit einem knappen Satz ab, dann hat man es vielleicht irgendwo nur gelesen oder gehört, sich aber zumeist nicht wirklich damit beschäftigt. Dann würde ich mir persönlich – zumindest rein interessehalber – noch eine zweite Meinung bei jemandem einholen, der sich mit bioidentischen Hormonen auskennt.

Sabrina: Wie kann man sich über die bioidentischen Hormone informieren und die Ärzte, die sich damit auskennen? Könntest du da noch ein paar Webseiten empfehlen?

Dr. Gschwender: Es gibt dazu einiges an Literatur im Buchhandel und auch entsprechende Infoseiten im Internet.

Die Rimkus-Methode® findet man unter *www.dr.rimkus.ike.de* oder *www.hormon-netzwerk.de*.

Generelle Information findet sich auch beim VAK-Verlag unter *www.bioidentische-hormone.net/*.

Sabrina: Ich danke dir für deine Unterstützung und deine Zeit.

Interview mit
Dr. med. Yanqing Wellenhofer-Li

Sabrina: Liebe Qing, wie sieht die Traditionelle Chinesische Medizin (TCM) die Wechseljahre?

Dr. Wellenhofer-Li: Die TCM sieht die Wechseljahre der Frau als fundamentale Folge von einem Ungleichgewicht von Yin und Yang. Yin und Yang ist ein komplementäres Sinnbild der Polarität unserer Welt: dunkel und hell, weiblich und männlich, Nacht und Tag, Kälte und Wärme, Wasser und Feuer, Ruhe und Unruhe, Unterfunktion und Überfunktion. Die meisten Frauen haben in diesen Jahren Yin-Mangel und Yang-Überschuss. Weniger haben Yang-Mangel oder eine Kombination von verschiedenen Symptomen. Das Ungleichgewicht kann zu Krankheiten und Beschwerden wie Hitzewallungen, Antriebslosigkeit, Schlafproblemen, Haarausfall, unbefriedigendem Liebesleben und depressiven Emotionen führen. Ein Zitat dazu von Nei Jing Su Wen, 700 vor Christus, einem der ältesten Standardwerke der TCM: »Yin und Yang und die vier Jahreszeiten sind der Anfang und das Ende eines jeden Dinges; sie sind die Wurzel von Leben und Tod. Wer gegen das Prinzip von Yin und Yang lebt, wird sein Leben zerstören, wer mit ihm lebt, in Harmonie leben.«

Sabrina: Woher kommt dieses Ungleichgewicht?

Dr. Wellenhofer-Li: Oft kommt es zum Beispiel aus übermäßiger emotionaler Aktivität. Das verursacht erst Störungen des Yin und Yang. Es kann manchmal so stark sein, dass der Mensch nicht mehr in der Lage ist, eine Heilung aus sich selbst heraus zu erreichen. Bei Frauen besonders Doppelbelastung von Beruf und Familie.

Natürlich falsche Ernährung. Zum Beispiel soll der Yin-Mangel-Typ so wenig wie möglich scharfes Essen und Kaffee, Alkohol und Lammfleisch zu sich nehmen. Die Ernährung dient dazu, nach passendem Konstitutionstyp diese Yin-und-Yang-Harmonie zu fördern und zu erhalten. Übermäßiger Sport und Wetterbedingungen spielen auch eine Rolle.

Sabrina: Was zeichnet einen Yin-Mangel-Typ aus?

Dr. Wellenhofer-Li: Bei den meisten Frauen steigt das Yang, und es mangelt an Yin. Dadurch entsteht eine falsche Hitze im Körper. Eine Hitze, die durch das Ungleichgewicht ausgelöst wird. Zum Beispiel Nachtschweiß. Stell dir das wie eine Waage vor: Wenn die eine Schale zu wenig Yin hat (dunkel, weiblich, Nacht, Kälte, Wasser, Ruhe), dann hat die andere Schale (hell, männlich, Tag, Wärme, Feuer, Unruhe) automatisch zu viel Yang. Diese Hitze nennt die TCM »falsche Hitze«.

Sabrina: Was ist die richtige Hitze?

Dr. Wellenhofer-Li: Richtige Hitze ist es, wenn das Yang (hell, männlich, Feuer, Wärme, Unruhe) nicht wegen Yin-Mangel, sondern wegen äußerer Einflüsse steigt. Es ist wichtig, das Yin zu unterstützen und zu nähren, damit es wieder mehr nach oben kommt. Wenn jemand einen starken Willen hat, und du hast einen starken Willen, ist man in der Lage, die Beschwerden nach unten zu drücken – das heißt, dass du sie dann dadurch nicht so wahrnimmst. Du lebst sehr bewusst, aber du hältst auch einiges aus. Und das ist der Punkt. Man soll nicht so viel aushalten.

Sabrina: Das war eine Familientradition bei uns: Wir können viel aushalten. Das räumen wir gerade auf. Ich bin am Überlegen, ob ich ein Yin- oder Yang-Typ bin. Früher war ich eher ein Yang-Mangel-Typ. Seit ein paar Jahren jedoch habe ich keine kalten Hände und Füße mehr, und ich friere auch nicht mehr so viel.

Dr. Wellenhofer-Li: Du bist von einem Typ zum anderen Typ gewandert; das ist ein Wechseljahrsignal, und es ist wichtig, so etwas wahrzunehmen.

Sabrina: Ich habe es wahrgenommen und mich darüber gefreut (*lacht*). Wenn man zu dir wegen Wechseljahrbeschwerden kommt, wie kann ich mir eine Behandlung vorstellen?

Dr. Wellenhofer-Li: Ich entwickle mit meinen Patientinnen einen individuellen ausführlichen Plan, bestehend aus Therapieplanung inklusive ärztlicher Behandlung und Selbstbehandlung. Wir beginnen mit zehnmal Akupunktur. Beim dritten oder vierten Mal habe ich schon einen Eindruck, wie dein Körper reagiert. Dann kommt die TCM-Arzneimitteltherapie dazu. Nach sechs bis acht Wochen sind das Schlafen, die Hitzewallungen und das Gefühl, wieder aktiver zu sein, besser geworden. Nach dieser Verbesserungsphase arbeiten wir an der Stabilisierungsphase, um eine Nachhaltigkeit zu erreichen. Das heißt, die Akupunkturtermine sind nicht mehr ein- oder zweimal jede Woche, sondern einmal alle zwei Wochen. Ich schule die Patientin auch darin, welche Akupunkturpunkte sie pressen soll und welche Ernährungsänderungen angebracht sind. Zum Beispiel ist kaltes Mineralwasser für jemanden mit Yang-Mangel wie ein Minigift. Zusammengefasst gibt es fünf Bereiche: Akupunktur, Ernährungsumstellung laut der Konstitutionstypen in der Traditionellen Chinesischen Medizin, Gedankenhygiene, Schlafhygiene und Phytotherapie (pflanzliche plus mineralische Therapie).

Sabrina: Was bedeutet Gedankenhygiene? Ist es ein eleganteres Wort für Gedankenkontrolle – also das aufmerksame Beobachten und das Verändern von Gedanken?

Dr. Wellenhofer-Li: Ja. Du bist, was du denkst. Es ist wichtig, die inneren krank machenden Faktoren, hier meine ich die negativen Gedanken und Gefühle, zu vermeiden.

In der TCM gibt es sieben Emotionen, die es zu beobachten gilt. Das sind übermäßige Freude, Ärger, Besorgnis, Grübeln, Trauer, Angst und Schrecken. Zum Beispiel Grübeln. Grübeln bedeutet, man denkt und denkt, aber es sind unproduktive Gedanken, konkret: Es wird keine Entscheidung getroffen. Dieses Grübeln schädigt direkt den Organfunktionskreis. Grübeln irritiert den Magen- und den Milz-Funktionskreis, und dann ist man bald sehr müde. Es kommt nicht auf die Emotionsstärke an, sondern vielmehr auf die Dauer der Belastung durch diese Gefühle, welche die Krankheit auslösen.

Sabrina: Was bedeutet Schlafhygiene?

Dr. Wellenhofer-Li: Unser Schlafen ist wie ein Rhythmus in unserem Körper und in unseren Organen eingewachsen. Die wichtigste Zeit nach der Traditionellen Chinesischen Medizin ist die Zeit zwischen 23.00 und 3.00 Uhr, weil in dieser Zeit Yin den stärksten Einfluss auf uns hat. In diese Zeit fällt auch die Leberentgiftung. Wenn man tagsüber müde ist, ist es am besten, wenn man zwischen 11.00 und 13.00 Uhr eine halbe Stunde schläft. Man soll vermeiden, gegen den natürlichen Rhythmus zu leben, zum Beispiel am Tag zu schlafen und nachts zu arbeiten. Dauerhaft wird man dabei Yin und Yang nicht mehr in Balance halten.

Sabrina: Es gibt natürlich auch Frauen, die keinerlei Probleme mit den Wechseljahren haben. Was sind deine Erfahrungen damit?

Dr. Wellenhofer-Li: Über eines sind wir uns alle einig: Hundert Prozent aller Frauen werden nach den Wechseljahren keine Regel mehr haben. Davon sind dreißig Prozent eigentlich beschwerdefrei. Fünfzig Prozent haben wenige Beschwerden, und zwanzig Prozent sind die schweren Fälle, welche medizinische Behandlung erfordern, und Lebensqualität und Gesundheit nehmen einen deutlichen Schaden.

Sabrina: Ich würde mich nicht als schweren Fall einstufen. Ich hatte nicht das Gefühl, große körperliche Beschwerden zu haben.

Dr. Wellenhofer-Li: In meinen Augen warst du ein schwerer Fall. Du hast über viele, viele Jahre zu viel hergegeben, und du hast nicht genug nachgetankt. Das hat deinen Herz-Funktionskreis erschöpft, und in den Wechseljahren kommt das hoch. Bei dir haben Herz- und Nieren-Funktionskreis nicht mehr zusammengearbeitet.

Der Herz-Funktionskreis regiert das Feuer (Element Feuer), und der Nieren-Funktionskreis regiert das Wasser (Element Wasser). »Das lodernde Herzfeuer kann nicht gelöscht werden, weil die Nieren kein Wasser mehr führen.«

Du weißt ja, wie oft ich auf deine Zunge schaue. Du hast oft rote Zungenspitzen. Vor circa drei Jahren fehlte bei dir der Zungenbelag zum Nierenbereich am hinteren Drittel der Zunge. In der TCM-Diagnose bedeutet das, dass dem Nieren-Funktionskreis Energie fehlt und das Herzfeuer nach oben geht. Die Gründe in deinem Fall sind vielleicht ein Zuviel an geistiger Arbeit. Wenn dein Herz- und Nieren-Funktionskreis zu viel Energie nutzen und nicht genug aufgetankt werden, dann kommen die Anzeichen für einen geschwächten Herz-Funktionskreis, und das sind Depression, Konzentrations- und Schlafstörungen oder mangelnde Lebensfreude. Feuer, auch Herzfeuer, gehört natürlich auch zum Yang-Überschuss, und der Nieren-Funktionskreis, das Element Wasser, ist immer auch ein Yin-Mangel. Dafür gibt es zum Beispiel einen Tee aus getrockneten Lilienzwiebeln (pharmazeutischer Name: *Bulbus Lilii*). Bei pathogener Hitze aus dem Funktionskreis Herz verwendet man sechs bis sieben Stück: in 300 Milliliter Wasser circa dreißig Minuten kochen, täglich für drei bis vier Wochen. Es gibt Lilienzwiebeln in fast jedem China-Supermarkt zu kaufen.

Sabrina: Ist diese Schwäche des Herz-Funktionskreises das, was deiner Meinung nach das Gefühl der Erschöpfung ausgelöst hat?

Dr. Wellenhofer-Li: Ja. Die Disharmonie im Herzen bedeutet normalerweise: Ich will. Ich will mehr mit starkem Willen – also zwinge ich mich dazu. Herz- und Nieren-Funktionskreis bedingen einander! Das Wollen führt uns hinab zur Niere. Wenn aber der Wille des Herz-Funktionskreises die Nieren ausbeutet, dann wird das Nieren-Qi geschwächt. Der Funktionskreis Niere wird in der TCM als Wurzel von Yin und Yang angesehen, auch als wichtige Ursprung-Energie-Quelle.

Sabrina: Gibt die Traditionelle Chinesische Medizin Hormone zu?

Dr. Wellenhofer-Li: Frische Yamswurzel hat eine hormonelle Vorsubstanz, aber das nutzt man in der TCM nicht als Behandlung – sondern eher als Ernährung. Wie man Salat isst, so nimmt man eine frische Yamswurzel dazu oder kocht sie. In der TCM-Ernährungstherapie gibt es die Yams-Tofu-Suppe: dreißig Gramm Yams plus vierzig Gramm Tofu. Man soll nicht mehr als fünfzig Gramm

Tofu am Tag zu sich nehmen. Was auch häufig benutzt wird, ist Zimt. Es gibt Forschungsergebnisse mit Rotem Ginseng. Im Winter nehme ich zwei Wochen lang den Roten Ginseng zu mir. Aber nur im Winter und auch nur für meinen Konstitutionstyp – denn ich habe Yang-Mangel.

In der chinesischen Medizin geht man nicht davon aus, schwerpunktmäßig ein Hormon hinzuzufügen. Sondern den ganzen Menschen von der Basis Yin/Yang wieder zu balancieren. Als chinesische Ärztin würde ich sagen: Egal, ob pflanzlich oder chemisch, es ist immer eine zusätzliche Beeinflussung im Körper. Die Zuführung der Phytotherapie – also das pflanzliche Zuführen, wie zum Beispiel deine bioidentischen Hormone – macht man in der chinesischen Medizin nur für einen überschaubaren Zeitraum. Nur für sieben oder vierzehn Tage und nicht für länger. Mir ist die Biomethode Akupunktur viel lieber. Die Beeinflussung soll so gering wie möglich sein. Ich habe eine Frage an dich: Wann willst du denn mit den bioidentischen Hormonen wieder aufhören?

Sabrina: Das merke ich dann schon. Mein Körper wird mir ein klares Zeichen geben. Wenn ich zum Beispiel etwas nicht nehmen soll, dann habe ich ein Würgegefühl.

Dr. Wellenhofer-Li: Nicht jede Frau erkennt diese Zeichen.

Die Hormone werden von unterschiedlichen Organen produziert. Wenn die Hormone fehlen, ist es das Ziel, die Balance wiederherzustellen. Hitzewallungen und Schlafen kann man in den meisten Fällen durch die TCM innerhalb von zwei bis drei Wochen deutlich verbessern. Ich habe einige Fälle von Schlafmittelabhängigkeiten. Mit TCM kann man nach sieben Tagen wieder normal schlafen.

Sabrina: Sind die fehlenden Hormone die Ursachen dafür?

Dr. Wellenhofer-Li: In der Schulmedizin sagt man das. In der chinesischen Medizin sagt man, dass Yin und Yang nicht balanciert sind.

Sabrina: Was hältst du von bioidentischen Hormonen?

Dr. Wellenhofer-Li: Ich habe keine Information über bioidentische Hormone, deshalb kann ich dazu nichts sagen. Aber es hört sich so an, als ob sie der Phytotherapie in der chinesischen Medizin ähnlich sind.

Sabrina: Bist du in den Wechseljahren?

Dr. Wellenhofer-Li: Ich bin über fünfzig Jahre alt und sollte schon langsam in die Wechseljahre treffen, aber ich merke noch nichts. Ich fühle mich fit, meine Regel läuft wie immer, kein Schlafproblem, kein Antriebsproblem, fast kein Wechseljahrsymptom. Mein Konstitutionstyp ist »Yang-Mangeltyp«. Wenn einem im Winter eher kalt ist, dann ist man eher Yang-Mangeltyp. Der Körper hat innen zu wenig Wärme, und das bedeutet Yang-, also Wärmemangel. Yang-Mangel geht auch oft auf die Toilette. Dieser Typ hat oft kalte Hände und Füße, ab und zu Durchfall.

Mein persönliches kleines Gesundheitsgeheimnis: frischer Ingwertee (drei dünne Scheiben in einem Liter gekochtem Wasser morgens bis mittags trinken), Zimt (einen halben Teelöffel täglich) in laktosefreier Milch einrühren. Bei langen Zeiten von schlechtem Wetter mache ich Ingwer-Fußbäder. Im Winter nehme ich zwei Wochen lang Roten Ginseng, sechs Gramm täglich. Roter Ginseng verbessert das Verhältnis von Cortisol zu DHEA und erhöht übrigens auch die Lebensqualität von Frauen mit postmenopausalen Symptomen wie Müdigkeit, Schlafstörungen und Depressionen. Sojabohnen und Tofu esse ich sehr gerne. Wenn ich ab und zu Ärger oder Wut verspüre oder traurig und grüblerisch bin, helfen meistens die »Sechs Heilenden Laute« der Qigong-Übungen für circa fünf bis zehn Minuten. Und gegen den Stress, für mehr Entspannung und Energie mache ich zwei- bis dreimal sechzig Minuten wöchentlich Qigong.

Sabrina: Du lehrst Qigong schon seit vielen Jahren in München.

Dr. Wellenhofer-Li: Ja. Und das mache ich sehr gerne. Man sollte sich mehr Zeit und Muße nehmen und um sich selbst kümmern. Betrachten wir die Wechseljahre als Beginn einer zweiten Jugend. Die Wechseljahre sind eine Übergangsphase in unserem Leben. Es hat sich gezeigt, dass während dieser Phase sogar frühere chronische Beschwerden verschwinden können. Wie Forschungsergebnisse bestätigen, tragen wir all die Chance in uns, wenigstens hundert Jahre alt zu werden.

Sabrina: Liebe Qing, ich danke dir.

Es gibt noch eine ganze Reihe von Homöopathen, Ärzten und Betreuungsteams, die ich dazu hätte interviewen können, aber das ist nicht der Punkt. Der Punkt ist, dass wir uns selbst um uns kümmern müssen. Niemand wird das für uns erledigen. Es ist nicht alles für alle richtig, und wir sind selbst die Experten in unserem Leben. Es ist unsere Aufgabe und unsere Wahl.

Wie möchte ich altern?

Was bin ich bereit dafür zu tun?

Wie aufmerksam will ich sein?

Das sind Entscheidungen, die wir alleine zu treffen haben. Es erfordert auf jeden Fall mehr Aufwand. Ich hoffe sehr, wir sind uns das wert.

Von Herzen,
Sabrina Fox

Dank

An Dr. Martin Gschwender. Lieber Martin, danke für deine aufmerksame Betreuung. Ich bin immer wieder glücklich, tolle Ärzte zu finden; und dass ich dich gefunden habe, ist ein großes Geschenk.

Mein Dank geht an Dr. Volker Rimkus. Selten hat mir ein Mann, den ich persönlich nicht kenne, so geholfen. Ich bewundere es immer wieder, wenn jemand trotz massivem Gegenwind auf seinem Weg bleibt und damit neue Gedanken, neue Möglichkeiten und neue Methoden möglich macht. Danke für Ihre Unterstützung und Ihr Wissen. Danke für Ihre Bücher über die Rimkus-Methode®.

Ich danke auch Suzanne Somers. Durch ihr Buch *The Sexy Years* bin ich vor fünfzehn Jahren auf die Möglichkeit der bioidentischen Hormone aufmerksam geworden.

Ich möchte meiner Mutter danken, die mir mit weiser Großzügigkeit erlaubt hat, aus ihrem Leben zu erzählen und eben auch über ihre Lebensthemen zu schreiben. Danke, Mama.

Ich danke meiner Tochter, meinen Schwestern, meinem Liebsten, seinen Kindern, meinen Freundinnen, meinen Lehrern und dem, was uns nährt: der Unendlichkeit, aus der wir kommen. Danke für jede Nähe, jede Umarmung und jede Aufmerksamkeit. Ich bin euch in großer Liebe und Dankbarkeit verbunden.

Liebe Dr. Yanqing Wellenhofer-Li, auch dir einen herzlichen Dank für dein Wissen und deine sichere Hand. Ich freue mich schon auf die nächste Akupunktur.

Meiner Verlegerin Karin Stuhldreier: Liebe Karin, ich danke dir aus ganzem Herzen für deinen Einsatz. Es war einfach wunderbar und sehr inspirierend, mit dir daran zu arbeiten. Liebe Patricia Holland-Moritz, danke für deine jahrelange Betreuung, und ich bewundere deine Vielseitigkeit. Liebe Jutta Naumann, danke für das »Reinspringen« und die Aufmerksamkeit.

Meinem Editor Ralf Lay: Lieber Ralf, ich habe den Überblick verloren, wie viele Bücher wir jetzt schon zusammen gemacht haben. Ohne dich geht es nicht. Danke, dass du auch diesem deine Aufmerksamkeit gewidmet hast.

Und ich danke Ihnen für Ihre Zeit und Ihr Interesse.

Sabrina Fox

Informationen zu Sabrina Fox

BÜCHER

»Endlich aufgewacht« – Peter Erd Verlag

»Wie Engel uns lieben« – Droemer Knaur Verlag

»Die Sehnsucht unserer Seele« – Goldmann Arkana
   (Random House)

»Der klitzekleine Engel« (Kinderbuch) – Aquamarin Verlag

»Auf der Suche nach Wahrheit« – Goldmann Arkana

»Erleuchtung, Sex und Coca-Cola« Goldmann Arkana

»Stolpersteine auf dem spirituellen Weg« – Goldmann Arkana

»Von Engeln begleitet« (Buch und Kartenset) –
   Droemer Knaur Verlag

»Von Engeln begleitet« – Taschenbuch Droemer Knaur Verlag

»Über die Heilung von Krisen« – Droemer Knaur Verlag

»Der klitzekleine Engel hilft beim Abschied« (Kinderbuch) –
   Aquamarin Verlag

»Mrs. Fox will wieder heim« – Droemer Knaur Verlag

»BodyBlessing – Der liebevolle Weg zum eigenen Körper« –
   Allegria Verlag

»Kein fliegender Wechsel – Jede Frau wird älter, fragt sich
   nur wie« – Allegria Verlag

»Auf freiem Fuß – Ein Jahr ohne Schuhe? Ein Experiment« –
   Allegria Taschenbuch

KARTENSET

»Von Engeln begleitet« – Droemer Knaur Verlag

CD

»Meine Lieder – Was mir am Herzen liegt« –
  Goldmann Verlag
»BodyBlessing – Die tägliche Meditation für den Körper« –
  Allegria Verlag

DVD – VORTRÄGE

»Von Engeln begleitet« – Amra Verlag
»Beziehungen – Das göttliche Trainingsprogramm« –
  DVD Wissen
»Über Engel« – DVD Wissen
Kurzvideos finden Sie über YouTube *SabrinaFoxSpirit*

Weitere Informationen

www.SabrinaFox.com
www.facebook.com/Sabrina.Fox.Spirit
www.youtube.com/user/sabrinafoxspirit

Nachtrag zur Erstausgabe

Liebe Leserin, lieber Leser,

auf unseren Körper zu hören und bereit zu sein, sich an neue Gegebenheiten anzupassen, diese Beweglichkeit ist es, die uns jung hält.

Wie ich in der Erstausgabe »Kein fliegender Wechsel« geschrieben hatte, war ich mir nicht sicher, wie lange ich die bio-identischen Hormone zu mir nehmen würde. Ich fühlte mich sehr wohl mit deren Einnahme und kam gut damit zurecht. Im Sommer 2014 begab mich dann auf ein weiteres Abenteuer: Ich zog meine Schuhe aus und ging barfuß. Und das nicht nur zuhause oder am Strand, sondern immer und überall und zu jeder Jahreszeit. Auf den Gehwegen, in Restaurants, in Geschäften, in Flugzeugen, bei meinen Vorträgen und Workshops, sommers und winters, auch bei Regen und Schnee. Dabei wurde mir immer klarer, dass wir unsere Füße einsperren und damit ein wichtiges Sinnesorgan komplett lahmlegen. Was würde also passieren, wenn man wieder barfuß geht – trotz gesellschaftlichen Konventionen?

Dieses Abenteuer hat vieles für mich verändert. (Nachzulesen in »Auf freiem Fuß – Ein Jahr ohne Schuhe?«, Allegria Verlag). Nach einem halben Jahr konstanten Barfußgehens verspürte ich eines Morgens nach einer Meditation den Impuls, die bio-identischen Hormone für eine Weile abzusetzen und zu beobachten, was passiert. Ich kenne ihn sehr gut, den Weg in den emotionalen Keller … und ich wusste: Sollte meine

Stimmung nun nach unten gehen, dann kann ich jederzeit wieder damit beginnen, die Hormone einzunehmen.

Unsere Füße – das durfte ich lernen und erfahren – balancieren vieles aus. So spürte ich zu meiner großen Überraschung überhaupt keinen Unterschied in meinem Wohlbefinden nach dem Absetzen der Hormone. Bis heute nicht. Und das ist jetzt ein Jahr her.

Werde ich nie wieder bio-identische Hormone zu mir nehmen? Ich weiß es nicht. Ich verlasse mich darauf, dass sich mein Körper bei mir meldet. Genau das ist ja auch das Spannende am Leben: Im Idealfall passen wir uns immer wieder an neue Lebensumstände an. Wir lernen dazu und sammeln neue Erfahrungen. Uns selbst die Freiheit zuzugestehen, dass wir uns und unsere Meinung ändern dürfen, dass wir lernen und wachsen können – das ist, was ich als wahre Freiheit und als ein großes Geschenk empfinde.

Ich wünsche es uns allen.

Herzlichst,
Sabrina Fox

Im November 2015

MIT DEM KÖRPER IM EINKLANG

Sabrina Fox
BODYBLESSING
Der liebevolle Weg
zum eigenen Körper

Warum sehe ich so aus, wie ich aussehe? Warum zeigt
mein Körper Schwächen? Warum macht er nicht, was
ich will?

In der einfühlsamen und humorvollen Art, die sie zu
einer Ikone der spirituellen Frauenszene gemacht hat,
beschreibt Sabrina Fox, wie sie ihren eigenen Körper
zu verstehen und lieben gelernt hat – dabei gibt sie
den Leserinnen eine Fülle von Anregungen für den
richtigen Umgang mit sich selbst und dem eigenen
Körper, denn er ist ein Geschenk. Das Geschenk
unserer Seele.

320 Seiten
€ [D] 8,99 / € [A] 9,30 / sFr 10,50
ISBN: 978-3-548-74577-0
Auch als E-Book erhältlich.
www.allegria-verlag.de